실속 100%
러시아어 중급 문법 2

랭기지플러스

머리말

 이 책은 이미 러시아어 문법에 대한 기본 지식을 가지고 있는 학생들이 한 단계 높은 수준의 문법을 학습하는 데에 도움을 주기 위하여 집필하였습니다. 초급 수준의 문법 지식을 갖추고 있는 학생이라면, 본 교재를 통하여 효과적으로 다양한 중고급 문법 지식을 습득할 수 있을 것이라 생각합니다.

 본 교재는 10년 넘게 경희대학교 러시아어학과에서 중급과정의 문법 수업을 진행하면서 만들어 낸 결과물입니다. 자체 제작한 교과과정으로, 10여년간 현장에서 학생들과 호흡하며 학생들이 중급 수준의 문법을 학습할 때 겪게되는 어려움과 자주 범하는 오류들을 면밀히 살폈습니다. 한 학기 15주, 한 주 3시간이라는 교육 현장의 물리적 제약 안에서 어떻게 최대한 많은 지식을 전달할 수 있을까 고민하며 1년 과정의 중급문법 교육과정을 완성하게 되었습니다. 사실 이 시간은 더 많은 문법 지식과 이에 기반한 다양한 어휘와 활용을 가르치고 싶은 욕심을 내려 놓으며 중급 단계에서 학생들에게 꼭 필요한 문법과 어휘들을 추려 내는 과정이기도 했습니다.

 <실속 100% 러시아어 첫걸음 1, 2> 수준의 문법을 학습한 사람이 가장 쉽게, 그리고 효율적으로 보다 높은 단계의 문법을 공부하는 데에 도움을 줄 수 있도록 디자인 되었습니다. 또 대학 강단에서 중급문법을 위한 1년 과정의 교재로 사용된다면 가장 큰 학습 효과를 낼 수 있으리라 생각합니다. 그리고 독학으로 학습하는 학생들에게도 어려움이 없도록 최대한 자세하게 문법 사항들을 설명하고, 수 많은 예문에 해석을 달았으며, 연습문제를 통하여 배운 지식을 스스로 점검할 수 있게 하였습니다.

 <실속 100% 러시아어 중급 문법> 제 2권은 러시아어 품사 중 가장 복잡하고 또 중요한 품사라 할 '동사'만을 다루고 있습니다. 2권에서 학습하게 될 동사의 큰 주제는 동사의 상과 운동동사, 그리고 운동동사에 다양한 접두사가 붙어 파생된 동사들입니다.

 러시아어 동사의 상과 관련해서는 수많은 논의들이 있지만, 저자들은 최대한 러시아어 상에 관한 가장 전통적인 견해에 기반하여 교재를 구성하였습니다. 1권과 마찬가지로 각 과는 기본지식에 관한 간략한 복습과 새로운 문법 지식 학습으로 구성되어 있습니다. 2권에서는 초급단계에서 다루지 않았던 러시아어 동사 상의 다양한 면면들을 다루고 있으며 이전에 간략하게 배웠던 운동동사를 자동사와 타동사로 나누어 자세하게 학습한 후, 운동동사에 в-, -вы-, при-, у-, до-, под-, от-, за-, о(об-), пере-, про, до-, вз-(вс-, воз-, вос-) 등과 같은 다양한 접두사가 붙어 파생된 동사들의 기본적인 의미와 활용, 또 전이적 의미까지 학습하게 됩니다. 또 때로는 개별 문법을 문법적 차원에서뿐만 아니라 언어문화적인 측면에서 살피기도 합니다.

 이 교재는 토르플(TORFL) 1급, 2급 문법 시험을 준비하는 학생들에게도 매우 유용한 자료로 사용할 수 있습니다. 각종 러시아어 검정시험을 대비할 수 있도록, 매 5과마다 토르플 유형의 객관식 문제도 수록하였습니다.

 본 교재가 한 단계 높은 수준의 러시아어 문법을 익혀 읽기와 쓰기, 말하기에 활용하고자 하는 많은 학생들의 러시아어 학습에 큰 도움이 되기를 바랍니다.

안지영, G.A. Budnikova

이 책의 특징

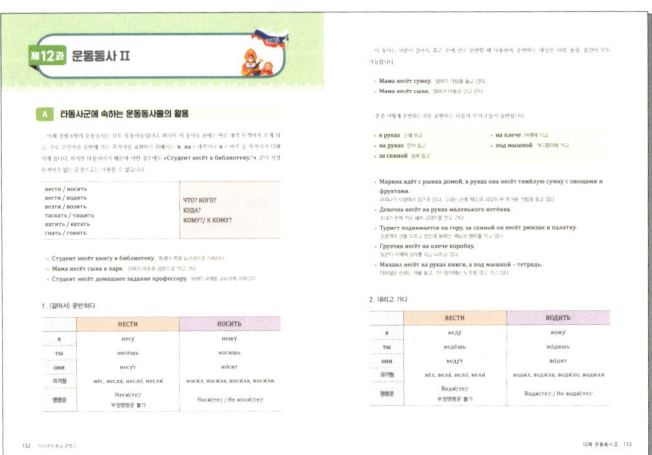

문법
첫걸음 단계에서 배운 문법을 조금 더 심화하여 중급 수준에 맞게 문법을 단원 별로 상세히 설명하였습니다.

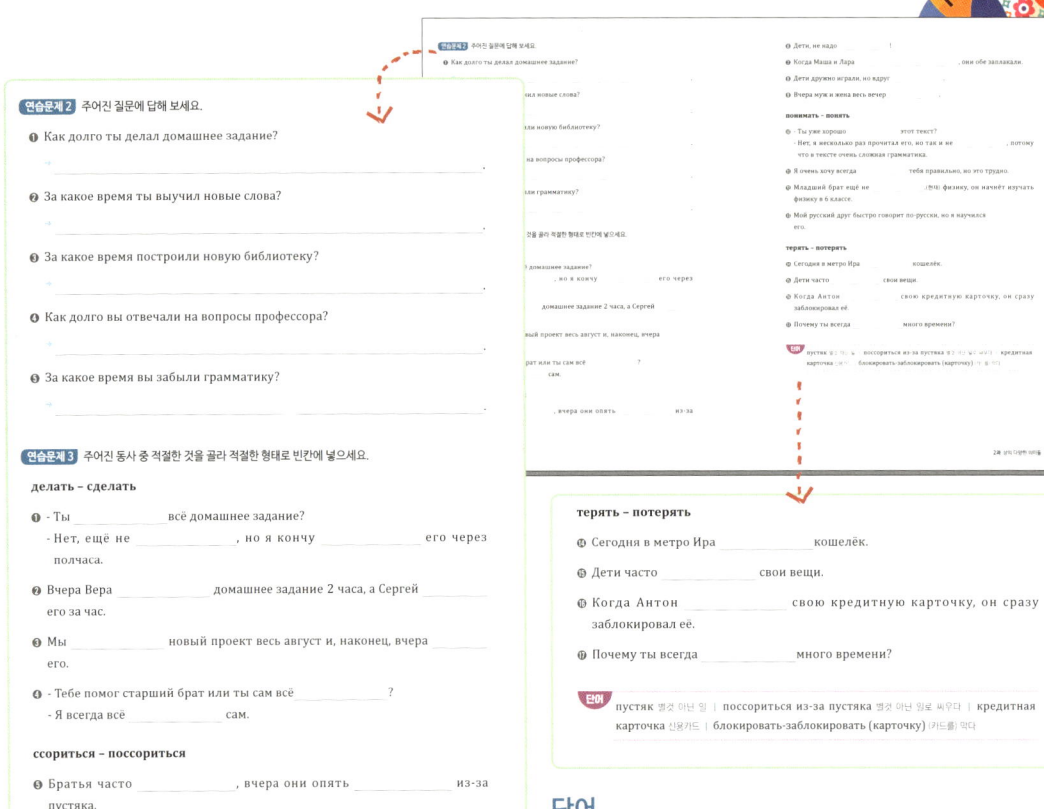

연습문제
문법을 설명한 뒤에 바로 연습문제를 제시하여 앞에서 배운 문법을 정확하게 익혔는지 바로 점검할 수 있습니다.

단어
예문이나 설명에서 다룬 어휘들 중 알아 두어야 하는 단어들을 제시하였습니다.

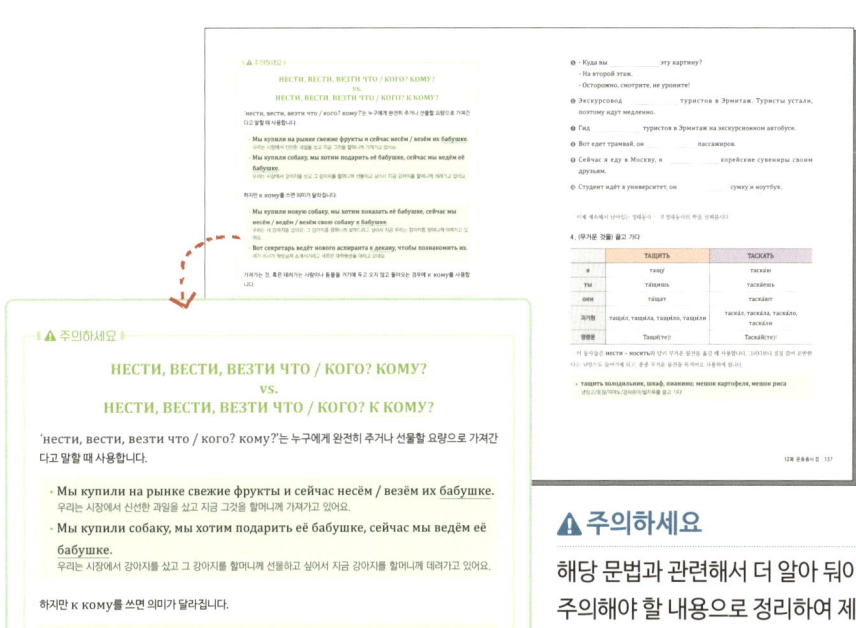

⚠️ 주의하세요

해당 문법과 관련해서 더 알아 둬야 할 내용과
주의해야 할 내용으로 정리하여 제시하였습니다.

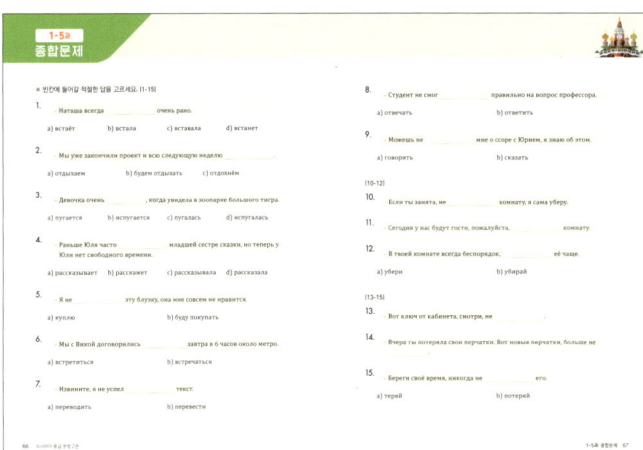

종합문제

다섯 과씩 끝날 때 마다 종합문제를 제시하였습니다. 종합문제는 실제 토르플 시험 유형과 유사하게 제시를 하여 실전 감각을 익힐 수 있도록 하였습니다.

목 차

제 1 과 동사의 상과 시제   10

А. 동사의 상: 불완료상과 현재시제
Б. 동사의 상: 과거시제
В. 동사의 상: 미래시제
Г. 동사의 상과 동사원형

제 2 과 상의 다양한 의미들   24

А. 불완료상만 있는 동사들
Б. 접두사가 붙어 더해지는 상의 의미
В. 완료상을 써야 할 자리에 사용되는 불완료상 동사들
Г. 완료상과 결합하는 부사들
Д. ЕЩЁ НЕ와 동사의 상
Е. ЗА КАКОЕ ВРЕМЯ + 완료상 동사

제 3 과 이중상동사와 부정문   34

А. 이중상동사
Б. 부정문과 동사의 상

제 4 과 명령문과 동사의 상   42

А. 명령문 복습
Б. 부정명령문의 특성

제 5 과 '동사 + 동사원형' 구문과 동사의 상   52

А. 불완료상 동사원형을 취하는 동사들
Б. 완료상 동사원형을 취하는 동사들
В. 불완료상과 완료상 동사원형을 모두 취할 수 있는 동사들
Г. 불완료상/완료상 동사원형을 사용하는 구문의 다양한 활용
Д. 단어미 형용사 + 동사원형 구문

1-5과 종합문제   66

제 6 과   왕복 동작을 의미하는 특별한 동사들   68

А. ПРИЙТИ – ПРИХОДИТЬ
Б. 왕복 행위를 표현하는 동사들

제 7 과   -СЯ형 동사   72

А. 자동사와 타동사
Б. -СЯ형 동사 1: 자신을 ~ 하다
В. -СЯ형 동사 2: 저절로 일어나는 행위
Г. -СЯ형 동사 3: 감정 표현 동사
Д. -СЯ형 동사 4: 함께 하는 동작 1
Е. -СЯ형 동사 5: 함께 하는 동작 2
Ё. -СЯ형 동사 6: -СЯ형으로만 쓰이는 동사들
Ж. -СЯ형 동사 7: 의미가 다른 동사들

제 8 과   능동형동사 현재형과 과거형   88

А. 형동사
Б. 능동형동사 현재형
В. 능동형동사 과거형

제 9 과   피동형동사 현재형/과거형과 단어미형   96

А. 능동형동사 현재형/과거형 복습
Б. 피동형동사 현재형
В. 피동형동사 과거형
Г. 피동형동사 과거형의 단어미형: 과거, 미래

제 10 과   부동사   110

А. 불완료상 부동사
Б. 완료상 부동사

6-10과 종합문제   117

목 차

제 11 과　운동동사 I　　　　　　　　　　　　　　　　　　　120

　　А. 운동동사: 정태동사와 부정태동사
　　Б. 자동사군에 속하는 운동동사들
　　В. 자동사군에 속하는 운동동사들의 활용

제 12 과　운동동사 II　　　　　　　　　　　　　　　　　　　132

　　А. 타동사군에 속하는 운동동사들의 활용
　　Б. 정태동사와 부정태동사의 용법
　　В. 운동동사와 명령문

제 13 과　운동동사의 전이적 의미와 과거형　　　　　　　　　146

　　А. 운동동사의 전이적 의미
　　Б. 운동동사 과거형의 의미

제 14 과　정태동사에서 파생되는 완료상 동사　　　　　　　　158

　　А. 정태동사와 완료상 짝
　　Б. СХОДИТЬ, СЪЕЗДИТЬ, СБЕГАТЬ, СВОДИТЬ, СВОЗИТЬ

제 15 과　접두사 В- (ВО-)　　　　　　　　　　　　　　　　168

　　А. 접두사가 붙은 동사들
　　Б. 접두사 В-/ВО

11-15과 종합문제　　　　　　　　　　　　　　　　　　　　179

제 16 과   접두사 ВЫ-와 접두사 ПРИ-   182

- А. 접두사 ВЫ-
- Б. 접두사 ПРИ-
- В. ХОДИЛ vs. ПРИХОДИЛ
- Г. ПРИ- 동사의 미래형

제 17 과   접두사 У-와 접두사 ЗА-   200

- А. 접두사 У-
- Б. 접두사 ЗА-

제 18 과   접두사 ПОД-, ОТ-, ПЕРЕ-   212

- А. 접두사 ПОД-와 ОТ-
- Б. 접두사 ОТ-와 У-
- В. 접두사 ПЕРЕ-

제 19 과   접두사 ПРО와 О-(ОБ-, ОБО-)   222

- А. 접두사 ПРО-
- Б. 접두사 О-(ОБ-, ОБО-)

제 20 과   접두사 ДО-와 ВЗ-, 접두사가 붙은 운동동사의 전이적 의미   230

- А. 접두사 ДО-
- Б. 접두사 ВЗ- (ВС-, ВОС-, ВЗО-)
- В. 접두사가 붙은 운동동사들의 전이적 의미

16-20과 종합문제   240

부록   별표 / 연습문제 정답   243

제1과 동사의 상과 시제

A 동사의 상: 불완료상과 현재시제

여러분은 이미 러시아어 동사의 상에 관한 기본적인 사항들을 알고 있습니다. 새롭게 배우는 상의 내용들을 살피기에 앞서 이미 알고 있는 상 관련 기본 문법들을 시제별로 복습하도록 합시다.

먼저 현재시제를 살펴봅시다. 이미 알고 있는 것처럼 완료상은 현재시제로 쓰이지 않기 때문에 불완료상의 현재시제 용법만 살피면 됩니다. 불완료상 현재시제는 다음과 같은 경우에 사용합니다.

1. 발화 시점에서 일어나는 일을 묘사할 때

- Сейчас я читаю. 지금 나는 읽고 있다.

2. 반복적으로 일어나는 일을 묘사할 때

이 경우는 종종 다양한 빈도부사(редко, обычно, всегда, иногда, каждый день 등)와 함께 사용됩니다.

- Я читаю каждый день. 나는 매일 읽는다.

3. 일정 기간 동안 일어나고 있는 일을 묘사할 때

이 경우는 종종 기간을 나타내는 다양한 부사나 표현들(долго, недолго, 2 часа, 3 года, весь день, всю неделю, всё утро 등)과 함께 사용됩니다.

- Я читаю 2 часа. 나는 두 시간 동안 읽고 있다.
- Наша семья живёт в Сеуле 20 лет. 우리 가족은 서울에서 20년째 살고 있다.

Б 동사의 상: 과거시제

이번에는 동사의 상과 과거시제의 용법을 살펴봅시다. 여러분도 알고 있는 것처럼 불완료상만 사용하는 현재시제의 경우와 달리 과거시제에는 불완료상과 완료상이 모두 사용될 수 있기 때문에, 과거시제 문장을 말할 때는 상을 결정하는 것이 중요합니다.

언제 불완료상 과거시제를 사용하고, 언제 완료상 과거시제를 사용하는 지 다시 한번 상기해 봅시다.

1. 불완료상 과거시제

a) 과거에 반복적으로 일어난 일을 묘사할 때

불완료상의 가장 기본적인 의미인 '반복'을 표현할 때는 불완료상 과거시제를 사용합니다.

- Раньше я часто смотрел телевизор, а теперь редко смотрю.
  전에는 나는 자주 TV를 보았지만, 이제는 드물게 본다.
- В детстве Антон редко читал, а теперь часто читает.
  어렸을 때 안톤은 드물게 책을 읽었지만, 이제는 자주 읽는다.
- Когда мама училась в университете, она каждый день играла в теннис, а теперь редко играет. 엄마는 대학에서 공부할 때 매일 테니스를 치셨지만, 이제는 드물게 치신다.

> ⚠️ **주의하세요**
>
> ### В ДЕТСТВЕ ИВАН ЧАСТО ИГРАЛ В ТЕННИС.
>
> 반복을 뜻하는 과거시제 불완료상을 사용할 때 독특한 뉘앙스가 있다는 점을 기억하기 바랍니다.
>
> 현재형 문장 «Иван часто играет в теннис.»는 테니스 치는 것이 이반의 습관인 것을 보여 줍니다. 반면 학생들이 한국어의 ≪이반은 자주 테니스를 쳤다.≫를 옮긴 «Иван часто играл в теннис*.»라는 문장은 사실상 비문에 가깝습니다. 러시아어로 쓰였을 때 이 문장은 전에는 테니스를 자주 쳤지만 이제는 더 이상 치지 않는다는 것을 뜻하기 때문에 "전에는 그랬는데 이제는 치지 않는다"든가, "전에는 그랬다"라는 맥락이 없이 단독으로 사용되지 않습니다. 주로 아래의 문장처럼 사용하여야 합니다.
>
> - <u>Раньше</u> Иван часто играл в теннис. 전에 이반은 자주 테니스를 쳤다.
> - <u>В детстве</u> Иван часто играл в теннис. 어렸을 때 이반은 자주 테니스를 쳤다.
> - <u>Когда Иван учился в школе</u>, он часто играл в теннис.
>   이반이 고등학생이었을 때 그는 자주 테니스를 쳤다.
>
> 때로는 다음과 같이 이어지는 문장을 동반하기도 합니다.
>
> - Раньше Иван часто играл в теннис, но <u>теперь</u> не играет.
>   전에 이반은 자주 테니스를 쳤지만, 지금은 치지 않는다.

б) 과거에 일정 기간 동안 일어난 일을 묘사할 때

불완료상의 또 한 가지 중요한 의미자질인 '일정 기간 동안 지속'된 일을 묘사할 때도 불완료상 과거를 사용합니다.

- Вчера я читал книгу 2 часа. 어제 나는 두 시간 동안 책을 읽었다.
- Раньше мы жили в Москве 10 лет. 전에 우리는 모스크바에서 10년 동안 살았다.
- В пятницу папа работал весь день. 금요일에 아빠는 하루 종일 일하셨다.

в) 일반 사실적 의미로 사용될 때

여러분이 아는 것처럼, 불완료상의 '일반 사실적' 의미는 결과가 아니라 어떤 행위가 있었는지 사실 여부만을 묻고 답할 때 사용합니다. "너 어제 뭐했니?"라고 물어볼 때는 그 행위의 완료 여부가 관심이 아니라 어떤 일들이 있었는지를 묻는 것이기 때문에 질문도 불완료상으로, 또 답변도 불완료상으로 합니다.

- - Что ты делал вчера / в субботу / на каникулах? 너 어제/토요일에/방학에 뭐 했어?
  - Вчера я делал домашнее задание. 어제 나는 숙제를 했어.
  - На каникулах я готовилась к экзамену. 방학에 나는 시험 준비를 했어.
  - Вчера я ходил в кино. 어제 나는 영화관에 다녀 왔어. (이 경우 шёл*을 사용하면 비문)
  - Летом я ездил в Москву. 여름에 나는 모스크바에 다녀 왔어. (ехал*을 사용하면 비문)

г) 동시동작을 묘사할 때: 불완료상 + 불완료상

불완료상 동사가 나란히 사용되면, 동시동작을 묘사합니다.

- Когда я обедал, я читал газету. 나는 점심을 먹으면서 신문을 읽었다.
  Я обедал и читал газету. 나는 점심을 먹으면서 신문을 읽었다.

д) 진행 중에 하나의 행위가 완료된 경우를 묘사할 때: 불완료상 + 완료상

비교적 긴 시간 진행되는 불완료상 행위 중에 한 시점에서 완료된 행위를 묘사할 때는 불완료상과 완료상이 함께 옵니다.

- Когда я шёл в парк, я встретил Машу. 공원으로 가는 길에 나는 마샤를 만났다.
- Я шёл в парк и встретил Машу. 공원으로 가는 길에 나는 마샤를 만났다.

2. 완료상 과거시제

a) 과거에 한번 완료된 일을 묘사할 때

완료상의 중요한 의미 자질인 '완료'를 표현할 때는 완료상 과거시제를 사용합니다.

- Обычно мама готовит рис, но вчера приготовила картофель.
  보통 엄마는 밥을 하시는데, 어제는 감자를 요리하셨다.
- Вчера я купил новый словарь. 어제 나는 새 사전을 샀다.
- В пятницу преподаватель рассказал о Москве.
  금요일에 선생님은 모스크바에 관하여 이야기하셨다.

б) 이미 결과가 주어진 일을 이야기할 때

이미 행위가 완료되어 그 결과를 이야기할 때도 완료상 과거시제를 사용합니다. уже나 всё 등이 있으면 이미 행위가 완료되고, 완전히 끝난 것을 알 수 있어 완료상 과거시제를 사용합니다. 또 행위의 결과물이 눈앞에 있고 그 결과물에 대하여 이야기할 때도 완료상 과거시제를 사용합니다.

▶ **уже**: 이미 ~ 했다

- Я уже прочитала книгу. 나는 이미 책을 읽었다.
- Маша уже написала письмо. 마샤는 이미 편지를 썼다.
- Мы (уже) посмотрели фильм. 우리는 이미 영화를 봤다.

▶ **~всё**: ~을 다 끝냈다

- Он всё сказал мне. 그는 나에게 모든 것을 다 말했다.
- Мы изучили весь учебник. 우리는 교과서 전체를 공부했다.
- Я прочитал всю книгу. 나는 책을 전부 다 읽었다.
- Я написал всё упражнение. 나는 연습문제를 전부 다 풀었다.
- Он посмотрел все фотографии. 그는 사진들을 전부 다 보았다.

▶ 결과물을 보며 이야기하는 경우

- Вот книга, брат купил её.
  여기 책이 있어. 오빠가 그 책을 샀어. (오빠는 이미 책을 샀고 그 결과물을 보며 이야기하는 경우)
- Вот письмо, Вера написала его. 여기 편지가 있다. 베라가 그 편지를 썼다.
- Летом построили этот красивый дом. 여름에 이 아름다운 집을 지었다.

в) 행위의 완료여부를 묻는 질문을 하고 그에 답할 때

불완료상의 일반 사실적 의미를 물었던 질문 «Что ты делал вчера?»와 달리 행위를 완료했는지를 물을 때는 완료상 동사 **сделать**를 사용하여 묻고 답변도 완료상으로 합니다.

- - Что ты <u>сделал</u> вчера / в субботу / на каникулах?
  너는 어제/토요일에/방학에 무얼 다 끝냈니?
  - Вчера я <u>сделал</u> домашнее задание. 어제 나는 숙제를 다했어.
  - На каникулах я <u>подготовилась</u> к экзамену. 방학 중에 나는 시험 준비를 다 했어.

г) 순차동작을 묘사할때: 완료상 + 완료상

완료상 동사와 완료상 동사가 오면 순차동작을 묘사하게 됩니다.

- Когда я <u>пообедал</u>, я <u>прочитал</u> газету. 나는 점심을 다 먹고나서 신문을 읽었다.
- Я <u>пообедал</u> и <u>прочитал</u> газету. 나는 점심을 다 먹고나서 신문을 읽었다.
- Сначала я <u>пообедал</u>, потом <u>прочитал</u> газету. 나는 점심을 다 먹고나서 신문을 읽었다.

⚠️ **주의하세요**

Я ВЕСЬ ДЕНЬ ЧИТАЛА. vs. Я ПРОЧИТАЛА ВЕСЬ ЖУРНАЛ.

весь, вся, всё, все가 시간명사와 결합하여 문장에 쓰이면 '그 시간 내내'라는 지속의 뜻을 전하게 되어 불완료상과 결합합니다.

- Я читал весь день / всю субботу. 나는 하루 종일/토요일 내내 책을 읽었다.

하지만 весь, вся, всё, все가 시간명사를 제외한 명사들과 결합하여 문장의 목적어로 쓰이면, '전부를 ~했다'는 뜻이 되어 완료상 동사와 결합합니다. 모든 것을 뜻하는 지시대명사 всё(everything) 역시 완료상 동사와 결합합니다.

- Я прочитал весь журнал / всю книгу. 나는 잡지 전체/책 전체를 다 읽었다.
- Я всё прочитал. 나는 모든 것을 다 읽었다.

B 동사의 상: 미래시제

이번에는 미래시제를 살펴봅시다. 미래시제도 완료상, 불완료상이 모두 사용될 수 있으므로 정확히 용법을 이해하여 어떤 상을 사용할 지 결정해야 합니다.

1. 불완료상 미래시제

а) 미래에 반복적으로 일어날 일을 묘사할 때

- В следующем семестре я буду всегда делать домашнее задание.
  다음 학기에 나는 항상 숙제를 할 것이다.

б) 미래에 지속적으로 있을 일을 묘사할 때

- Завтра я буду весь день играть в теннис. 내일 나는 하루 종일 테니스를 칠 것이다.

в) 미래에 있을 일반 사실에 관하여 질문하고 답할 때

- - Что ты будешь делать завтра / в субботу / на каникулах?
    너는 내일/토요일에/방학 때 무엇을 할 거니?
  - В субботу я буду читать, делать домашнее задание.
    토요일에 나는 책을 읽고 숙제를 할 거야.
  - На каникулах я буду готовиться к экзамену.
    방학 때 나는 시험 준비를 할 거야.
  - Завтра я пойду в кино.
    내일 나는 영화 보러 갈 거야. (буду идти* 사용하면 비문)
  - Летом я поеду в Москву.
    여름에 나는 모스크바에 갈 거야. (буду ехать*를 쓰면 비문)

г) 동시동작을 묘사할 때: 불완료상 + 불완료상

- Когда я <u>буду делать</u> домашнее задание, я <u>буду слушать музыку</u>.
  나는 숙제를 하면서 음악을 들을 것이다.
- Я <u>буду делать</u> домашнее задание и <u>(буду) слушать музыку</u>.
  나는 숙제를 하면서 음악을 들을 것이다.

2. 완료상 미래시제

а) 한 번 완료할 일을 말할 때

- Завтра я куплю словарь. 내일 나는 사전을 살 거야.

б) 행위가 완료되어 그 결과가 주어질 것을 이야기할 때

- Завтра не я, а сестра всё сделает: купит овощи, приготовит обед, помоет посуду. 내일 내가 아니라 언니가 전부 다 할 거야. 야채를 사고 점심을 준비하고 설거지를 할 거야.
- Завтра я выучу все новые слова. 내일 나는 새 단어를 전부 다 외울 거야.

в) 미래에 완료할 일에 대하여 질문하고 답할 때

일반 사실적 의미가 아니라 실제로 미래에 완료할 일에 대하여 물을 때는 완료상 동사 сделать를 사용하여 질문하고 답변도 완료상으로 합니다.

- - Что ты сделаешь завтра / в субботу / на каникулах?
  너는 내일/토요일/방학에 무엇을 다 끝낼 거니?
  - В субботу я прочитаю роман Толстого, сделаю домашнее задание.
  토요일에 나는 톨스토이의 소설을 다 읽고 숙제를 다 할 거야.
  - На каникулах я подготовлюсь к экзамену и сдам его в сентябре.
  방학에 나는 시험 준비를 다 하고 9월에 시험을 치를 거야.

г) 미래에 있을 순차 동작을 묘사할 때: 완료상 + 완료상

- Когда я сделаю домашнее задание, я послушаю музыку.
  숙제를 다 하고 나면 음악을 들을 거야.
- Я сделаю домашнее задание и послушаю музыку.
  숙제를 다 하고 나면 음악을 들을 거야.
- Сначала я сделаю домашнее задание, потом послушаю музыку.
  숙제를 다 하고 나면 음악을 들을 거야.

연습문제 1 불완료상 현재형이나 과거형을 사용하여 주어진 단어로 문장을 완성하세요. ❻, ❼번의 경우는 주어진 동사를 사용하여 본인이 직접 문장을 만들어 보세요.

❶ брать

В библиотеке студенты обычно _____ словари. Раньше Миша тоже всегда _____ словарь в библиотеке, но теперь не _____, потому что недавно он купил хороший словарь.

❷ заниматься

Этот мальчик каждый день много _____. Когда брат учился в школе, он мало _____, а теперь он учится в университете и _____ 6 часов в день.

❸ покупать

Эти девушки часто _____ новую одежду. Когда Маша была студенткой, она редко _____ новые вещи, потому что у неё было мало денег. Но сейчас она работает в большой хорошей фирме и регулярно _____ новую одежду и обувь.

❹ думать

Раньше я (всегда) _____, что русский язык трудный, но теперь я _____, что он не очень трудный.

❺ дружить

Я _____ с Наташей 5 лет. А раньше я 2 года _____ со Светой.

❻ готовиться к экзаменам

현재 _____

과거 _____

❼ помогать

현재 _____

과거 _____

연습문제 2 주어진 불완료상과 완료상의 짝 중 적절한 것을 골라 과거시제로 넣으세요.

예시 читать - прочитать

Мы _____ весь день. → Мы читали весь день.

Мы _____ весь роман. → Мы прочитали весь роман.

Мы всё _____. → Мы всё прочитали.

делать - сделать

❶ Ты всё _____? Нет? Тогда я помогу тебе.

❷ Дети всё утро _____ домашнее задание.

❸ Они _____ все упражнения.

❹ А Маша _____ домашнее задание всю субботу, и всё _____ очень хорошо.

пить - выпить

❺ Вчера студенты сдали экзамены, поэтому весь вечер и всю ночь _____ пиво.

❻ На прошлой неделе Антон заболел, он _____ лекарство всю неделю.

❼ Когда он _____ всё лекарство, он почувствовал себя хорошо.

❽ Брат _____ весь сок, который был в холодильнике.

❾ - А где вода?

-Мы всю воду _____.

연습문제 3 주어진 불완료상과 완료상의 짝 중 적절한 것을 골라 알맞은 형태로 넣으세요.

играть – сыграть

① Мальчики всегда _____ в футбол.

② Раньше я часто _____ в бадминтон, но теперь редко _____.

③ Мы уже _____ в теннис.

④ - Что ты делал в воскресенье?
   - Я _____ в баскетбол.

⑤ Когда дети _____, папа читал газету.

⑥ Сегодня Маша весь день _____ на пианино (сейчас она тоже продолжает играть).

⑦ Сегодня Маша весь день _____ на пианино (сейчас она не играет).

⑧ Когда дети _____ в футбол, Ваня упал.

⑨ Когда дети _____ в футбол, они пошли домой.

готовить – приготовить

⑩ Наташа каждый день _____ ужин.

⑪ Когда Света _____ домашнее задание, пришёл папа с работы.

⑫ Раньше сестра всегда _____ обед, но сейчас обычно мама _____.

⑬ Как долго вы вчера _____ обед?

⑭ - Мила, почему ты не готовишь пельмени?
   - Я уже _____.

⑮ - Что ты сделала сегодня?
   - _____ шашлык.

⑯ Очень вкусный борщ! Кто _____ его?

⑰ Когда Маша погуляла в парке, она _____ обед.

⑱ Когда мама _____ обед, она слушала радио.

⑲ Когда Оля _____ домашнее задание, она легла спать.

⑳ - Ты всё _____?
   - Нет, я не приготовила суп.

начинать – начать

㉑ Обычно преподаватель _____ лекцию в 9 часов, но вчера он _____ в 9:30.

㉒ Папа уже _____ работу.

㉓ Раньше мы всегда _____ урок в 10:00.

㉔ Когда учитель поздоровался, он _____ урок.

㉕ - Что ты сделал вчера?
   - Я _____ читать новый роман.

Г 동사의 상과 동사원형

이 외에도 여러분은 동사가 동사원형을 취할 때 불완료상 동사원형을 취하기도 하고 완료상 동사원형을 취하기도 한다는 것을 알고 있습니다.

1. 불완료상 동사원형과만 결합하는 동사들

любить нравиться начинать – начать (стать) кончать – кончить учиться – научиться	+ 불완료상 동사원형

- Я люблю <u>читать</u>. 나는 읽는 것을 좋아해.
- Нам нравится <u>говорить</u> по-русски. 우리는 러시아어로 말하는 게 좋아.
- Он начал <u>изучать</u> русский язык. 그는 러시아어를 공부하기 시작했다.
- Он кончил <u>работать</u> в 6 часов. 그는 6시에 일을 끝냈다.
- Маша научилась <u>петь</u>. 마샤는 노래하는 법을 배웠다.

2. 완료상 동사원형과만 결합하는 동사

забывать – забыть	+ 완료상 동사원형

- Она забыла <u>купить</u> фрукты. 그녀는 과일 사는 것을 잊었다.

3. 완료상, 불완료상 동사원형과 모두 결합할 수 있는 동사들

хотеть советовать должен (должна, должны) надо, нужно	+ 완료상 동사원형/불완료상 동사원형

완료상, 불완료상 동사원형과 모두 결합할 수 있는 경우는 완료상과 불완료상을 가르는 일반적인 기준에 따라 반복이나 지속을 나타내는 단어나 상황이 있는 경우는 불완료상 동사원형을 사용하고 그 외의 경우는 완료상 동사원형을 사용합니다. 하지만 부정문, 즉 «не надо / не нужно», «не должен», «не хотеть», «не советовать»는 불완료상 동사원형만을 취합니다.

- Я хочу <u>купить</u> эту юбку. 나는 이 치마를 사고 싶다.
- Я хочу часто <u>покупать</u> красивую одежду. 나는 자주 예쁜 옷을 사고 싶다.
- Мы хотим <u>весь день готовиться</u> к экзамену. 우리는 하루 종일 시험 준비를 하고 싶다.
- Я <u>не</u> хочу <u>покупать</u> эту юбку. 나는 하루 이 치마를 사고 싶다.

연습문제 4 주어진 불완료상과 완료상의 짝 중 적절한 것을 골라 알맞은 형태로 넣으세요.

покупать – купить

❶ Я люблю _____ новую одежду.

❷ Когда мы _____ овощи, мы пошли домой.

❸ Я никогда не _____ молоко, потому что не люблю его.

❹ Вчера мама забыла _____ кофе, поэтому мы пьём чай.

❺ Я потеряла свой телефон, мне нужно _____ новый телефон, завтра я обязательно _____ его.

❻ Папа не хочет _____ новую машину.

❼ Друзья советуют мне _____ новый ноутбук.

помогать – помочь

❽ Ты должен всегда _____ младшему брату.

❾ Оля редко _____ сестре.

❿ Когда я _____ брату делать домашнее задание, мама готовила обед.

⓫ Дети не любят _____ дедушке и бабушке.

⓬ Завтра я весь день _____ маме, потому что вечером к нам придут гости.

⓭ Сначала Маша сделала домашнее задание, потом _____ маме.

⓮ Извини, сейчас у меня нет времени, я _____ тебе завтра.

⓯ Я не советую тебе _____ младшему брату, он должен всегда всё делать сам.

⓰ В детстве брат всегда _____ мне, но теперь редко _____.

посылать – послать

⑰ Мне надо _____ открытку подруге.

⑱ Родители забыли _____ мне деньги, поэтому у меня нет денег.

⑲ Вчера Наташа _____ 3 письма в Россию своим подругам.

⑳ Когда Вадим написал письмо, он _____ его по Интернету.

㉑ Я люблю _____ открытки не по Интернету, а по почте.

㉒ Перед Рождеством мы обычно _____ открытки родственникам и друзьям.

㉓ Раньше наши родители всегда _____ письма по почте, но теперь они _____ письма по Интернету.

㉔ Я хочу _____ русскому другу книги на корейском языке.

제2과 상의 다양한 의미들

A 불완료상만 있는 동사들

우리가 알고 있는 대로 대다수의 러시아어 동사는 불완료상과 완료상의 짝으로 이루어져 있습니다. 그러나 완료상 짝이 없는 불완료상 동사들도 존재합니다. 예를 들어, 어휘의 의미에 이미 '무언가를 일반적으로, 혹은 규칙적으로 하다'라는 뜻이 내포되어 있거나 '무언가를 장기간 하다'라는 뜻이 들어 있는 불완료상 동사에는 완료상 짝이 없습니다.

이런 동사들로 знать, помнить, жить, находиться, переписываться 등을 들 수 있습니다. '알다', '기억하다', '살다', '~에 위치하다', '편지를 주고받다' 등은 이미 단어의 뜻 자체에 지속성의 의미가 들어 있기 때문입니다.

아래의 동사들은 이러한 연유로 불완료상만 있는 동사들입니다.

быть	be동사	находиться	~에 위치해 있다
жить	살다	знать	알다
помнить	기억하다	звать / называться	~라 부르다, ~라 불리다
разговаривать	대화하다	лежать	놓여 있다
стоять	서 있다	висеть	걸려 있다
сидеть	앉아 있다	переписываться	서신을 교환하다
иметь	소유하다	надеяться	소망하다
верить	믿다	уважать	존경하다
ненавидеть	미워하다	волноваться	근심하다
преподавать	가르치다	веселиться	즐거워하다
грустить	슬퍼하다		

> ⚠ **주의하세요**
>
> ## БЫТЬ vs. БЫВАТЬ
>
> 위의 동사들 중 быть 동사는 '어떤 것을 한 번 하다'라는 의미를 지닙니다. 예를 들어 «Вчера я был в парке.»는 어제 나는 공원에 갔었다, 즉 한 번 갔었다는 이야기입니다. be동사를 사용하여 반복/규칙적으로 일어나는 행위를 묘사하려면 бывать 동사를 씁니다. «Я часто бываю в парке. (= я часто хожу в парк.)» 그러나 бывать와 быть 동사는 '불완료상-완료상' 짝이 아니기에 상 관계가 없는 동사들입니다.

먼저 이러한 동사들이 쓰이는 다양한 예문들을 봅시다.

- **Вчера Антон был на стадионе.** 어제 안톤은 경기장에 갔었다.
- **Завтра мне надо быть в Пусане.** 내일 나는 부산에 가야 한다.
- **Кёнбоккун находится в Сеуле.** 경복궁은 서울에 위치한다.
- **Я хочу жить в Москве. Сначала мы жили в Пусане, а теперь живём в Сеуле.**
  나는 모스크바에서 살고 싶다. 우리는 처음에는 부산에 살았고, 지금은 서울에 산다.
- **Его зовут Виктор.** 그의 이름은 빅토르이다.
- **Ресторан называется «Весна».** 레스토랑 이름은 〈베스나〉이다.
- **Вчера я уже разговаривала с профессором о своих проблемах.**
  어제는 나는 이미 교수님과 나의 문제에 관하여 대화를 나누었다.
- **Я всё помню.** 나는 모든 것을 기억한다.
- **Я помню все новые слова.** 나는 모든 새 단어들을 기억한다.
- **Вчера книга лежала на столе, а сейчас она стоит в шкафу.**
  어제는 책이 탁자 위에 놓여 있었는데 지금은 책장 안에 세워져 있다.

또 한 가지 기억해 둘 것은 이렇듯 완료상 짝이 없는 불완료상 동사들은 접속사 **когда / и** 등과 '순차동작'의 맥락에서는 쓰일 수 없다는 점입니다.
이러한 모델은 주절과 종속절 모두에 완료상이 와야 하기 때문입니다.

- **Когда он пообедал, он пошёл в кино.** 그는 점심을 다 먹고 영화관에 갔다.
- **Он пообедал и пошёл в кино.** 그는 점심을 다 먹고 영화관에 갔다.

하지만 완료상이 없는 불완료상 동사라 하더라도 **сначала…, потом…** 구문에서는 사용될 수 있습니다.

- **Сначала мы жили в Москве, потом (жили) в Петербурге.**
  우리는 처음에는 모스크바에서 살았었고, 나중에는 페테르부르크에서 살았다.

Б 접두사가 붙어 더해지는 상의 의미

완료상 짝이 없는 동사들과 달리 어떤 불완료 동사들은 완료상을 파생시키지만, 완료상의 의미 자체가 불완료상의 의미에 완전히 상응하지 않고 어떤 부가적인 의미를 지니게 됩니다.

예를 들어 «работать - поработать», «заниматься - позаниматься» 같은 불완료상-완료상 동사의 짝들을 봅시다. 이 경우 поработать나 позаниматься는 그저 работать, заниматься의 완료상 짝이 아니라, '잠시 동안 일하다', '잠시 동안 공부하다'라는 뉘앙스를 가지게 됩니다. 완료상을 파생하는 접두사 по-에 '잠시', '조금'이라는 뉘앙스가 있기 때문입니다.

- Сначала папа поработал в компании «Восток», потом начал работать в компании «Сибирь».
  (= Сначала папа недолго работал в компании «Восток», потом начал работать в компании «Сибирь».)
  처음에 아빠는 〈보스톡〉 회사에서 잠시 일하셨고, 후에 〈시비리〉 회사에서 일하기 시작하셨다.

또 «болеть - заболеть», «смеяться - засмеяться»의 경우 완료상 동사 заболеть, засмеяться는 무엇인가를 '병이 나다', '웃기 시작하다'라는 의미를 지니게 됩니다. 완료상을 파생하는 접두사 за-에 '시작'의 뜻이 있기 때문입니다. 앞서 살핀 접두사 по-에도 '조금 ~ 하다'라는 뜻 외에도 '~을 시작하다'는 뜻도 있어서 чувствовать 동사의 완료상인 почувствовать에는 '시작하다'는 의미가 더해집니다.

- Вчера Оля заболела. = Вчера Оля начала болеть. 올랴는 어제 아프기 시작했다.
- Когда дети увидели Микки-Мауса, они засмеялись.
  아이들이 미키마우스를 보았을 때 그들은 웃기 시작했다.
- Когда дети увидели Микки-Мауса, они начали смеяться.
  아이들이 미키마우스를 보았을 때 그들은 웃기 시작했다.

아래의 동사들은 접두사가 붙어 완료상이 파생되며 새로운 의미가 더해지는 동사들입니다.

불완료상 – 완료상	완료상의 의미
интересоваться – заинтересоваться	흥미를 가지기 시작하다
чувствовать – почувствовать	느끼기 시작하다
плакать – заплакать	울기 시작하다
любить – полюбить	사랑에 빠지다(사랑하기 시작하다)
болеть – заболеть	병이 나다(아프기 시작하다)

хотеть – захотеть	원하게 되다(원하기 시작하다)
гулять – погулять	잠시 산책하다
спать – поспать	잠시 자다
работать – поработать	잠시 일하다
заниматься – позаниматься	잠시 공부하다, 잠시 ~을 하다
думать – подумать	잠시 생각하다
мечтать – помечтать	잠시 꿈꾸다
танцевать – потанцевать	잠시 춤추다
учиться – поучиться	잠시 공부하다

이러한 완료상 짝이 있는 경우는 когда / и 구문도 сначала…, потом… 구문도 모두 사용이 가능합니다.

- Когда студенты позанимались в библиотеке, они погуляли в парке.

  Студенты позанимались в библиотеке и погуляли в парке.

  Сначала студенты позанимались в библиотеке, потом погуляли в парке.
  학생들은 도서관에서 잠시 공부한 후 공원에서 잠시 산책했다.

B 완료상을 써야 할 자리에 사용되는 불완료상 동사들

여러분은 이미 한번 완료된 과거의 동작을 묘사할 때는 완료상 과거형 동사를 사용한다는 사실을 배웠습니다.

- Вчера я посмотрел интересный фильм. 어제 나는 재미있는 영화를 봤다.
- На прошлой неделе Нина встретилась с Олегом. 지난 주에 니나는 올렉과 만났다.
- Сегодня утром я позвонил Антону. 오늘 아침에 나는 안톤에게 전화했다.
- -Почему ты не обедаешь? 너는 왜 점심을 안 먹니?

  -Я уже пообедал. 나는 이미 점심을 먹었어.

여러분이 알고 있는 완료상 과거의 용법은 전적으로 옳은 것인데, 흥미로운 것은 러시아 사람들은 유사한 상황에서 완료상만이 아니라 불완료상을 사용하기도 한다는 점입니다. 이런 혼용은 우리가 일상적으로 아주 많이 사용하고 듣게 되는 동사들의 경우에 생깁니다. 대표적인 동사들로는 смотреть, видеть, слушать, читать, звонить, завтракать(обедать, ужинать), рассказывать, встречаться 등을 들 수 있습니다.

이런 경우 아래의 두 문장들 사이에는 본질적인 차이는 없습니다.

- Вчера я посмотрел интересный фильм.
  Вчера я смотрел интересный фильм.
  어제 나는 재미있는 영화를 보았다.
- Сегодня утром я позвонил Антону.
  Сегодня утром я звонил Антону.
  오늘 아침 나는 안톤에게 전화했다.
- На прошлой неделе Нина встретилась с Олегом.
  На прошлой неделе Нина встречалась с Олегом.
  지난 주에 니나는 올렉과 만났다.
- -Почему ты не обедаешь? 왜 너는 점심을 먹지 않니?
  -Я уже пообедал. / Я уже обедал. 나는 벌써 먹었어.

하지만 사용빈도가 높은 단어들이라고 해서 모두 이렇게 이중적인 혼용이 가능한 것은 아닙니다. 예를 들어 «покупать»는 사용빈도가 매우 높은 단어이지만 어떤 경우에도 «купить»를 대신하여 사용되지 않습니다. «Вчера я купил новый телефон.» 이라는 문장은 어떤 경우에도 «Вчера я покупал новый телефон.*»으로 대체될 수 없습니다.

따라서 외국인으로서 범할 수 있는 잦은 실수를 피하는 길은 유사한 상황에서는 완료상 동사를 사용하되, 원어민들이 불완료상을 사용하는 것을 들을 때 그것 역시 가능하다는 것을 알아 두는 것이라 하겠습니다.

г 완료상과 결합하는 부사들

문장 중에 вдруг 갑자기, неожиданно 갑자기, 예기치 못하게, наконец 마침내, в конце концов 마침내, 결국, так и не 결국 등의 표현이 들어있으면 이 경우에는 반드시 완료상 동사를 사용해야 합니다.

- Когда Сергей делал домашнее задание, он думал о грамматике.
  세르게이는 숙제를 하면서 문법에 대해 생각했다.
- Когда Сергей делал домашнее задание, он **вдруг** подумал о своей подруге.
  세르게이는 숙제를 하다가 갑자기 자기 여자친구에 관해 생각했다.
- Утром Максим звонил / позвонил мне.   아침에 막심은 내게 전화를 걸었다.
- Утром, **наконец,** Максим позвонил мне.   아침에 마침내 막심이 나에게 전화를 걸었다.
- Мне всегда не нравилось жить в этом доме и **в конце концов,** я переехал в другой дом.   나는 항상 이 집에 사는 것이 싫었다. 그래서 마침내 다른 집으로 이사를 했다.
- Я долго вспоминал, где видел этого человека, но **так и не** вспомнил.
  나는 이 사람을 어디서 보았었는지 오랫동안 기억을 더듬어 보았지만 결국 기억해 내지 못했다.

Д EЩЁ HE와 동사의 상

문장에 'ещё не~', 즉 '아직 ~하지 않는다(않았다)'라는 표현이 들어 있으면 현재형에서는 의당 불완료상을 쓰지만 과거형에서는 완료상도 불완료상도 가능합니다.

1. EЩЁ HE + 불완료상 현재형: 아직 ~이 아니다, 아직 ~ 하지 않는다

- Младший брат ещё не учится в школе, он ходит в детский сад.
  남동생은 아직 초등학생이 아니다. 그는 유치원에 다닌다.
- Студенты первого курса ещё не говорят по-русски, они только умеют читать по-русски.
  1학년 학생들은 아직 러시아어로 말을 못한다. 그들은 러시아어로 읽을 줄만 안다.

2. EЩЁ HE + 불완료상/완료상 과거형

과거시제에서는 ещё не 뒤에는 완료상도, 불완료상도 올 수 있습니다. 과거시제의 경우는 동사에 따라 ещё не와의 결합이 다양한 뉘앙스를 전할 수 있으니 찬찬히 살펴보아야 합니다.

- Я ещё не говорил родителям об этой проблеме.
- Я ещё не сказал родителям об этой проблеме.

사실 위의 두 문장 사이에는 의미적으로 아주 큰 차이는 없습니다. 미세한 차이라면 불완료상을 사용한 경우 말하려는 의도 자체가 별로 없었던 것이고, 완료상을 쓴 경우는 말을 하고자 했는데 하지 못한 것이라 볼 수 있습니다.

- Я ещё не делал домашнее задание.
- Я ещё не сделал домашнее задание.

그런데 위의 두 문장에는 보다 명확한 뉘앙스의 차이가 있습니다. «Я ещё не делал домашнее задание»에는 '숙제를 아직 시작도 안했다'는 뉘앙스가 들어 있다면, «Я ещё не сделал домашнее задание»는 시작은 했으나 완료하지 못했다는 뜻이 포함되어 있습니다. 물론 이 두 문장의 차이도 원칙적인 것은 아닙니다. 두 경우 모두 숙제가 완료된 것은 아니기 때문입니다.

- Софья ещё не оканчивала(НСВ) университет.*
- Софья ещё не окончила(СВ) университет.

반면 이 경우 첫 번째 문장은 비문입니다. 이 경우는 완료상 과거 부정문만 가능합니다.

사실 ещё не는 완료상과는 언제나 결합할 수 있지만 불완료상 과거형과 결합할 때는 특별한 주의가 필요합니다. 따라서 실수를 피하려면 ещё не와는 완료상 과거형을 쓰는 것을 권합니다.

- Я ещё не подготовился к экзамену. 나는 아직 시험 준비를 못했다.
- Ты ещё не рассказал мне о путешествии по Европе.
  너는 아직 나에게 유럽 여행에 대해 이야기 안 해줬어.
- Антон ещё не позвонил мне. 안톤은 아직 나에게 전화를 안 했다.

E ЗА КАКОЕ ВРЕМЯ + 완료상 동사

여러분은 이미 «Как долго?», 즉 기간을 묻는 질문에 대한 답이 될 만한 것이 문장 속에 있으면 그 문장에는 불완료상 동사를 사용해야 한다는 것을 알고 있습니다. 하지만 유사한 뜻을 담고 있는 «За какое время?»라는 질문에 대한 답이 될 수 있는 표현이 들어 있으면 그 문장에는 완료상을 사용해야 합니다.

이 두 질문은 비슷한 것처럼 보이지만 완전히 동일한 질문은 아닙니다. «За какое время?» 구문은 화자가 1) 해당 행위가 이미 완료되었으며, 2) 그 행위를 완료하기 위해 처음부터 끝까지 얼마의 시간이 걸렸는지를 명시하고 싶을 때 사용됩니다. «Как долго?»에 대한 답이 되는 표현들에는 이러한 뉘앙스가 없습니다.

как долго + 불완료상	за какое время + 완료상
• Антон читал роман Толстого 2 дня. 안톤은 이틀 동안 톨스토이의 소설을 읽었다.	• Антон прочитал роман Толстого за 2 дня. 안톤은 이틀 동안에 톨스토이의 소설을 다 읽었다.

• Он готовился к экзамену по английскому языку весь месяц (все каникулы). 그는 한달 내내(방학 내내) 영어시험을 준비했다.	• Он подготовился к экзамену по английскому языку за месяц / за каникулы. 그는 한달 동안/방학 동안 영어시험 준비를 끝냈다.

한 가지 주의할 것은 «за какое время» 구문은 весь와는 함께 쓰일 수 없다는 점입니다. 아래의 문장들은 학생들이 종종 작문에 적는 비문입니다.

Он подготовился к экзамену по английскому языку за весь* месяц / за весь* год / за все* каникулы / за всё* лето.

연습문제 1 주어진 예에 따라 문장을 바꾸어 보세요.

예시 Брат готовился к экзамену всю неделю.
→ Брат подготовился к экзамену за неделю.

❶ Мама готовила ужин полчаса.
→ _____.

❷ Ребёнок ел завтрак 5 минут.
→ _____.

❸ Поэт писал стихи несколько дней.
→ _____.

❹ Он весь год решал эту проблему.
→ _____.

❺ Всё лето мы делали новый проект.
→ _____.

연습문제 2 주어진 질문에 답해 보세요.

❶ Как долго ты делал домашнее задание?

→ _____.

❷ За какое время ты выучил новые слова?

→ _____.

❸ За какое время построили новую библиотеку?

→ _____.

❹ Как долго вы отвечали на вопросы профессора?

→ _____.

❺ За какое время вы забыли грамматику?

→ _____.

연습문제 3 주어진 동사 중 적절한 것을 골라 적절한 형태로 빈칸에 넣으세요.

делать – сделать

❶ - Ты _____ всё домашнее задание?

 - Нет, ещё не _____, но я кончу _____ его через полчаса.

❷ Вчера Вера _____ домашнее задание 2 часа, а Сергей _____ его за час.

❸ Мы _____ новый проект весь август и, наконец, вчера _____ его.

❹ - Тебе помог старший брат или ты сам всё _____?

 - Я всегда всё _____ сам.

ссориться – поссориться

❺ Братья часто _____, вчера они опять _____ из-за пустяка.

❻ Дети, не надо _____!

❼ Когда Маша и Лара _____, они обе заплакали.

❽ Дети дружно играли, но вдруг _____.

❾ Вчера муж и жена весь вечер _____.

понимать – понять

❿ - Ты уже хорошо _____ этот текст?
   - Нет, я несколько раз прочитал его, но так и не _____, потому что в тексте очень сложная грамматика.

⓫ Я очень хочу всегда _____ тебя правильно, но это трудно.

⓬ Младший брат ещё не _____.(현재) физику, он начнёт изучать физику в 6 классе.

⓭ Мой русский друг быстро говорит по-русски, но я научился _____ его.

терять – потерять

⓮ Сегодня в метро Ира _____ кошелёк.

⓯ Дети часто _____ свои вещи.

⓰ Когда Антон _____ свою кредитную карточку, он сразу заблокировал её.

⓱ Почему ты всегда _____ много времени?

단어 пустяк 별것 아닌 일 | поссориться из-за пустяка 별것 아닌 일로 싸우다 | кредитная карточка 신용카드 | блокировать-заблокировать (карточку) (카드를) 막다

제3과 이중상동사와 부정문

A 이중상동사

러시아어에는 이중상동사(двувидовые глаголы), 즉 한 동사인데 완료상이 되기도 하고 불완료상이 되기도 하는 동사가 있습니다. 이 경우 어떤 상으로 사용되었는지는 문장의 맥락 속에서만 파악할 수 있겠지요. 이중상동사의 수가 많은 것은 아닙니다. 여러분은 비교적 자주 사용되는 아래의 다섯 가지 동사만 암기하면 됩니다.

использовать	사용하다	обследовать	검사하다
организовать	조직하다	жениться	결혼하다, 남자
исследовать	연구하다		

이제 이 동사들이 문장 속에서 어떻게 사용되는지 봅시다. 해석을 해보면 이중상동사가 완료상으로 사용되었는지, 불완료상으로 사용되었는지 이해할 수 있습니다.

- Эта туристическая фирма часто организует интересные экскурсии.
  이 여행사는 종종 재미있는 견학 프로그램을 조직한다. (불완료상 현재)
- На следующей неделе турфирма организует экскурсию в Кёнджу.
  다음 주에 여행사는 경주 관광을 조직할 것이다. (완료상 미래)
- Мы хотим организовать интересную экскурсию.
  우리는 재미있는 견학 프로그램을 조직하고 싶다. (완료상 원형)

연습문제 1 이중상동사가 포함된 문장을 읽고 해석하고 문장 속에 있는 이중상동사의 상과 시제를 써보세요.

① Обычно я использую информацию из Интернета. Когда я писал доклад, я использовал информацию из Интернета. Тебе надо использовать всю информацию, которая у тебя есть. Не надо использовать слово «усердно», потому что русские люди почти не говорят его.

해석:

이중상동사의 상과 시제:

❷ Врачи много лет исследуют проблему рака. Когда учёные исследовали эту проблему, они начали исследовать другую проблему. Полиция должна исследовать все причины катастрофы.

해석:

이중상동사의 상과 시제:

❸ Когда врач обследовал дедушку, он сказал, что срочно нужна операция. Полиция обследовала место преступления. Полиция 3 часа обследовала место преступления. Наша больница каждый год обследует десять тысяч пациентов. Завтра врач обследует этого пациента.

해석:

이중상동사의 상과 시제:

단어 рак 암 | преступление 범죄, 범행

Б 부정문과 동사의 상

지금까지 우리는 동사의 상을 부정문의 문제와 직접적으로 연관시켜 공부하지는 않았습니다. 여기서는 부정문, 즉 부정소사 не가 들어 있는 문장의 상의 사용을 시제 중심으로 정리해 보고자 합니다. 먼저 불완료상만 사용되는 현재시제 부정문부터 살펴봅시다.

1. 현재시제: 불완료상

현재시제에서는 불완료상만 사용됩니다.

а) 지금 하고 있지 않은 일을 묘사할 때

- - Что ты сейчас делаешь? Читаешь? 너 지금 뭐 하니? 책 읽니?
  - Нет, я не читаю. 아니, 나는 읽고 있지 않아.

б) 얼마나 자주 무엇을 하지 않는 지 말할 때

- Обычно я не смотрю новости. 보통 나는 뉴스를 안 봐.
- Я **никогда не** смотрю новости. 나는 절대 뉴스를 안 봐.

절대 보지 않는다는 말을 하기 위해 «Я <u>всегда не</u> <u>смотрю новости.</u>*»라고 말하면 이것은 잘못된 문장입니다.

в) 얼마나 길게 무엇을 하지 않는 지 말할 때

- Я не играю весь день в компьютерные игры. 나는 하루 종일 컴퓨터 게임을 안 하고 있어.

2. 과거시제: 불완료상

а) 과거에 반복적으로 하지 않은 일을 묘사할 때

- В прошлом семестре я часто не делал домашние задания.
  지난 학기에 나는 자주 숙제를 안 했다.

б) 과거에 지속적으로 하지 않은 일을 묘사할 때

- Нет, я не играл весь день в компьютерные игры.
  아니, 나는 하루 종일 컴퓨터게임을 하지는 않았어.

в) 원하지 않아서 하지 않았던 일을 묘사할 때

- Я не читал эту книгу. 나 이 책 안 읽었어.

이 경우 불완료상 부정문은 ≪책을 읽을 계획도 의도도 없었기에 읽지 않았다≫는 의미를 전합니다.

3. 과거시제: 완료상

할 의도도 있었고 원했지만, 하지 못한 것을 묘사할 때 사용합니다.

- Я не прочитал эту книгу. 나는 이 책을 못 읽었어.
- Я (ещё) не купил машину. 나는 자동차를 못 샀어.

이런 상황에서 러시아인들은 종종 «не смог / не смогла + 동사원형» 구문을 사용합니다.

- Я не смог купить машину. 나는 자동차를 못 샀어.

이 경우 동사 не смочь는 강하게 원했으나 할 수 없었다는 사실을 강조하게 됩니다.

4. 미래시제: 불완료상

а) 반복적으로 어떤 일을 하지 않을 경우

- В следующем году я окончу университет, поэтому не буду каждый день вставать в 6 часов. 내년에 나는 대학을 졸업할 것이다. 그래서 매일 6시에 일어나지 않을 것이다.

б) 어떤 기간 동안 어떤 일을 하지 않을 경우

- Завтра я не буду весь день заниматься в библиотеке.
  내일 나는 하루 종일 도서관에서 공부하지 않을 거야.

в) 원하지 않은 일, 의도하지 않은 일을 하지 않을 경우

- Я не буду делать эту работу. 나 그 일 안 할 거야.
  (= Я не хочу / не планирую / не собираюсь делать эту работу, потому что эта работа мне не нравится.)
- Мой ноутбук хорошо работает, я не буду покупать новый (ноутбук).
  내 노트북은 작동을 잘 해, 나는 새 거 안 살 거야.
- Дети не будут есть суп, они не любят суп / суп невкусный.
  아이들은 스프를 안 먹을 거야, 걔네들은 스프를 좋아하지 않아/스프가 맛이 없네.
- Я не буду обедать, у меня нет аппетита.
  나는 식욕이 없어서 점심 안 먹을래.
- Мама не будет готовить кимпап, она хочет приготовить манду.
  엄마는 만두를 만들고 싶으셔서 김밥은 안 만드실 거야.
- Я не буду звонить Сергею, потому что мы поссорились.
  우리가 다퉜기 때문에 나는 세르게이에게 전화 안 할 거야.

5. 미래시제: 완료상

하고 싶고, 할 의도가 있는 일을 상황 때문에 못하게 될 경우에 사용합니다.

- Я не сделаю эту работу, потому что у меня нет времени / эта работа слишком трудная для меня.
  (= Я хочу сделать эту работу, но не смогу сделать, потому что нет времени / потому что не знаю, как (сделать её)).
  나는 시간이 없어서/이일이 내게 너무 어려워서 이 일을 못할 것이다.

이런 경우에도 러시아인들은 종종 **не смочь** 구문을 사용합니다.

- Я не смогу сделать эту работу, потому что у меня нет времени / потому что не знаю, как. 나는 시간이 없어서/어떻게 해야 하는지 몰라서 이 일을 못할 것이다.
- У меня не хватает денег, поэтому я не куплю (не смогу купить) ноутбук.
  나는 돈이 부족해서 노트 북을 못 살 거야.
- Дети не съедят (не смогут съесть) суп, его очень много.
  아이들은 스프가 너무 많아서 그것을 다 먹지 못할 거야.
- У меня много срочной работы, наверное, я не пообедаю (не смогу пообедать). 급하게 해야 할 일이 많아서 아마 나는 점심을 못 먹을 거야.
- Лариса не приготовит (не сможет приготовить) кимпап, она не умеет.
  라리사는 할 줄을 몰라서 김밥을 못할 거야.
- Я не позвоню (не смогу позвонить) Сергею, потому что мой телефон полностью разрядился. 배터리가 완전히 끝나서 세르게이에게 전화를 못 할거야.

연습문제 2 주어진 문제에 답하되 처음에는 과거형 불완료상 동사를 사용하여, 이어서는 완료상 과거형 동사를 사용하여 답하세요.

> **예시**
> а) - Ты позвонил Ларисе?
> - Нет, не звонил, потому что 2 дня назад мы поссорились, и я не хочу с ней разговаривать.
> б) - Ты позвонил Ларисе?
> - Нет, до сих пор не позвонил, потому что вчера я был очень занят / у меня не было времени.

❶ Ты рассказал родителям о своей проблеме?

　а) _____.

　б) _____.

❷ Студенты встретились с деканом?

　а) _____.

　б) _____.

❸ Мама приготовила пельмени?

　а) _____.

　б) _____.

❹ Вадим поступил в медицинский институт?

　а) _____.

　б) _____.

❺ Ты купила смартфон?

　а) _____.

　б) _____.

연습문제 3 처음에는 불완료상 미래형 동사를 사용하고, 나중에는 완료상 미래형 동사를 사용하여 대화를 이어보세요.

예시
- Когда ты купишь новую машину?
- У меня есть хорошая машина, я не буду покупать новую.
- Сейчас у меня нет денег, поэтому я не куплю (не смогу купить). новую машину.

❶ - Когда встретишься с Анной?

    - _____ .
    - _____ .

❷ - Давай отдохнём в санатории на Чёрном море.

    - _____ .
    - _____ .

❸ - Давай закажем пиццу в компании «Пицца-лэнд».

    - _____ .
    - _____ .

❹ - Когда ты напишешь доклад?

    - _____ .
    - _____ .

MEMO

제4과 명령문과 동사의 상

A 명령문 복습

여러분은 이미 러시아어 명령문 만드는 방법을 알고 있습니다(《러시아어 첫걸음 2》 15과, 109–119쪽 참조). 명령문 만드는 법을 기억하여 명령문을 만들어 봅시다.

연습문제 1 알고 있는 명령형의 형태를 복습하고, 다음 동사들로 명령형을 만들어 보세요.

❶

взять		брать	
класть		положить	
не волноваться		не ссориться	
забыть		договориться	

❷

поступить		просить	
заказать		встретиться	
подготовиться		показать	
приходить		не грустить	

❸

пить		поехать	
чистить		помнить	
вставать		давать	

여러분은 또 명령문과 상에 관한 다음의 사항들도 알고 있습니다.

불완료상	완료상

반복적인 일을 명령할 때
• Всегда помогай маме.
  항상 엄마를 도와라.
 	
지속/기간이 있는 일을 명령할 때
• Весь урок говорите только по-русски. 수업 내내 러시아어로만 말해라.
 	
부정명령을 할 때
• Не покупай фрукты, у нас много фруктов. 과일 사지 마, 우리에게 많이 있어.
	일회적인 일을 명령할 때
	• Помоги, пожалуйста, маме.
	  엄마를 도와라.
	• Скажите, где здесь почта?
	  여기 우체국이 어디 있는지 말씀해 주세요.
	• Купи, пожалуйста, фрукты.
	  과일을 사라.

또 명령문에서 상이 지니는 특별한 의미에 관해서도 어느 정도 익혔습니다. 특수한 동사들의 경우 불완료상 명령문을 사용하면 예절 바른 일상적 명령문이 되지만, 완료상 명령문을 사용하면 군대식 표현이 되기도 합니다. 아래의 예문을 볼까요?

• **Здравствуйте, Анна Петровна, проходите, садитесь, пожалуйста.**
  안녕하세요, 안나 페트로브나, 들어와서 앉으세요.
• **Иванов, пройдите, сядьте!** 이바노트, 들어와 앉도록!

위의 예문에서 볼 수 있는 것처럼, «**проходить – пройти**»는 불완료상 명령문을 사용하여 자연스러운 명령문이 되는 반면, 완료상 명령문을 사용하면 군대에서 상관이 부하에게 명령하는 말투로 들립니다.

아래의 동사들은 완료상 명령문은 군대식 명령문이 되고, 불완료상 명령문을 사용해야 일반적인 명령문이 되는 동사들이니 익혀 두세요.

동사원형	명령문
приходить – прийти 오다	приходи(те) – приди(те)
заходить – зайти 들르다	заходи(те) – зайди(те)
входить – войти 들어오다	входи(те) – войди(те)
проходить – пройти 들어오다	проходи(те) – пройди(те)
раздеваться – раздеться 옷을 벗다	раздевайся(раздевайтесь) – разденься(разденьтесь)
садиться – сесть 앉다	садись(садитесь) – сядь(те)

연습문제 2 주어진 동사의 쌍 중 적절한 상을 선택하여 명령형으로 써 넣으세요.

открывать – открыть

① _____ , пожалуйста, окно.

② Не _____ окно, здесь холодно.

③ Дети, _____ учебники на тридцать седьмой странице.

④ _____ окно чаще, тебе нужен свежий воздух.

писать – написать

⑤ Саша, _____ мне письма чаще.

⑥ Пожалуйста, _____ свой адрес.

⑦ Ребята, домашнее задание всегда _____ только чёрной или синей ручкой, никогда не _____ красной ручкой.

연습문제 3 주어진 동사의 쌍 중 적절한 상을 선택하여 빈칸에 명령형으로 써 넣으세요.

① **заказывать – заказать**

Я очень люблю пиццу, _____ , пожалуйста, пиццу. Не _____ пиццу, у меня диета.

② **приходить – прийти**

Аня, в субботу _____ в гости.

③ **брать – взять**

Никогда не _____ мой телефон! Сегодня будет дождь, _____ зонт. В столовой всегда _____ суп.

④ **готовиться – подготовиться**

Студенты, _____ к экзамену весь семестр. Не _____ к фестивалю, в этом году не будет фестиваля.

❺ раздеваться – раздеться

Пожалуйста, _____ и проходите в комнату.

❻ чистить – почистить

Маша, _____, пожалуйста, яблоки. Дети, каждый день _____ зубы. Дети, _____ зубы в течение 5 минут, не спешите.

❼ запоминать – запомнить

Ребята, дома _____ новые слова.

Б 부정명령문의 특성

여러분은 이미 부정명령문에서는 불완료상을 사용해야 한다는 사실을 배웠습니다.

- **Не читай эту книгу, она неинтересная!** 그 책 읽지 마, 그거 재미없어.
- **Не говори родителям об этой проблеме!** 부모님께 이 문제에 관하여 말하지 마.

이때 부정명령문은 충고, 권고, 부탁의 의미를 가집니다.

그런데 어떤 동사들의 경우는 완료상 부정명령문이 가능합니다. 이 중 가장 널리 쓰이는 열 가지 동사를 봅시다.

동사원형	명령문
падать – упасть 넘어지다	Не упади(те)!
ронять – уронить 떨어뜨리다	Не урони!
разбивать – разбить 부수다	Не разбей!
ломать – сломать 망가뜨리다	Не сломай!
терять – потерять 잃어버리다	Не потеряй!
тонуть – утонуть 익사하다, 침몰하다	Не утони!
забывать – забыть 잊어버리다	Не забудь!
опаздывать – опоздать 지각하다	Не опоздай!
болеть – заболеть 아프다, 병이 나다	Не заболей!
простужаться – простудиться 감기에 걸리다	Не простудись!

이 경우 완료상을 사용한 부정명령문은 일어날 수 있는 위험에 대한 경계나 경고의 의미를 가지게 됩니다. 따라서 대화 중에는 종종 ≪조심해!≫라는 뜻을 지니는 아래의 표현들과 함께 쓰이게 됩니다.

> **смотри(смотрите)   осторожно(смотри внимательно)   будь осторожным**

- **Здесь лёд, осторожно, не упадите!** 여기 얼음이 있어, 조심해, 넘어지지 마!
- **Неси эту вазу осторожно, смотри, не урони / не разбей!**
  이 꽃병을 조심해서 운반해, 떨어뜨리지 마/깨뜨리지 마!
- **Осторожно, не сломай игрушку!** 조심해, 장난감을 망가뜨리지 마!
- **Сейчас 8:55! Через пять минут начнётся урок. Беги скорее, не опоздай!**
  지금 8시 55분이야. 5분 있으면 수업 시작이야. 얼른 뛰어, 늦지 마!

연습문제 4 빈칸에 들어갈 적절한 완료상 동사를 명령형으로 빈칸에 넣으세요.

❶ Это озеро очень глубокое, плавай осторожно, смотри, не _____!

❷ Купи, пожалуйста, фрукты. Вот деньги, смотри, не _____ их.

❸ Сегодня очень холодно, смотри, не _____! Надень тёплое пальто.

❹ Вот новая машина. Играй осторожно, не _____!

❺ Завтра у Нины день рождения, не _____ поздравить!

❻ Эта картина очень тяжёлая, несите осторожно, смотрите, не _____.

연습문제 5 괄호 안에 주어진 동사의 쌍 중 적절한 것을 선택하여 부정명령문으로 빈칸에 넣으세요.

❶ (есть – съесть) Не _____ этот салат, он острый.

❷ (забывать – забыть) Вечером позвони мне, не _____!

❸ (спрашивать – спросить) Не _____ меня об этом, я ничего не скажу.

❹ (разбивать – разбить) Эта посуда очень дорогая, смотри, не _____!

❺ (болеть – заболеть) Ты ешь много мороженого. Не _____!

❻ (раздеваться – раздеться) В аудитории холодно, не _____!

❼ (ссориться – поссориться) Дети, не _____!

❽ (приходить – прийти) Я заболела, не _____ сегодня ко мне.

한 가지 주의할 것은, 앞서 살핀 10가지의 동사들이 완료상 부정명령문만이 아니라 불완료상 부정명령문으로도 쓰일 수 있다는 점입니다. 완료상 부정명령문이 위험에 대한 경고를 뜻한다면 불완료상 부정명령문은 충고나 권고, 바람을 표현하게 됩니다. 그리고 이런 동사들을 불완료상 부정명령문으로 사용할 경우에는 종종 **«никогда не»**, **«больше не»** 등과 결합하여, 이러한 권고가 한 번의 경우에만 해당하는 것이 아니라 일반적인 행동에 관한 것임을 알려줍니다. 여러분이 이미 알고 있는 것처럼 반복되는 일들에 관하여는 불완료상 동사로 명령문을 만듭니다.

- **Никогда не опаздывай!** 절대 늦지 마!
- **Ты сегодня опоздал, больше не опаздывай!** 너 오늘 늦었어, 더 이상은 늦지 마!

완료상		불완료상	
Не упади!	Не урони!	Не падай!	Не роняй!
Не разбей!	Не сломай!	Не разбивай!	Не ломай!
Не потеряй!	Не утони!	Не тони!	Не забывай!
Не забудь!	Не опоздай!	Не опаздывай!	Не болей!
Не заболей!	Не простудись!	Не простужайся!	

- Вот игрушка, играй осторожно, смотри, не сломай!
  여기 장난감이 있어, 조심해서 놀아라, 잘 봐, 망가뜨리지 마!

- Через пять минут начнётся урок. Беги быстрее, не опоздай!
  5분 뒤에 수업이 시작할 거야. 얼른 뛰어, 늦지 마!

- Завтра у бабушки день рождения, не забудь!
  내일 할머니 생신이야, 잊지 마!

- Ты ешь очень много мороженого, смотри, не заболей.
  너는 아이스크림을 정말 많이 먹는구나, 조심해, 병날라!

- Никогда не ломай игрушки!
  절대 장난감을 망가뜨리지 말아라.

- Ты опять опоздал на урок? Больше не опаздывай!
  너 수업에 또 늦었어? 더 이상은 늦지 마라.

- Всегда помни нашу встречу и никогда не забывай меня!
  항상 우리 만남을 기억하고, 절대 나를 잊지 마!

- Бабушка, желаю тебе здоровья, никогда не болей!
  할머니, 건강하세요. 절대 아프지 마세요!

연습문제 6 주어진 명령문의 쌍 중 적절한 것을 골라 빈칸에 넣으세요.

Не теряй! – Не потеряй!

❶ Это очень важный документ, _____!

❷ Делай всё быстро, никогда _____ время.

❸ Положи деньги в карман, смотри, _____!

Не упади! – Не падай!

❹ Врач: Как нога? Не болит? Всё хорошо. Ты здоров! Больше _____!

❺ Ходи по лестнице не спеша, никогда _____!

❻ Здесь очень скользко! Не _____!

Не забывай! – Не забудь!

❼ Учитель: Таня, завтра урок начнётся не в 9 часов, а в 8:30. _____!

❽ (на вокзале) Бабушка: «До свидания, Серёжа, будь здоров, хорошо учись и никогда _____ свою бабушку! Пиши и звони мне почаще!».

❾ - Сегодня ты не купила кофе?
- Да, не купила, потому что забыла.
- Пожалуйста, завтра _____ купить.

연습문제 7 주어진 동사의 쌍 중 적절한 상을 골라 빈칸에 알맞은 형태로 넣으세요.

знакомиться – познакомиться

❶ Я всегда _____ с новыми студентами.

❷ Пожалуйста, никогда не _____ с молодыми людьми на улице!

❸ Я не хочу _____ с этим молодым человеком, он некрасивый.

❹ Вам надо _____ с новым сотрудником.

❺ Когда я отдыхала на море, я _____ с известным певцом.

❻ Нет, я не _____ с этим артистом, потому что, к сожалению, он весь вечер разговаривал с другой девушкой и не смотрел на меня.

❼ Нет, я не _____ с этим молодым человеком, потому что он мне не нравится.

ломать – сломать

❽ Когда мальчик играл с роботом, он _____ его. / Мальчик играл с роботом и вдруг _____ его.

❾ Почему ты всегда _____ игрушки? Больше никогда не _____!

❿ Вот новая кукла, играй осторожно, не _____!

⓫ Мой компьютер не работает, потому что брат _____ его.

спрашивать – спросить

⑫ Я не _____ Вадима о новом фильме, потому что мне неинтересно.

⑬ Пожалуйста, _____ завтра Вику, когда у неё будет время.

⑭ Пожалуйста, никогда не _____ меня о Диме.

⑮ Я хотела _____ Андрея о ссоре с Ниной, но так и не _____.

⑯ Когда я _____ Веру о делах, и она ответила: «У меня всё хорошо».

⑰ Я не _____ Анну об уроке, потому что весь день звонила, но не дозвонилась до неё (не дозвонилась ей).

слушать – послушать

⑱ Я вчера _____ оперу «Евгений Онегин».

⑲ Когда Максим _____ оперу, он заснул (уснул).

⑳ Вчера я _____ эти диалоги за полчаса.

㉑ Когда мы _____ оперу, мы пошли в кафе.

㉒ Обязательно (императив) _____ эту новую песню, думаю, она тебе понравится.

㉓ Не (императив) _____ этот концерт, думаю, что он тебе не понравится.

㉔ Нет, я не _____ оперу в Большом театре, потому что не смог купить билет.

опаздывать – опоздать

㉕ Этот мальчик постоянно _____, поэтому учительница сказала ему: «Больше не _____!»

㉖ Сегодня Вадим проспал и _____ на работу.

㉗ Раньше я часто _____ на лекции, но теперь никогда не _____.

㉘ Быстрее завтракай и иди в школу. Скоро начнётся урок! Смотри, не _____ .

㉙ Всегда, когда дети _____ , учитель ругает их.

㉚ Учитель говорит детям: «Вы не должны _____ на уроки».

㉛ Если я сегодня опять _____ на работу, директор снова сделает мне замечание.

단어 постоянно 항상 | делать замечание 지적하다

제5과 '동사+동사원형' 구문과 동사의 상

A 불완료상 동사원형을 취하는 동사들

여러분은 이미 뒤에 불완료상 동사원형을 취하는 동사들에 대하여 알고 있습니다(《러시아어 첫걸음 2》 12과, 13-15쪽 참조). 이 절에서는 뒤에 불완료상 동사원형만을 취하는 또 다른 동사들을 살펴봅시다. 이 동사들 뒤에는 완료상 동사원형을 쓸 수 없습니다.

продолжать – продолжить 계속하다	• После обеда мы продолжили переводить текст. 점심을 먹고 우리는 텍스트 번역하는 일을 계속했다.
переставать – перестать (=кончать – кончить) 끝내다, 멈추다	• Девочка перестала плакать. 소녀는 울기를 멈추었다. • Перестань задавать глупые вопросы. 멍청한 질문 좀 그만 해!
прекращать – прекратить (=кончать – кончить) 끝내다, 그만 두다	• Завод прекратил выпускать машины «ВАЗ», он начал выпуск новой модели. 공장은 〈ВАЗ〉 차 생산을 멈추었고 신 모델 생산을 시작했다.
бросать – бросить (=кончать – кончить) 그만 두다, 집어 치우다	• Брат бросил курить / пить. 형은 담배를/술을 끊었다.
хватит 충분하다, 그만하면 되었다	• Хватит отдыхать, начинай работать! 충분히 쉬었어, 이제 일 시작해!
отказываться – отказаться 거절하다, 거부하다	• Вера отказалась звонить Антону. 베라는 안톤에게 전화하기를 거부했다.
(не)уметь ~을 할 수 있다(없다)	• Я (не) умею танцевать / играть на гитаре / плавать. 나는 춤을 출 수/기타를 연주할 수/수영할 수 있다(없다).
мочь (= уметь) ~할 수 있다	• Ты можешь / умеешь плавать? 너는 수영할 수 있어?/수영할 줄 알아?
привыкать – привыкнуть ~에 익숙하다	• Я привык(ла) вставать в 7 часов. 나는 7시에 일어나는 것에 익숙하다.

отвыкать – отвыкнуть ~한 습관을 잃다	• Летом студенты отвыкли вставать рано. 여름에 학생들은 일찍 일어나는 습관을 잃었다.
разучиться ~ 배운 것을 잊어버리다	• - Сыграй, пожалуйста, на пианино. 피아노를 쳐줘. - Что ты!? Я сто лет не играл! Я уже разучился играть. 무슨 소리야!? 나는 백년은 안 쳤어. 벌써 치는 법을 잊어버렸어.
запрещать – запретить 금하다, 금지하다	• Мама запретила мне встречаться с Антоном. 엄마는 내가 안톤과 만나는 것을 금하셨다.
запрещаться 금지되어 있다	• В нашем университете запрещается курить. 우리 대학에서는 흡연이 금지되어 있다.
нельзя ~해서는 안 된다	• В этом кафе нельзя курить. 이 카페에서는 담배를 피워서는 안됩니다.
уставать – устать 지겨워지다	• Я устала заниматься в библиотеке / играть в теннис. 나는 도서관에서 공부하는 것/테니스 치는 것이 지겹다.
надоедать – надоесть 귀찮게 하다	• Родители каждый день меня ругают, мне надоело слушать их. 부모님은 매일 나를 야단치신다. 그분들 말씀 듣는 게 지겹다. • Надоело есть лапшу каждый день! 매일 국수 먹는 것이 지겹다.
(кому?) полезно / вредно 유익하다/해롭다	• Полезно заниматься спортом / Вредно курить. Тебе вредно пить кофе. 운동하는 것은 유익하다. 담배 피는 것은 해롭다. 네게는 커피 마시는 것이 해롭다.
(кому?) пора = время ~할 때다	• Сейчас 12 часов. Пора обедать. 지금은 12시다. 점심 먹을 때야. • 8 часов, мне пора идти в университет. 8시다. 학교에 가야 할 때야.

> ⚠ 주의하세요

нельзя의 두 가지 뜻과 활용

нельзя에는 두 가지 뜻이 있습니다. 첫 번째 뜻은 금지(=запрещается), 두 번째 뜻은 불가능(= невозможно)입니다. 이 중 금지의 뜻으로 쓰일 때는 뒤에 반드시 불완료상이 와야 합니다.

- Врач сказал, что папе нельзя курить. 의사가 아빠는 담배를 피우면 안 된다고 하셨어요.

하지만 불가능의 뜻이면 뒤에 완료상 동사가 와야 합니다.

- В автобусе очень много людей, нельзя войти в автобус.
  В автобусе очень много людей, невозможно войти в автобус.
  버스에 사람이 아주 많아서 들어갈 수가 없다.

일상회화에서 금지의 нельзя는 정말 자주 사용되지만, 불가능을 뜻하는 нельзя는 매우 드물게 쓰이고, 많은 경우 невозможно로 대체되어 사용됩니다.

Б 완료상 동사원형을 취하는 동사들

여러분은 이미 뒤에 완료상 동사원형만을 취하는 동사 забыть를 알고 있습니다. 이제는 이 외에도 완료상 동사원형만을 취하는 동사들을 몇 개 더 익혀봅시다. 아래의 동사들은 불완료상 동사원형과 결합할 수 없습니다.

успевать – успеть ~할 시간이 있다, ~을 시간 내에 해내다	• Обычно я делаю домашнее задание перед уроком, и всегда успеваю всё сделать до 9 часов. Но сегодня я не успел написать (дописать) упражнение. 보통 나는 숙제를 수업 전에 하고 항상 9시까지는 모든 것을 다 해낸다. 하지만 오늘은 연습문제를 다 풀지 못했다.
(кому?) удаться (удалось, удастся) ~을 해내다, 성공해 내다	• В этом семестре мне не удалось получить А⁺, я получил В0. 이번 학기에 나는 A+을 받지 못하고 B0를 받았다. • В Большом театре всегда много людей, сегодня мне не удалось купить билет, может быть, завтра удастся. 볼쇼이 극장에는 항상 사람들이 많아서 오늘 나는 표를 사지 못했다. 어쩌면 내일은 성공할 수도 있다.

| (кому?) остаться (осталось, станется) ~ 하는 것이 남는다 | • Скоро Рождество. Сегодня я купила подарки маме, папе и брату. Мне осталось купить подарок сестре. 곧 성탄절이다. 나는 오늘 엄마, 아빠, 형의 선물을 샀다. 누나 선물 살 일만 남았다. |

연습문제 1 불완료상, 혹은 완료상 동사원형을 사용하여 문장을 마무리해 보세요.

❶ Недавно отец бросил _____.

❷ Дети, перестаньте _____.

❸ Вчера мне не удалось _____.

❹ 8 часов. Пора _____.

❺ - Ребята, вы всё сделали?
   - Нет, нам осталось _____.

❻ Соня, хватит _____.

❼ Саша долго живёт в Корее, но не привык _____.

❽ Завтра Рождество, а я не успел _____.

❾ Родители запретили мне _____.

❿ В детстве я хорошо _____, но потом разучилась _____.

B 불완료상과 완료상 동사원형을 모두 취할 수 있는 동사들

아래의 동사나 표현들은 뒤에 불완료상과 완료상 동사원형을 모두 취할 수 있습니다. 만일 문장 안에 1) 지속(Как долго?)과 2) 빈도(Как часто?)를 표시하는 말이나 3) 부정어(не)가 들어있으면 불완료상 동사원형을 사용하고, 아닌 경우는 완료상 동사원형을 사용하면 됩니다.

(кому?) следует (= надо, нужно) ~ 해야만 한다	• Вам следует сделать эту работу. 당신은 이 일을 해야만 한다. • Вам не следует делать эту работу. 당신은 이 일을 할 필요가 없다. • Вам следует делать эту работу каждый день. 당신은 매일 이 일을 해야 한다. • Вам следует делать эту работу весь месяц. 당신은 한달 내내 이 일을 해야 한다.
(кому?) необходимо (= надо, нужно) 반드시 ~ 해야만 한다	• Вам необходимо срочно сделать эту работу. 당신은 이 일을 신속하게 끝내야 한다.
(кому?) стоит ~할 만하다, ~할 가치가 있다	• Я думаю, тебе стоит поехать в Москву. 나는 네가 모스크바에 갈 가치가 있다고 생각한다. • Вам стоит посмотреть этот фильм. 이 영화는 볼만합니다.
рекомендовать – порекомендовать (=советовать – посоветовать) 권하다, 충고하다	• Декан рекомендует нам поехать в Россию. 학장은 우리에게 러시아로 가라고 권한다.
планировать – запланировать ~할 계획을 세우다	• Мы планируем 2 недели делать ремонт. 우리는 2주간 수리를 할 계획을 세우고 있다.
собираться – собраться ~ 하려 한다	• Маша собирается поехать в Москву. 마샤는 모스크바로 가려 한다.
готовиться – приготовиться ~을 준비하다	• Вера готовится выйти замуж, свадьба будет в ноябре. 베라는 시집 갈 준비를 하고 있다. 결혼식이 11월에 있을 것이다. • Пассажир приготовился выйти из автобуса на остановке «Парк». 승객은 파르크 역에서 버스에서 내릴 준비를 했다.
думать (= планировать, собираться) ~할 생각을 하다, 계획을 세우다	• Анна думает выйти замуж осенью. 안나는 가을에 시집갈 생각이다.
мечтать ~을 꿈꾸다	• Он мечтает познакомиться с красивой девушкой. 그는 어여쁜 아가씨와 알게 되는 것을 꿈꾼다.
стараться – постараться ~ 하려고 애쓰다, 노력한다	• Он старается всегда получать только А. 그는 A학점만 받으려고 노력한다.

соглашаться – согласиться ~와 동의하다	• Брат согласился пойти со мной в кино. 형은 나와 함께 영화관에 가는 것에 동의했다.
помогать – помочь ~을 돕다	• Вчера брат помог мне сделать домашнее задание, он всегда помогает мне. 어제 형은 내가 숙제하는 것을 도와주었다. 형은 항상 나를 도와준다.

Г 불완료상/완료상 동사원형을 사용하는 구문의 다양한 활용

이번에는 동사원형을 취하는 몇몇 구문의 특성을 익혀 보도록 합시다. 아래의 표현들은 사용빈도가 높은 표현들이라 글쓰기와 말하기에 다양하게 활용할 수 있습니다.

1. (КОМУ?) ПРИХОДИТЬСЯ – ПРИЙТИСЬ + 동사원형: ~ 해야만 한다

이 표현의 경우는 불완료상 приходиться는 불완료상 동사원형과, 완료상 прийтись는 완료상 동사원형과 결합하여야 합니다.

▶ **ПРИХОДИТЬСЯ(приходится, приходилось~) + 불완료상 동사원형**

- Каждый день мне приходится делать домашнее задание.
  매일 나는 숙제를 해야만 한다.
- Когда брат учился в школе, ему каждый день приходилось делать домашнее задание. 형이 고등학생일 때 형은 매일 숙제를 해야만 했다.

▶ **ПРИЙТИСЬ(пришлось, придётся) + 완료상 동사원형**

- На прошлой неделе я потерял смартфон, пришлось купить новый смартфон. 지난주에 나는 스마트폰을 잃어버려서 새 폰을 사야 했다.
- Сегодня я потерял смартфон, придётся купить новый смартфон.
  오늘 나는 스마트폰을 잃어버려서 새 폰을 사야 할 것이다.

2. РЕШАТЬ – РЕШИТЬ + 동사원형: ~ 할 것을 결정하다

'решать – решить + 동사원형' 구문은 긍정문에서는 불완료상 동사원형을 쓰기도 하고 완료상 동사원형을 쓰기도 합니다.

- Я решил поступить в МГУ. 나는 모스크바 국립대학에 입학하기로 결심했다.
- Я решил каждый день играть в теннис. 나는 매일 테니스를 치기로 결심했다.
- Я решил весь день играть в теннис. 나는 하루 종일 테니스를 치기로 결심했다.

이 동사의 동사원형 활용은 부정문을 만들 때 각별한 주의가 필요한데, 부정문을 만들 때 'решать – решить' 동사 자체를 부정하는 것이 아니라 동사원형을 부정해 주어야 하기 때문입니다. 아래 예문들을 볼까요?

- Я решил не играть в теннис. 나는 테니스를 치지 않기로 했다.

이렇게 써주어야 합니다. 아래의 문장은 비문입니다.

Я не решил играть в теннис.*

물론 이것은 'решать – решить + 동사원형' 구문에 해당하는 것이고 뒤에 명사가 올 때는 решать – решить 동사 자체를 부정하면 됩니다.

- Я решил не играть в теннис. 나는 테니스를 안 치기로 했다.
- Я не решил проблему. 나는 문제를 풀지 못했다.

3. ПРОСИТЬ – ПОПРОСИТЬ + 동사원형: ~을 해달라고 청하다

'просить – попросить + 동사원형' 구문은 긍정문에서는 앞에서 살핀 원칙에 따라 불완료상 동사원형을 쓰기도 하고 완료상 동사원형을 쓰기도 합니다.

- Я попросил маму помочь мне.
  나는 엄마께 나를 도와달라고 부탁했다.
- Я попросил маму всегда помогать мне.
  나는 엄마에게 항상 나를 도와달라고 부탁했다.
- Я попросил маму весь день помогать мне.
  나는 엄마에게 하루 종일 나를 도와달라고 부탁했다.

'просить – попросить + 동사원형' 구문은 부정문이 될 때는 불완료상 동사원형만을 취합니다. 그런데 부정어가 동사원형을 부정할 수도 있고 'просить – попросить' 동사 자체를 부정할 수도 있습니다. 대신 각각의 경우 그 의미는 달라집니다. 하지만 어떤 경우라도 동사원형은 불완료상으로 오게 됩니다.

- Я не просил тебя помогать мне. 나는 너에게 나를 도와달라고 부탁하지 않았다.
- Я попросил тебя не помогать мне. 나는 너에게 나를 돕지 말아 달라고 부탁했다.

4. ПРЕДЛАГАТЬ – ПРЕДЛОЖИТЬ + 동사원형: ~할 것을 제안하다
ДОГОВАРИВАТЬСЯ – ДОГОВОРИТЬСЯ + 동사원형: ~하기로 합의하다

위의 두 동사도 동일한 문법 활용을 합니다.

- Я предложила сестре сыграть в теннис.
  나는 언니에게 테니스를 치라고 권했다.
- Я предложила сестре каждый вечер играть в теннис.
  나는 언니에게 매일 저녁 테니스를 치라고 권했다.
- Я предложила сестре 2 часа играть в теннис.
  나는 언니에게 2시간 동안 테니스를 치라고 권했다.

предлагать – предложить 동사도 불완료상, 완료상 동사원형을 모두 취할 수 있지만, 부정문에서는 불완료상만 취할 수 있고, 부정어의 위치는 동사 자체 앞에 올 수도, 동사원형 앞에 올 수도 있습니다.

- Я не предлагала сестре играть(НСВ) в теннис.
  나는 언니에게 테니스를 치라고 권하지 않았다.
- Я предложила сестре не играть(НСВ) в теннис, лучше пойти в бассейн.
  나는 언니에게 테니스를 치지 말고 차라리 수영장을 가라고 권했다.

договариваться – договориться의 경우도 마찬가지입니다.

- Мы договорились посмотреть новый фильм.
  우리는 새 영화를 보기로 했다.
- Мы договорились всегда говорить по-русски.
  우리는 항상 러시아어로 말하기로 합의했다.
- Мы договорились 2 часа слушать музыку.
  우리는 2시간 동안 음악을 듣기로 했다.

договариваться – договориться 동사도 경우에 따라 불완료상, 완료상을 모두 취할 수 있지만, 부정문에서는 불완료상만 취할 수 있고, 부정어의 위치는 동사 자체 앞에 올 수도, 동사원형 앞에 올 수도 있습니다.

- Мы не договаривались встречаться (НСВ) завтра с Антоном.
  우리는 안톤과 만나기로 하지 않았어.
- Мы договорились не встречаться (НСВ) завтра с Антоном.
  우리는 안톤과 만나지 않기로 했어.

5. МОЧЬ – СМОЧЬ + 동사원형: ~을 할 수 있다, ~일 수도 있다

'мочь – смочь + 동사원형' 구문은 두 가지 의미를 지닙니다. 첫 번째 의미는 '~을 할 수 있다(=уметь)' 입니다. 이 경우에는 뒤에 불완료상 동사원형만 올 수 있습니다.

- Я не могу рисовать.
  Я не умею рисовать.
  나는 그림을 그릴 수 없다.

'мочь – смочь + 동사원형' 구문의 두 번째 뜻은 '~일 수도 있다'입니다. 특히 이러한 용법이 과거 시제 부정문으로 사용될 때(мог (могла, -о, -и), смог (смогла, -о, -и))는 이는 감정표현과 연결됩니다. 아래의 예문들을 봅시다.

- Извини, вчера я не смог помочь тебе.
  미안해, 어제 (안타깝게도) 너를 도와줄 수가 없었어.

이때 мог가 아니라 смог를 사용하면 화자가 너무나 도와주고 싶었지만 상황 때문에 도울 수 없었다는 것을 표현하게 됩니다.
반면 비슷한 뜻이지만 아래의 문장에는 그러한 뉘앙스가 없습니다.

- Извини, вчера я не мог помочь тебе. 미안해, 어제 너를 도울 수가 없었네.

또 미래시제로 사용될 때, 종종 불완료상 동사인 мочь의 현재형이 완료상 미래형을 대신하고(мочь 동사의 불완료상 미래형은 부재합니다. буду мочь*같은 표현은 없습니다), 완료상 미래형을 사용한 경우에는 과거의 경우와 마찬가지로 감정을 표현하게 됩니다.

- **Завтра я (с)могу помочь тебе.** 내일 나는 너를 도와줄 수 있어.
- **Я (с)могу помогать тебе каждый день.** 나는 너를 매일 도와줄 수 있어.
- **Я (с)могу помогать тебе весь день.** 나는 너를 하루 종일 도와줄 수 있어.

위의 문장들에서 могу를 쓸 수도 смогу를 쓸 수도 있지만, смогу를 사용하면 돕고 싶은 마음을 더 강하게 표현하게 됩니다.

부정문의 경우도 각별한 주의가 필요한데 이는 주로 부정어 не의 위치와 관계 됩니다.

a) НЕ МОЧЬ + 불완료상/완료상

의미에 따라 не мочь 뒤에는 불완료상도 동사원형도, 완료상 동사원형도 올 수 있습니다.

▶ '~할 줄 모른다'의 뜻으로 쓰이면 불완료상과 결합

- **Я не могу (не умею) готовить борщ.** 나는 보르시 만들 줄 몰라.

▶ '~ 할 수 없다'의 뜻으로 쓰이며 반복, 지속되는 일일 때는 불완료상과 결합

- **Я не (с)могу каждый день обедать в ресторане, это дорого.**
  나는 매일 레스토랑에서 점심을 먹을 수는 없어, 그건 돈이 많이 들어.
- **Я не (с)могу все каникулы только отдыхать, мне надо подрабатывать.**
  나는 방학 내내 쉬기만 할 수는 없어. 나는 돈을 벌어야 해.

▶ '~ 할 수 없다'의 뜻으로 쓰이며 1회적인 일일 때는 완료상과 결합

- **Сегодня я не (с)могу приготовить ужин, потому что у меня нет времени.**
  오늘 나는 시간이 없어서 저녁을 준비 할 수 없어.

б) МОЧЬ НЕ + 불완료상 / 완료상

의미에 따라 не мочь 뒤에도 불완료상도 동사원형도, 완료상 동사원형도 올 수 있습니다.

▶ '~해도 된다(허락)'의 뜻으로 쓰이면 불완료상과 결합

- **Света, сегодня ты можешь не делать эту работу, завтра я сделаю её.**
  스베타, 오늘 너는 이 일 안 해도 돼. 내가 내일 그걸 할 거야.

▶ '~ 못 할지도 모르겠다(불안, 우려)'의 뜻으로 쓰이면 완료상과 결합

- **Света может не сделать эту работу, потому что у неё нет времени.**
  스베타는 오늘 이 일을 못 끝낼 지도 모르겠어. 시간이 없거든.

유사한 의미를 'не смочь + 완료상' 구문(~할 수 없다)으로 표현할 수도 있습니다.

- Я думаю, что Света не сможет сделать эту работу, потому что у неё мало времени.
  내 생각에 시간이 별로 없어서 스베타는 이 일을 못 끝낼 수도 있어.

연습문제 2 주어진 동사 중 적절한 것을 골라 알맞은 형태로 빈칸에 넣으세요.

покупать – купить

❶ Нет, я не смогу _____ сегодня фрукты, потому что я весь день буду занята.

❷ Саша пошёл на рынок за фруктами?! Но, я думаю, что он может не _____ фрукты на рынке, потому что он плохо говорит по-корейски. / Но, я думаю, что он не сможет _____ фрукты, потому что он плохо говорит по-корейски.

❸ Вера, ты можешь не _____ сегодня фрукты, потому что у нас есть бананы и яблоки.

рисовать – нарисовать

❹ Мой брат прекрасно рисует, а я не могу _____ .

❺ Дети не смогли _____ самолёт.

❻ Я не могу всегда _____ вместо тебя. Рисуй сам!

❼ Маленькие дети не могут _____ так долго, они уже устали.

연습문제 3 주어진 불완료상과 완료상 동사 중 적절한 것을 골라 알맞은 형태로 빈칸에 넣으세요.

дарить – подарить

❶ Родители собираются _____ мне новый ноутбук.

❷ Не стоит _____ детям дорогие игрушки.

❸ Дима мечтает _____ любимой девушке миллион роз.

❹ Мы с Машей договорились не _____ друг другу дорогие вещи.

❺ Он решил _____ жене французские духи.

❻ Сын спросил родителей: «Вы можете _____ мне новый смартфон?» Мама ответила: «Сейчас у нас мало денег, поэтому мы не можем _____ тебе дорогую вещь».

❼ Жена не просила мужа _____ украшения, но муж планирует _____ жене красивое кольцо.

❽ Нельзя _____ любимым девушкам жёлтые цветы, потому что жёлтый цвет – символ разлуки.

❾ Жена сказала мужу: «Почему ты перестал _____ мне цветы? Раньше дарил почти каждый день».

фотографировать – сфотографировать

❿ Гид порекомендовал туристам _____ эту старую церковь.

⓫ Антон, я прошу не _____ меня, сегодня я плохо выгляжу.

⓬ Папа предложил мне _____ бабушку и дедушку.

⓭ Какие плохие фотографии! Тебе стоит _____ чаще, тогда ты научишься хорошо _____.

⓮ В Кремле я уже почти всё сфотографировал, осталось _____ Успенский собор.

⓯ Здесь нет ничего красивого, можешь не _____.

ставить – поставить

⓰ Ты собираешься _____ цветы на окно? Нельзя _____ их на окно, там очень жарко!

⓱ Необходимо всегда _____ молоко в холодильник.

⓲ Бабушка попросила Нину _____ посуду на стол.

⓳ Я просила тебя не _____ сок в холодильник, я не хочу пить холодный сок, потому что у меня болит горло.

⑳ На письменном столе нет свободного места, пришлось _____ компьютер на журнальный столик.

заказывать – заказать

㉑ В субботу мы поедем на море. Нам следует _____ гостиницу как можно быстрее.

㉒ Я думаю _____ недорогой номер, потому что у нас мало денег.

㉓ Жена предложила мужу _____ гостиницу «Плаза», но муж не согласился _____ эту гостиницу, потому что она дорогая. / Муж отказался _____ эту гостиницу, потому что она дорогая.

㉔ В корейском ресторане иностранцам не стоит _____ очень острые блюда.

㉕ Какое блюдо вы рекомендуете _____ ?

㉖ В ресторане жена предложила мужу _____ шашлык.

Д 단어미 형용사 + 동사원형 구문

몇몇 단어미 형용사들은 뒤에 동사원형을 동반할 수 있습니다. 이 절에서는 그중 가장 대표적인 경우들을 살펴보려 합니다. 단어미 형용사 뒤에는 불완료상도 올 수 있고, 완료상도 올 수 있습니다. 불완료상이 오는 경우는 1) 반복, 2) 지속의 표지가 있는 경우와 3) 부정문일 경우입니다. 그 외에는 완료상 동사를 사용하면 됩니다.

рад (рада, рады) + 동사원형 ~ 해서 기쁘다	• Я рад помочь тебе. 너를 돕게 되어 기쁘다. • Мы всегда рады видеть вас. 우리는 항상 당신을 뵙는 것이 기쁩니다. 💬 не рад + 동사원형의 구문은 사용하지 않습니다. 이 경우는 не хочу + 동사원형으로 대체합니다.
обязан (обязана, обязаны) + 동사원형 ~ 해야만 한다	• В Корее каждый молодой человек обязан служить в армии. 한국에서는 모든 젊은이는 군에 복무해야 한다. • Я не обязан делать эту работу. 나는 그 일을 할 의무가 없다.

готов (готова, готовы) + 동사원형 ~ 할 준비가 되어 있다	• Я готов поехать в Москву изучать русский язык. 나는 모스크바로 러시아어를 공부하러 갈 준비가 되어 있다. • Я мечтаю стать чемпионом, поэтому готов много тренироваться. 나는 챔피온이 되기를 꿈꾼다. 그래서 연습을 많이 할 준비가 되어 있다.
согласен (согласна, согласны) + 동사원형 ~ 하는 것에 동의하다	• Ты согласна выйти за меня замуж? 너는 나와 결혼하는 것에 동의하니?

이 밖에도 아래의 단어미 형용사들이 동사원형과 결합합니다. 하지만 가장 빈도수가 높은 위의 단어미 형용사 구문을 먼저 익히도록 합시다.

- вынужден, -а, -ы ~ 해야만 한다
- намерен, -а, -ы ~ 할 의도가 있다
- склонен, склонна, склонны ~ 하는 성향이다
- свободен, свободна, свободны ~할 자유가 있다
- способен, способна, способны ~할 능력이 있다
- достоин, достойна, достойны ~할 가치가 있다

연습문제 4 주어진 동사 중 적절한 것을 골라 빈칸에 알맞은 형태로 넣으세요.

❶ Ты обязан всегда _____ (говорить – сказать) правду.

❷ Мама не согласна _____ (переезжать – переехать) из Сеула в Инчон.

❸ Ты согласна _____ (встречаться – встретиться) завтра не около университета, а около парка?

❹ Ты не обязан _____ (рассказывать – рассказать) друзьям о своих проблемах.

❺ Я готова _____ (советоваться – посоветоваться) с родителями об этой проблеме, но они сейчас путешествуют по Европе.

❻ Очень рада _____ (знакомиться – познакомиться) с вами!

1-5과 종합문제

※ 빈칸에 들어갈 적절한 답을 고르세요. (1-15)

1. • Наташа всегда _____ очень рано.

   a) встаёт   b) встала   c) вставала   d) встанет

2. • Мы уже закончили проект и всю следующую неделю _____.

   a) отдыхаем   b) будем отдыхать   c) отдохнём

3. • Девочка очень _____, когда увидела в зоопарке большого тигра.

   a) пугается   b) испугается   c) пугалась   d) испугалась

4. • Раньше Юля часто _____ младшей сестре сказки, но теперь у Юли нет свободного времени.

   a) рассказывает   b) расскажет   c) рассказывала   d) рассказала

5. • Я не _____ эту блузку, она мне совсем не нравится.

   a) куплю   b) буду покупать

6. • Мы с Викой договорились _____ завтра в 6 часов около метро.

   a) встретиться   b) встречаться

7. • Извините, я не успел _____ текст.

   a) переводить   b) перевести

8.
- Студент не смог _____ правильно на вопрос профессора.

   a) отвечать b) ответить

9.
- Можешь не _____ мне о ссоре с Юрием, я знаю об этом.

   a) говорить b) сказать

(10-12)

10.
- Если ты занята, не _____ комнату, я сама уберу.

11.
- Сегодня у нас будут гости, пожалуйста, _____ комнату.

12.
- В твоей комнате всегда беспорядок, _____ её чаще.

   a) убери b) убирай

(13-15)

13.
- Вот ключ от кабинета, смотри, не _____.

14.
- Вчера ты потеряла свои перчатки. Вот новые перчатки, больше не _____.

15.
- Береги своё время, никогда не _____ его.

   a) теряй b) потеряй

제6과 왕복 동작을 의미하는 특별한 동사들

A   ПРИЙТИ - ПРИХОДИТЬ

러시아어 동사 중에는 과거시제로 사용될 때 왕복 행위를 묘사하는 동사들이 있습니다. 대표적인 동사로 '갔다 왔다'를 뜻하는 **ходить** 같은 동사를 들 수 있겠지요.

- **Вчера я ходил в театр.** 어제 나는 극장에 갔다 왔다.

ходил이 내가 있는 위치로부터 멀어졌다 돌아오는 움직임, 즉 '갔다 왔다'를 뜻한다면, 내가 있는 곳으로 왔다 가는 움직임을 그릴 때는 **приходил**을 사용합니다(〈러시아어 첫걸음 1〉 9과, 177–178쪽 참조).

- **Вчера в наш университет приходил известный писатель(пришёл и ушёл).**
  어제 우리 대학으로 유명한 작가가 왔다 갔다.

또 이러한 특성 때문에 **приходил** 동사와 그 완료상인 **пришёл**에는 특별한 뉘앙스가 부여됩니다(〈러시아어 첫걸음 2〉 20과, 269–274쪽 참조).

ПРИХОДИЛ, -ЛА, -ЛИ	ПРИЙТИ- ПРИШЁЛ, ПРИШЛА, -ЛИ
Вчера ко мне (= в мой дом) приходил мой друг. 어제 내 친구가 우리 집에 다녀갔다(즉, 왔다가 떠났고 그 친구는 이미 우리집에 없다).	Ко мне пришёл мой друг. 내 친구가 우리 집에 왔다(지금 그 친구는 우리 집에 있다).

물론 **приезжал**, **приехал** 역시 동일한 맥락에서 사용됩니다.

Б   왕복 행위를 표현하는 동사들

이렇듯 과거시제로 표현할 때 한 동사 안에 두 가지 대립되는 행위가 모두 포함되어 있는 동사들로 운동동사들 외에도 다음의 동사들을 들 수 있습니다. 이 동사들의 경우 불완료상 과거시제가 왕복 행위를 표현합니다.

1. БРАТЬ(БРАЛ, -А, -И) – ВЗЯТЬ(ВЗЯЛ, -А, -И)

- На прошлой неделе я брал книги в библиотеке.
  지난 주에 나는 도서관에서 책을 빌렸었다(빌렸지만 이미 돌려준 경우. 책은 이미 도서관에 반납되어 있음).
- На прошлой неделе я взял книги в библиотеке.
  지난 주에 나는 도서관에서 책을 빌렸다(빌렸는데 아직 돌려주지 않음. 이 경우 책은 집에 있음).

2. ДАВАТЬ(ДАВАЛ, -А, И) – ДАТЬ(ДАЛ, -А, -И)

- В субботу Вадим давал мне словарь.
  토요일에 바딤은 나한테 사전을 빌려줬었어(빌려주었었고 이미 돌려주었음).
- В субботу Вадим дал мне словарь.
  바딤은 토요일에 나에게 사전을 빌려주었어(지금 사전을 내가 가지고 있음).

3. БРОСАТЬ(БРОСАЛ, -А,-И) – БРОСИТЬ(БРОСИЛ, -А, -И)

- В прошлом году отец бросал курить.
  작년에 아버지는 담배를 끊었었어(작년에는 끊으셨었지만 그 후 다시 피기 시작하셔서 지금은 피우고 계심).
- В прошлом году отец бросил курить.
  작년에 담배를 끊으셨어(지금은 담배를 피우지 않으심).

4. НАЧИНАТЬ(НАЧИНАЛ, -А, -И) – НАЧАТЬ(НАЧАЛ, -А, -И)

- На первом курсе Павел начинал изучать испанский язык.
  일학년 때 파벨은 스페인어 공부를 시작했었다(시작했었지만 그만두어 지금은 공부를 하고 있지 않음).
- На первом курсе Павел начал изучать испанский язык.
  1학년 때 파벨은 스페인어를 공부하기 시작했다(지금도 공부하고 있음).

유사하게 쓰이는 불완료상 과거 동사들로 다음과 같은 동사들을 들 수 있습니다.

- открывал (открыть и закрыть)
- закрывать (закрыть и открыть)
- вставать (встать и лечь)
- ложиться (лечь и встать)
- класть (положить и взять)
- вешать (повесить и снять)
- ставить (поставить и взять)

- открыть
- закрыть
- встать
- лечь
- положить
- повесить
- поставить

연습문제 1   주어진 상황을 읽고 예시문을 따라 문장을 만들어 보세요.

예시   Мама открыла окно и через 20 минут закрыла его.
→ Мама открывала окно.

❶ Мой телефон сломался. Мне надо было срочно позвонить. Я взял у друга телефон, позвонил и вернул телефон другу.

→ _____.

❷ В детстве Дима начал играть на гитаре, но потом перестал играть. Теперь он не играет.

→ _____.

❸ Профессор дал студенту новый словарь, через неделю студент вернул словарь профессору.

→ _____.

❹ Этот мужчина много пьёт. 2 года назад он бросил пить, но потом опять начал пить.

→ _____.

연습문제 2 주어진 동사들 중 적절한 동사를 골라 빈칸에 알맞은 형태로 넣으세요.

давать – дать

❶ - Где твой ноутбук? Я не вижу его?
  - Я _____ его Антону.

❷ - Где был твой ноутбук? Сейчас он стоит на столе, а вчера его не было?
  - Я _____ его Антону.

приходить – прийти

❸ Здравствуйте, бабушка и дедушка! Мы рады, что вы _____ к нам в гости!

❹ Ваня, уже 12 часов. Почему ты _____ домой так поздно? Где ты был?

❺ - Чей это зонт?
  - Сегодня Наташа _____ к нам, она забыла свой зонт.

брать – взять

❻ - Чей это учебник?
  - Это учебник Коли. Я _____ его у Коли 3 дня назад.

❼ - Ты сказал, что у тебя нет машины? Но вчера я видела тебя на машине.
  - Это была не моя машина, я _____ её у отца, потому что отец весь день был дома.

❽ - Ты купил эту гитару?
  - Нет, я _____ её у Сергея. После фестиваля я верну её Сергею.

제7과 -ся형 동사

A 자동사와 타동사

러시아어의 모든 동사들은 자동와 타동사의 두 그룹으로 나누어 볼 수 있습니다. 전치사 없이 대격과 결합할 수 있는 동사들은 타동사, 그렇지 않은 동사들은 자동사라 할 수 있습니다.

타동사	자동사
читать (что?) книгу любить (кого? что?) маму / фрукты рисовать (кого? что?) собаку / море изучать (что?) историю	работать (где?) в банке заниматься (где? чем?) дома звонить (кому?) другу идти (куда?) в библиотеку

연습문제 1 아래의 동사들 중 타동사를 골라 보세요.

делать	встречать	встретиться
решить	поехать	дать
ответить	мечтать	нравиться
отдыхать		

Б -ся형 동사 1: 자신을 ~ 하다

자동사와 타동사의 차이를 알면, -ся형 동사의 다양한 범주들을 이해하기가 훨씬 쉽습니다. 러시아어에는 -ся형 동사들이 많은데, 그런 동사들은 많은 경우 -ся가 없을 때는 타동사인 동사들에서 파생된 동사들입니다. 이 경우 파생된 동사와 원동사는 유사한 의미를 지니지만 -ся가 더해져 생기는 다양한 뉘앙스들이 있습니다. 이제 다양한 -ся형 동사들을 5가지 그룹으로 나누어 살펴봅시다.

이 절에서는 먼저 행위가 자기 자신을 대상으로 하는 -ся형 동사를 봅시다.

이 경우 -ся형 동사의 -ся는 재귀대명사 себя와 같은 것이고, 동사의 의미는 원형이 된 타동사에 себя를 더한 것과 같습니다. 예를 들어 볼까요?

умывать (кого?) ~을 씻기다

- Мама умывает маленького сына. 엄마가 어린 아들을 씻긴다.

원형이 되는 타동사는 해당 행위를 하는 사람(주어)과 그 행위의 대상(목적어)을 보여주는 것으로, -ся형 동사는 그 행위를 자신에게 하는 것과 같은 의미를 가지게 됩니다.

- Мама умывает себя. 엄마는 자신을 씻으신다.
  = Мама умывается. 엄마는 씻으신다.

타동사: ~을 ~하다	자동사: 스스로 ~하다
① умывать - умыть ~을 씻어주다 - Мама умыла маленького сына. 엄마가 어린 아들을 씻어주었다.	**① умываться - умыться** 씻다 - Мама умылась. 엄마가 씻었다. - Сын умылся. 아들이 씻었다.

② одевать - одеть 옷을 입히다
- Мама одела маленького сына, и они пошли в парк.
  엄마는 어린 아들의 옷을 입히고 그들은 공원으로 갔다.
- Мама одела сына в тёплое пальто.
  엄마는 아들에게 따뜻한 코트를 입혔다.
💬 위의 문장은 이러한 것은 자주 사용되는 문장은 아닙니다. 옷을 입히는 것에 대해 이야기할 때는 보통 НАДЕВАТЬ - НАДЕТЬ 동사를 사용합니다.
1) (на кого? что?) Сегодня мама надела на сына тёплое пальто, потому что на улице холодно.
2) (что?) Сегодня бабушка надела тёплое пальто, потому что на улице холодно.
	② одеваться - одеться 옷을 입다
	- Сергей оделся и пошёл в университет.
	  세르게이는 옷을 입고 학교로 갔다.
	- Маша тепло оделась, потому что сегодня -20.
	  영하 20도의 날씨라 마샤는 따뜻하게 옷을 입었다.
	- Сестра всегда модно одевается.
	  언니는 항상 멋지게 옷을 입는다.
	- Сегодня бабушка оделась в тёплое пальто. 오늘 할머니는 따뜻한 코트를 입으셨다.

③ обувать - обуть 신을 신기다
- Мама обула маленькую дочь.
  엄마는 어린 딸의 신을 신겼다.
	③ обуваться - обуться 신을 신다
	- Дочь ещё маленькая, но она сама обувается.
	  딸은 아직 어리지만 스스로 신을 신는다.

4 раздевать - раздеть 옷을 벗기다
разувать - разуть 신을 벗기다

- Мама и сын вернулись из парка, мама раздела и разула сына.
  엄마와 아들은 공원에서 돌아왔고, 엄마는 아들의 옷과 신을 벗겼다.

5 поднимать - поднять 들어올리다
спускать - спустить 내리다

- Мы подняли чемодан на 3 этаж.
  우리는 짐가방을 3층으로 들어 올렸다.
- Лифт поднимает пассажиров.
  엘리베이터가 승객들을 올린다.
- Мы спустили чемодан с пятого этажа на первый этаж.
  우리는 짐가방을 5층에서 1층으로 내렸다.
- Лифт спускает пассажиров на 1 этаж.
  엘리베이터가 탑승자들을 1층으로 내린다.

💬 спускать-спустить는 매우 드물게 사용됩니다.

6 готовить - подготовить 준비시키다

- Учитель хорошо подготовил нас к экзамену.
  선생님은 우리를 제대로 시험 준비시켜 주셨다.

7 мыть - вымыть (помыть) 닦아주다

- Мама помыла / вымыла ребёнка.
  엄마가 아기를 닦아주었다.
- Мама вымыла посуду.
  엄마가 그릇을 닦는다.

4 раздеваться - раздеться 옷을 벗다
разуваться - разуться 신을 벗다

- Гости разделись, разулись и прошли в комнату.
  손님들은 코트를 벗고 신을 벗고 방으로 들어왔다.

5 подниматься - подняться 올라가다
спускаться - спуститься 내려가다

- Мы поднимаемся на 3 этаж / на гору.
  우리는 3층/산에 오른다.
- Лифт поднялся на 5 этаж и остановился.
  엘리베이터는 5층에 올라 멈춰 섰다.
- Мы поднялись на 5 этаж на лифте / пешком.
  우리는 5층까지 엘리베이터를 타고/걸어서 올랐다.
- Мы спустились с пятого этажа на первый / с горы.
  우리는 5층에서 1층으로/산에서 내려왔다.
- Мы спустились на лифте.
  우리는 엘리베이터를 타고 내려왔다.
- Лифт спустился на первый этаж.
  엘리베이터는 1층으로 내려갔다.

💬 спускаться-спуститься는 자주 사용됩니다.

6 готовиться - подготовиться 준비하다

- Студенты хорошо подготовились к экзамену.
  학생들은 시험을 잘 준비했다.

7 мыться - вымыться (помыться) 씻다

- Когда дети помылись, они позавтракали.
  아이들은 씻고 아침을 먹었다.

B -ся형 동사 2: 저절로 일어나는 행위

이제 두 번째 패턴의 -ся형 동사를 살펴봅시다. 이 경우 -ся형 동사는 불활성명사를 주어로 삼아 저절로 일어나는 행위를 묘사할 때 사용됩니다. 사람이 행위를 하는 것이 아니라 외부의 어떤 영향하에 저절로 일어나게 되는 동작을 묘사하는 것이지요. 예문을 볼까요?

- **Саша открыл дверь.** 사샤가 문을 열었다(사람이 한 행위).
- **Дверь открылась.** 문이 열렸다(어쩌면 바람때문에, 어쩌면 저절로 특별한 이유 없이 문이 열렸다).

물론 행위자가 비교적 명백한 경우에 사용될 수도 있습니다.

- **Профессор начал лекцию в 9 часов.** 교수님이 수업을 9시에 시작하셨다.
- **Лекция началась в 9 часов.** 수업은 9시에 시작되었다.

이런 유형의 -ся동사들을 하나하나 살펴봅시다.

타동사: 누가 ~을 하다	자동사: (저절로) ~하다
① открывать – открыть 열다 **закрывать – закрыть** 닫다 • Он открыл / закрыл окно / дверь / книгу / рот / сумку / стол 그는 창문/문/책/입/가방/책상을 열었다/닫았다.	**① открываться – открыться** 열리다 **закрываться – закрыться** 닫히다 • Из-за ветра дверь открылась. 바람 때문에 문이 열렸다. • Этот магазин обычно открывается в 8 часов, а закрывается в 10 часов. 이 가게는 보통 8시에 열리고 10시에 닫힌다.
② ломать – сломать 망가뜨리다 • Мальчик сломал игрушку. 소년이 장난감을 망가뜨렸다. • Брат сломал мой компьютер. 형이 내 컴퓨터를 망가뜨렸다. • Антон сломал ногу. 안톤은 다리가 부러졌다(직역: 안톤은 다리를 부러트렸다).	**② ломаться – сломаться** 망가지다 • Игрушка сломалась. 장난감이 망가졌다. • Компьютер сломался. 컴퓨터가 망가졌다. • У Антона нога сломалась. 안톤은 다리가 부러졌다.
③ разбивать – разбить 깨트리다 • Дети разбили красивую вазу. 아이들이 아름다운 화병을 깼다. • Брат уронил чашку и разбил её. 형이 찻잔을 떨어뜨려 깼다.	**③ разбиваться – разбиться** 깨지다 • Ваза разбилась. 화병이 깨졌다. • Брат уронил чашку, и она разбилась. 형이 찻잔을 떨어뜨려 찻잔이 깨졌다.

4 начинать - начать 시작하다

- Я хорошо начал семестр.
  나는 학기를 잘 시작했다.

4 начинаться - начаться 시작되다

- Семестр начался неделю назад.
  학기는 일주일 전에 시작되었다.
- Дождь начался, возьми зонт.
  비가 내리기 시작했어. 우산 가져가.

5 кончать - кончить ~을 끝내다

- Профессор кончил лекцию в 11 часов. 교수님은 강의를 11시에 끝내셨다.

5 кончаться - кончиться ~이 끝나다

- Лекция уже кончилась.
  강의가 벌써 끝났다.
- Дождь / снег уже кончился.
  비가/눈이 벌써 그쳤다.
- Семестр кончился, и начались экзамены. 학기는 끝났고 시험이 시작되었다.

6 продолжать - продолжить 계속하다

- Папа продолжил работу в Москве.
  아빠는 모스크바에서 일을 계속하셨다.

6 продолжаться - продолжиться 계속되다

- Обед кончился, и продолжилась работа. 점심은 끝났고 일이 이어졌다.

7 изменять - изменить ~을 바꾸다

- Декан изменил расписание.
  학장이 시간표를 바꾸었다.
- Я изменил свои планы, не поеду в Москву.
  나는 계획을 바꾸었고, 모스크바는 안 갈 거야.
- Она вышла замуж и изменила фамилию. 그녀는 시집을 갔고 성을 바꾸었다.
- Он изменил имидж.
  그는 이미지를 바꾸었다.

7 изменяться - измениться ~이 바뀌다

- Наше расписание изменилось.
  우리 시간표는 변경되었다.
- Мои планы изменились, я не поеду в Москву.
  내 계획이 바뀌었고, 나는 모스크바는 안 갈 거야.
- У неё изменилась фамилия / причёска. 그녀는 성이/머리모양이 바뀌었다.
- У него изменился имидж / адрес / голос. 그는 이미지/주소/목소리가 바뀌었다.
- Погода изменилась. 날씨가 변했다.

연습문제 2 주어진 동사 중 괄호 안에 들어갈 적절한 동사를 골라 알맞은 형태로 넣으세요.

изменить / измениться

❶ Сначала брат хотел поступить в университет, но потом его планы _____, он начал работать в маленькой фирме.

❷ Мы не узнали этого популярного певца, потому что он _____ свой имидж. У него _____ причёска, стиль одежды тоже _____.

❸ Саша простудился, и у него _____ голос.

❹ Зачем ты _____ причёску? Новая причёска тебе совсем не идёт!

❺ Утром было тепло и солнечно, но вечером погода _____, стало холодно и начался дождь.

одевать – одеть / одеваться – одеться

❻ Мила всегда медленно _____.

❼ Младший брат _____ и пошёл в школу.

❽ Маленький мальчик не умеет _____, обычно мама _____ его.

ломать – сломать / ломаться – сломаться

❾ Кто _____ мой карандаш?

❿ Это плохой телефон, он часто _____.

⓫ Девочки играли с куклой и _____ её.

⓬ Девочки играли с куклой, и она _____.

⓭ Никогда не (명령형) _____ игрушки!

⓮ - Ты приехал на автобусе? А где твоя машина?
 - Она _____.

закрывать – закрыть / закрываться – закрыться

⓯ Обычно банк _____ в 5 часов.

⓰ Школьники _____ учебники и начали отвечать на вопросы учителя.

⓱ Очень холодно! Антон, _____ пожалуйста, окно.

⑱ - Кто _____ дверь?

- Никто. Она сама _____, ведь на улице сильный ветер.

⑲ - Как ты думаешь, музей ещё работает или уже _____?

- Он обычно _____ в 6 часов, а сейчас 6:15, конечно, уже _____.

연습문제 3 주어진 문장을 보고 빈칸에 들어갈 적절한 동사를 넣으세요.

❶ Стакан упал со стола на пол и _____.

❷ Наш холодильник _____, надо вызвать мастера.

❸ - Ты не знаешь, когда обычно _____ книжный магазин?

- Он начинает работать в 9 часов.

❹ Вчера была крупная авария, брат _____ руку и ногу.

❺ Женя встал утром, _____ холодной водой, позавтракал, _____ в светлый костюм и пошёл на работу.

❻ Мы с трудом _____ на высокую гору.

❼ - В комнате холодно! Кто _____ окно?

- Никто. Оно _____ из-за ветра.

Г -ся형 동사 3: 감정 표현 동사

이 군에 속하는 **-ся**형 동사는 어떤 사건에 대한 사람의 감정과 반응을 표현합니다.

- **Сын вернулся домой из Москвы, родители обрадовались приезду сына.**
  아버지가 모스크바에서 집으로 돌아왔고, 부모님은 아들의 귀환을 기뻐하셨다.

아들이 온 것이 사건이라면 부모의 반응은 기뻐한 것이겠지요. 이 경우 -ся가 붙기 전 타동사는 주체가 객체에게 불러일으키는 감정을 묘사합니다. 예를 들어 радовать – обрадовать 동사가 '기쁘게 만들다'라는 뜻이라면, радоваться – обрадоваться는 '기뻐하다'는 뜻이 됩니다.

타동사: ~을 느끼게 하다	자동사: ~을 느끼다
① **радовать – обрадовать** 기쁘게 만들다 • Студенты радуют преподавателя, потому что всегда делают домашнее задание. 학생들은 항상 숙제를 하여 선생님을 기쁘시게 한다.	① **радоваться – обрадоваться** 기뻐하다 • Преподаватель радуется, что (потому что) студенты всегда делают домашнее задание. 선생님은 학생들이 항상 숙제를 하여 기쁘시다. • Когда я увидел Машу, я очень обрадовался. 마샤를 보았을 때 나는 매우 기뻤다.
② **огорчать – огорчить** 슬프게 하다 **расстраивать – расстроить** 실망시키다 • Сын огорчил / расстроил родителей, потому что получил «2». 아들은 2점을 받아서 부모님을 슬프게 해/실망시켜 드렸다.	② **огорчаться – огорчиться** 슬퍼하다 **расстраиваться – расстроиться** 실망하다 • Родители огорчились / расстроились, потому что сын получил «2». 부모님은 아들이 2점을 받아서 슬퍼하셨다/실망하셨다.
③ **обижать – обидеть** 화나게 하다 • Антон обидел Веру, он не поздравил её с днём рождения. 안톤은 생일 축하를 안해서 베라를 화나게 만들었다.	③ **обижаться – обидеться** 화나다 • Вера обиделась на Антона, потому что он не поздравил её с днём рождения. 베라는 안톤이 생일 축하를 안해서 안톤에게 화가 났다.

④ **удивлять – удивить** 놀라게 하다	④ **удивляться – удивиться** 놀라다
• Маленькая девочка удивила родителей, она начала читать в 3 года. 작은 소녀는 3세부터 읽기 시작하여 부모님을 놀라게 했다.	• Родители удивились, потому что их маленькая дочь начала читать в 3 года. 부모님은 그들의 어린 딸이 3세에 읽기 시작하여 놀랐다.
⑤ **пугать – испугать** 겁주다	⑤ **пугаться – испугаться** 겁에 질리다
• Собака испугала маленького мальчика. 개는 어린 소년을 무섭게 만들었다.	• Маленький мальчик испугался, потому что увидел собаку. 어린 소년은 개를 보고 겁에 질렸다.
⑥ **волновать** (주로 불완료상만) 걱정하게 하다	⑥ **волноваться** (주로 불완료상만) 걱정하다
• У мамы болит сердце, не надо рассказывать ей о проблемах, вы не должны волновать (= беспокоить) её. 엄마는 심장이 아프셔서 이 문제들에 대해서 엄마에게 이야기하면 안됩니다. 엄마를 걱정하게 해서는 안돼요.	• Мама часто волнуется. 엄마는 자주 근심하신다.
• Экономическая ситуация в Корее очень волнует нас. 한국의 경제 상황이 우리를 몹시 근심하게 한다.	• Мама всегда волнуется / беспокоится о детях / за детей. 엄마는 항상 아이들에 관하여 근심하신다/걱정하신다.
• Твои проблемы не волнуют меня. 네 문제는 나를 근심하게 하지 않아(네 문제에 관심 없어).	• Я всегда волнуюсь перед экзаменом. 나는 시험 전에 항상 긴장한다.

연습문제 4 -ся형 동사 혹은 -ся가 없는 동사를 사용하여 빈칸에 들어갈 적절한 동사를 쓰세요.

❶ Ваня разбил красивую вазу. Мама очень _____.

❷ - Завтра экзамен! Я плохо подготовился к нему! Наверное, я получу «2»!
   - Не _____, ты хорошо сдашь экзамен. Ты всегда так говоришь, но получаешь не «2», а «5».

❸ Никогда не надо _____ родителей!

❹ Папа купил игрушки, и дети очень _____.

❺ - Как ты _____ меня! У меня сердце в пятки ушло!
   - Извини, я не думал, что ты так сильно _____.

❻ Маша сказала, что скоро выйдет замуж за Юрия. Эта новость _____ нас всех, потому что мы не знали, что Маша и Юрий дружат. Из-за этой новости Виктор очень _____, потому что он тайно влюблён в Машу.

단어 сердце 심장 | пятка 발뒤꿈치 | сердце в пятки ушло 간 떨어졌다(심장이 발뒤꿈치까지 내려앉았다)

Д -ся형 동사 4: 함께 하는 동작 1

이 그룹에 속하는 -ся형 동사는 두 명 이상의 사람이 함께 행하는 행위를 묘사합니다. 이 때 모든 사람이 객체이자 주체가 될 수 있습니다. 다음의 예를 보세요.

- Маша встретила Лену, и Лена встретила Машу.
  마샤는 레나를 만났고, 레나는 마샤를 만났다.
- Маша и Лена встретились.
  마샤와 레나가 만났다.

이렇듯 -ся가 있을 때 함께 하는 동작을 보여주는 동사들은 -ся가 없는 타동사로 쓰일 때는 한 사람은 주체가 되고 다른 사람은 객체가 됩니다.

타동사: 누가 누구를 ~ 하다	자동사: 함께 ~ 하다
① **видеть - увидеть** 보다 **встречать - встретить** 만나다 • Вчера в парке я увидел / встретил Сашу. 어제 공원에서 나는 사샤를 보았다/만났다.	① **видеться - увидеться** 만나다 **встречаться - встретиться** 만나다 • Мы с Сашей увиделись / встретились в парке. 나와 사샤는 공원에서 만났다.
② **обнимать - обнять** ~를 안다 • Мама обняла дочь. 엄마가 딸을 안았다.	② **обниматься - обняться** 포옹하다 • Мама с дочерью обнялись. 엄마와 딸이 서로 안았다.
③ **целовать - поцеловать** ~를 입맞추다 • Дочь поцеловала маму. 딸이 엄마의 입을 맞추었다.	③ **целоваться - поцеловаться** 입맞추다 • Супруги поцеловались. 부부가 서로 입 맞추었다.

4 **ругать - поругать (отругать)** 　~를 욕하다, 야단치다 ● Папа часто ругает сына. 　아빠는 종종 아들을 야단치신다.	**4** **ругаться - поругаться**　싸우다 ● Эти супруги часто ругаются. 　이 부부들은 자주 싸운다. ● Антон поругался с Верой. 　안톤은 베라와 싸웠다.

E -ся형 동사 5: 함께 하는 동작 2

이렇게 -ся형으로 함께 하는 동작을 묘사하는 동사들 중에는 원래의 타동사와 -ся형 동사의 의미가 다른 경우들도 존재합니다. 아래의 예문들을 볼까요?

- Виктор познакомил Машу с Ириной.
  빅토르는 마샤를 이리나와 인사시켰다.
- Маша и Ирина познакомились.
  마샤는 이리나와 인사했다.

이런 동사들의 경우 -ся가 없는 타동사형에는 그렇게 함께 하는 동작을 가능하게 한 원인으로서의 제 3자가 등장하게 됩니다.

타동사: ~가 ~을 ~하다	자동사: 함께 ~ 하다
1 **знакомить - познакомить** 　~와 ~를 인사시키다 ● Антон познакомил Ваню и Сашу. 　안톤은 바냐와 사샤를 소개시켜주었다. ● На лекциях по русской культуре профессор знакомит студентов с русскими традициями. 　러시아 문화 수업 중에 교수님은 학생들에게 러시아 전통을 소개해 주셨다.	**1** **знакомиться - познакомиться** 　~와 인사하다 ● Ваня познакомился с Сашей. 　바냐와 사샤는 서로 인사했다. ● Ваня и Саша / Ваня с Сашей познакомились. 　바냐와 사샤는 서로 인사했다. ● На лекциях по русской культуре студенты знакомятся с русскими традициями. 　수업 중에 학생들은 러시아 전통을 알게 되었다.

2 ссорить - поссорить

~와 ~를 싸우게 만들다

- Анна поссорила Милу и Свету.
  안나가 밀라와 스베타를 싸우게 만들었다.

3 мирить - помирить

~와 ~를 화해시키다

- Юля помирила Милу и Свету.
  율랴는 밀라와 스베타를 화해시켰다.

4 подружить ~와 ~를 친하게 만들다

- Сергей подружил Антона и Виктора.
  세르게이는 안톤과 빅토르가 친해지게 만들었다.
- Общее увлечение подружило этих людей.
  공통의 관심사가 이 사람들을 가깝게 만들었다.
- Занятия теннисом подружили нас.
  테니스 치는 것이 우리를 친해지게 만들었다.
- Теннис подружил нас.
  테니스가 우리를 친하게 했다.

2 ссориться - поссориться ~와 싸우다

- Мила и Света часто ссорятся.
  밀라와 스베타는 자주 싸운다.
- Мы с другом опять поссорились.
  나와 친구는 또 싸웠다.

3 мириться - помириться

~와 화해하다

- Мила и Света помирились.
  밀라와 스베타는 화해했다.
- Мы с другом поссорились, но через несколько минут помирились.
  나와 친구는 싸웠지만 몇 분 후 화해했다.

4 подружиться 친하게 되다

- Антон с Виктором подружились в прошлом году.
  안톤과 빅토르는 작년에 친해졌다.

연습문제 5 주어진 동사들 중 적합한 동사를 골라 알맞은 형태로 넣으세요.

ругать / ругаться

❶ Почему ты всегда _____ младшего брата? Он ещё совсем маленький, не (императив) _____ его, пожалуйста, а лучше помогай ему.

❷ Дети, почему вы всегда _____? Вы братья, поэтому должны жить дружно, больше не (императив) _____, пожалуйста!

❸ Мама, не _____ меня, пожалуйста, я больше не буду так делать.

подружить / подружиться

④ - Наташа, я вижу, вы с Леной очень _____ .
   - Да, занятия фитнесом _____ нас. Мы вместе занимаемся фитнесом почти каждый день.

⑤ Мы с Сон Ми _____ в Москве. Мы вместе ездили в Москву на стажировку в прошлом году.

познакомить / познакомиться

⑥ - Откуда ты знаешь Зою?
   - Сергей _____ нас.

⑦ - Откуда ты знаешь Вадима?
   - Мы _____ в спортклубе, мы вместе занимаемся футболом.

⑧ На экскурсии туристы _____ с историей Сеула.

Ё -ся형 동사 6: -ся형으로만 쓰이는 동사들

이제 -ся 동사의 여섯 번째 유형을 봅시다. 러시아어에는 -ся 없는 타동사형이 없이 -ся형으로만 쓰이는 동사들도 있습니다. «улыбаться – улыбнуться 미소짓다» 같은 동사가 그런 동사입니다. 이 동사의 타동사형 동사는 없습니다. 예를 들어 «улыбать* – улыбнуть*» 이런 동사는 없습니다. 이렇듯 -ся형으로만 쓰이는 주요 동사의 목록은 아래와 같습니다.

- смеяться – посмеяться 웃다
- ошибаться – ошибиться 실수하다
- здороваться – поздороваться 인사하다
- ложиться (спать) 눕다
- удаваться – удаться 성공하다
- появляться – появиться 나타나다
- становиться ~이 되다
- случаться – случиться 일어나다
- оставаться – остаться 남다
- казаться - ~라 여겨지다

연습문제 6 빈칸에 들어갈 적절한 동사를 알맞은 형태로 넣으세요.

❶ Ольга всегда _____, потому что она очень весёлый человек.

❷ - Ты всё купил?
   - Нет, мне _____ только купить яблоки.

❸ В котором часу ты обычно _____ спать?

❹ Мы вошли в кабинет профессора, _____ с ним и спросили, где будет экзамен?

❺ - Тебе _____ летом отдохнуть во Франции?
   - Нет, не получилось, всё лето готовился к экзамену по английскому языку.

❻ - Мне _____, что ты стал хуже учиться, что _____?
   - Ничего не _____, просто у меня _____ работа, и теперь у меня совсем нет времени.

Ж -ся형 동사 7: 의미가 다른 동사들

러시아어에는 -ся형과 타동사형의 짝처럼 보이지만 의미가 연결되어 있지 않은 동사들도 있습니다.

타동사	자동사
① **получить** 받다 • Я получил письмо. 나는 편지를 받았다. • Студент получил «5». 학생은 5점을 받았다.	① **получиться** 되다 • Я хотел поехать в Москву, но не получилось. 나는 모스크바로 가고 싶었지만, 안 되었다.
② **занимать - занять** 차지하다 • Друг пришёл на собрание раньше, чем я, поэтому занял мне место. 친구가 모임에 나보다 일찍 와서 내 자리를 잡아 주었다. • Поездка в Сеул в Российское посольство заняла у меня 4 часа. 서울에 있는 러시아 대사관까지 가는데 네 시간이 걸렸다(직역: 서울에 있는 러시아 대사관까지 가는 일은 내게서 4시간을 가져갔다). • Разговоры о политике и экономике не занимают (=не интересуют) меня. 정치와 경제에 관한 대화는 나에게 흥미가 없다. • В книжном магазине я увидел хороший словарь и решил купить его. Но у меня было мало денег, поэтому я занял у друга 200 рублей. 서점에서 나는 좋은 사전을 보고 그것을 사기로 마음 먹었다. 하지만 돈이 적어서 친구에게서 200루블을 빌렸다.	② **заниматься** 공부하다, ~하다 • Студенты занимаются в библиотеке. 학생들은 도서관에서 공부한다. • - Чем занимается твой брат в свободное время? 네 오빠는 여가시간에 뭐해? - Он занимается теннисом. 오빠는 테니스를 쳐. • - Чем занимается брат? 오빠는 뭐해? - Он работает в фирме. 오빠는 회사에서 일해. • - Чем занимается эта фирма? 그 회사는 뭘 하는데? - Эта фирма продаёт компьютеры. 그 회사는 컴퓨터를 팔아.
③ **учить** 공부하다, 가르치다 • Я учу русский язык (= изучать). 나는 러시아어를 공부한다. • Профессор учит студентов русскому языку (= Профессор преподаёт студентам русский язык). 교수님은 학생들에게 러시아어를 가르친다.	③ **учиться** 공부하다 • Дети учатся в школе. 아이들은 초등학생이다.

④ советовать 충고하다

- Профессор посоветовал мне поехать в Москву (= профессор дал мне совет).
  교수님은 나에게 모스크바로 가라고 조언하셨다.

⑤ переписывать- переписать
다시 쓰다

- Мальчик написал упражнение, но сделал много ошибок, поэтому учительница сказала: «Ты должен переписать это упражнение».
  소년은 연습문제를 풀었지만 실수가 많아서 선생님이 말씀하셨다. ≪너는 이 연습문제를 다시 풀어야 해.≫

⑥ устраивать - устроить
~이벤트를 벌이다, 만족시키다

- Мы устроили праздник для детей.
  우리는 아이들을 위한 축제를 만들었다.
- Общежитие устраивает меня (= мне нравится; мне подходит).
  나는 기숙사가 좋다.

④ советоваться 의논하다

- Я хочу посоветоваться с профессором о поездке в Москву (= Я хочу получить совет у профессора).
  나는 모스크바로 가는 것에 관하여 교수님과 의논하고 싶다.

⑤ переписываться 서신을 주고 받다

- Я переписываюсь с русской подругой, которая живёт в Москве.
  나는 모스크바에 사는 러시아 여자친구와 편지를 주고 받는다.

⑥ устраиваться - устроиться
자리를 잡다

- Брат окончил университет и устроился в фирму «Союз» переводчиком.
  형은 대학을 졸업하고 통역사로 소유즈 회사에 자리를 잡았다.

제8과 능동형동사 현재형과 과거형

A 형동사

여러분은 이미 형동사에 관한 기본 문법을 알고 있습니다(〈러시아어 첫걸음 2〉, 19–20과 240–368쪽 참조). 형동사는 형용사와 동사를 합쳐 만든 단어로 동사로서 형용사의 기능을 하는 품사를 일컫습니다. 예를 들어 '자는 아기'에서 '자는' 같은 역할을 하는 품사이지요. 이 과에서는 능동형동사 현재형과 과거형을 살피고자 합니다.

그 전에 능동형동사와 피동형동사가 각각 어떤 상에서 어떻게 파생되었는지 잠시 기억해봅시다.

능동형동사		피동형동사	
현재형 (불완료상)	과거형 (완료/불완료상)	현재형 (불완료상)	과거형 (완료상)
чита́ющий пи́шущий говоря́щий лежа́щий	чита́вший (불완) прочита́вший (완) говори́вший (불완) сказа́вший (완)	чита́емый пока́зываемый ви́димый	прочи́танный постро́енный откры́тый

Б 능동형동사 현재형

1. 만드는 법: 3인칭 복수형 어간 + ащ, -ящ, -ущ, -ющ + ий (-ая, -ее, -ие)

동사원형	3인칭 복수형	어간 + ащ, -ящ, -ущ, -ющ + ий (-ая, -ее, -ие)
чита́ть	чита́ют	чита + ющ + ий (-ая, -ее, -ие)
писа́ть	пи́шут	пиш + ущ + ий (-ая, -ее, -ие)
говори́ть	говоря́т	говор + ящ + ий (-ая, -ее, -ие)
лежа́ть	лежа́т	лежа + ащ + ий (-ая, -ее, -ие)

заниматься	занимаются	занима + ющ + ий (-ая, -ее, -ие) + ся занимающийся / щаяся / щееся / щиеся
учиться	учатся	уч + ащ + ий (-ая, -ее, -ие) + ся учащийся / щаяся / щееся / щиеся

> **⚠ 주의하세요**
>
> ### УЧАЩИЙСЯ / ЩАЯСЯ / ЩЕЕСЯ / ЩИЕСЯ
>
> -ся형 동사의 재귀어미 -ся가 동사변화 할 때 자음 뒤에서는 -сь, 모음 뒤에서는 -ся로 모양을 달리했던 것(я учусь, ты учишься, он учится, мы учимся, вы учитесь, они учатся)과 달리 형동사가 파생될 때는 언제나 -ся형을 유지합니다.
>
> занимающийся / занимающаяся / занимающееся / занимающиеся

연습문제 1 주어진 동사원형들로 능동형동사 현재형을 만들어 보세요.

❶ помогать → _____

❷ приглашать → _____

❸ танцевать → _____

❹ брать → _____

❺ улыбаться → _____

❻ заниматься → _____

❼ спрашивать → _____

❽ говорить → _____

❾ петь → _____

❿ пить → _____

⓫ ехать → _____

⓬ идти → _____

⓭ смотреть → _____

⓮ волноваться → _____

2. 능동형동사 현재형의 의미: ~ 하고 있는

능동형동사 현재형의 의미는 이를 **который** 구문으로 바꾸어 보면 분명히 알 수 있습니다. 다음 빈칸을 채워보세요.

а)

читающий мальчик – мальчик, который читает

читающая девочка – девочка, которая читает

поющие дети – _____

играющая музыка – _____

работающий компьютер – _____

б)

мальчик, читающий книгу – мальчик, который читает книгу

девочка, поющая песню – _____

дети, играющие в футбол – _____

родители, едущие на Байкал – _____

3. 능동형동사 현재형의 격변화

형동사는 동사이지만 형용사이기도 하기 때문에 문장 안에서 형용사의 역할을 담당하며 형용사와 같이, 달리 말해 형동사가 수식하는 명사의 성, 수, 격에 따라 격변화 합니다. 또 능동형동사가 사용된 문장을 **который**로 바꿀 때는 언제나 **который**의 주격형이 사용됩니다.

- Вот мальчик (주격), читающ<u>ий</u> (주격) книгу.
  → Вот мальчик, <u>который читает</u> книгу.
  여기 책을 읽고 있는 소년이 있다.
- Я знаю мальчика (대격), читающ<u>его</u> (대격) книгу.
  → Я знаю мальчика, <u>который читает</u> книгу.
  나는 책을 읽고 있는 소년을 안다.
- Я говорю о мальчике (전치격), читающ<u>ем</u> (전치격) книгу.
  → Я говорю о мальчике, <u>который читает</u> книгу.
  나는 책을 읽고 있는 소년에 관해 말하는 거야.
- Я разговариваю с мальчиком (조격), читающ<u>им</u> (조격) книгу.
  → Я разговариваю с мальчиком, <u>который читает</u> книгу.
  나는 책을 읽고 있는 소년과 대화를 나눈다.
- Мальчику (여격), читающ<u>ему</u> (여격) книгу, 10 лет.
  → Мальчику, <u>который читает</u> книгу, 10 лет.
  책을 읽고 있는 소년은 열 살이다.

연습문제 2 능동형동사부분을 **который** 구문으로 바꾸어 보세요.

❶ Я часто спрашиваю о грамматике профессора, работающего в нашем университете.

→ _____.

❷ Мы познакомились со студентами, изучающими корейский язык.

→ _____.

❸ Я давно не встречал Анну, живущую в нашем доме.

→ _____.

❹ Вчера мы ходили в ресторан, находящийся в центре города.

→ _____.

한편 역으로 **который** 문장을 능동형동사 현재형 문장으로 바꿀 때 주의할 사항은 무엇일까요? 당연히 **который**가 주격으로 사용되고, 동사가 불완료상 현재형인 경우에만 능동형동사 현재형 문장으로의 변환이 가능합니다.

예를 들어 아래의 문장들은 관계대명사 **который**가 주격형으로 사용되지 않았거나 과거시제가 사용되었기 때문에 능동형동사 현재형 문장으로 바꿀 수 없습니다.

- Вот мальчик, которого ты знаешь. 여기 네가 아는 소년이 있다.
- Я говорю о мальчике, которому 10 лет. 나는 10세인 소년에 관해 말하는 거야.
- В школу пришёл мальчик, у которого нет учебника. 교과서가 없는 소년이 학교에 왔다.
- Я разговариваю с мальчиком, который жил в Москве 5 лет.
  나는 모스크바에서 5년간 살았던 소년과 대화를 나누고 있다.

반면 관계대명사가 주격으로 사용되고 동사가 현재형인 아래의 문장들은 능동형동사 현재형 문장으로 전환이 가능합니다.

- Я разговариваю с мальчиком, который учится в школе.
  → Я разговариваю с мальчиком, учащимся в школе.
  나는 초등학생인 소년과 대화를 나눈다.
- Я позвонила мальчику, который изучает русский язык.
  → Я позвонила мальчику, изучающему русский язык.
  나는 러시아어를 전공하는 소년에게 전화를 걸었다.

연습문제 3 который 구문을 능동형동사 현재형 문장으로 바꾸어 보세요.

❶ Студент, который спрашивает о Ларисе, учится с ней на одном курсе.

  → _____.

❷ В газете написали о профессоре, который работает в нашем университете.

  → _____.

❸ Детям, которые играют в парке, нравится спорт.

  → _____.

❹ Мы познакомились с молодым человеком, который играет на пианино.

  → _____.

❺ Я позвонил другу, который любит путешествовать.

  → _____.

B 능동형동사 과거형

1. 만드는 법: 불완료상/완료상 과거형 어간 + -вш-, -ш- + ий (-ая, -ее, -ие)

동사원형 -ть	과거형	과거형 어간 + -вш-, -ш- + ий (-ая, -ее, -ие)
читать	чита-л	чита + вш + ий (-ая, -ее, -ие)
писать	писа-л	писа + вш + ий (-ая, -ее, -ие)
заниматься	занима-л-ся	занима + + вш + ий (-ая, -ее, -ие) + ся
동사원형 -ти	**과거형**	**불규칙 남성과거형 + ш + ий (-ая, -ее, -ие)**
нести	нёс	нёс + ш + ий (-ая, -ее, -ие)
идти	шёл	ше́дший, ше́дшая, ше́дшее, ше́дшие
вести	вёл	ве́дший, ве́дшая, ве́дшее, ве́дшие
동사원형 -чь	**과거형**	**불규칙 남성과거형 + ш + ий (-ая, -ее, -ие)**
помочь	помог	помог + ш + ий (-ая, -ее, -ие)

연습문제 4 주어진 동사들로 능동형동사 과거형을 만들어 보세요.

❶ попросить → _____

❷ предлагать → _____

❸ умываться → _____

❹ испугаться → _____

❺ прийти → _____

❻ принести → _____

❼ смочь → _____

❽ выпить → _____

❾ одеваться → _____

❿ понравиться → _____

2. 능동형동사 과거형의 의미: ~ 하고 있었던, ~ 한

능동형동사의 과거형의 의미는 이를 **который** 구문으로 바꾸어 보면 분명히 알 수 있습니다.

- Вчера в библиотеке мы видели красивую девушку, читавшую русский роман.
  → Вчера в библиотеке мы видели красивую девушку, которая читала русский роман.
  어제 도서관에서 우리는 러시아 소설을 읽고 있는 아름다운 아가씨를 보았다.
- Вчера мы разговаривали с девушкой, прочитавшей все романы Толстого.
  → Вчера мы разговаривали с девушкой, которая прочитала все романы Толстого.
  어제 우리는 톨스토이의 모든 소설을 다 읽은 아가씨와 이야기를 나누었다.

연습문제 5 과거 능동형 형동사가 쓰인 부분을 **который** 절로 바꾸어 보세요.

❶ Мне нравится молодая актриса, сыгравшая главную роль в известном фильме.

→ _____.

❷ Мы говорим о баскетбольной команде, занявшей первое место.

→ _____.

❸ Я познакомилась с молодым человеком, окончившим МГУ и сразу нашедшим работу в известной компании.

→ _____.

❹ Я встретил Олега, учившегося на нашем факультете и бросившего университет 2 года назад.

→ _____.

연습문제 6 **который** 절을 형동사로 바꾸어 보세요. 능동형동사 과거형을 써야 할 지 현재형을 써야 할 지 잘 보고 문장을 바꾸어 보세요.

예시   Студенты, которые учились в Москве, хорошо говорят по-русски.
→ Студенты, учившиеся в Москве, хорошо говорят по-русски.

❶ Студенты, которые живут в этом общежитии, учатся на первом курсе.

→ _____.

❷ Иностранцам, которые осмотрели Кремль, понравилась эта экскурсия.

→ _____.

❸ Я встретилась с подругой по школе, которая решила поступить в наш университет.

→ _____.

❹ Иван Иванович, который болеет уже 2 года, мало ходит.

→ _____ .

❺ Мы познакомились с корейцами, которые приехали из Сеула и (которые) хорошо говорят по-русски.

→ _____ .

❻ Ты помнишь Наташу, которая работает в отделе маркетинга и (которая) вышла замуж за француза?

→ _____ .

제9과 피동형동사 현재형/과거형과 단어미형

A 능동형동사 현재형/과거형 복습

많은 학생들이 헷갈려 하는 문법이기 때문에 피동형동사를 살피기에 앞서 먼저 능동형동사 현재형과 과거형을 다시 한번 복습합시다.

연습문제 1 빈칸에 주어진 동사원형으로 능동형동사 현재형과 과거형을 만들어 보세요.

동사원형	능동형동사 현재형(불완료상)	능동형동사 과거형(불완료/완료상)
петь		
знакомиться		
встретиться		
встречать		
советовать		
войти		
помочь		

연습문제 2 문장을 잘 읽고 가능하다면 능동형동사가 들어 있는 문장을 **который**를 사용한 문장으로 바꾸어 보세요. 불가능한 경우는 ×표를 하세요.

❶ В газете мы прочитали о поэте, который написал много красивых стихов.

　→ _____.

❷ Всем студентам, которые планируют поехать в Москву, надо сдать экзамены.

　→ _____.

❸ У меня есть младший брат, которому я всегда помогаю.

→ _____ .

❹ Максим пришёл в гости к другу, который играет на нескольких музыкальных инструментах и (который) интересуется джазовой музыкой.

→ _____ .

연습문제 3 형동사를 사용한 문장을 **который**를 사용한 문장으로 바꾸어 보세요.

❶ Мы болеем за нашу команду, играющую с командой университета Корё.

→ _____ .

❷ Мы отдыхали на озере, находящемся недалеко от города.

→ _____ .

❸ Для дедушки, почувствовавшего себя плохо, мы вызвали врача, работающего в ближайшей поликлинике.

→ _____ .

연습문제 4 빈칸에 들어갈 적절한 답을 고르거나(❶, ❷번), 밑줄 친 부분을 대체하기에 적절한 답을 고르세요(❸, ❹번).

❶ Всех школьников, _____ русский язык, пригласили на фестиваль русской культуры.

    a) изучающие   b) изучающих

    c) изучающим   d) изучаемым

❷ Мы встретились с преподавателем физики, _____ интересные лекции на нашем курсе.

    a) прочитающий   b) прочитавший

    c) прочитающим   d) прочитавшим

❸ Профессору из Москвы, работающему в нашем университете, нравится Корея.

a) который работает   b) которого работает

c) которому работает   d) которой работает

❹ О дедушке, жившем в деревне, мама часто рассказывает.

a) который живёт   b) который жил

c) котором живёт   d) котором жил

Б 피동형동사 현재형

여러분이 이미 알고 있는 것처럼 피동형동사는 현재형과 과거형이 있고 타동사에서만 만들어집니다. 먼저 피동형동사 현재형을 살펴봅시다.

1. 만드는 법: 불완료상 타동사 мы형 동사변화 + ый (-ая, -ое, -ые)

동사원형 -ть	мы형	мы형 + ый (-ая, -ое, -ые)
читать	читаем	читаем + ый (-ая, -ее, -ые)
носить	носим	носим + ый (-ая, -ее, -ые)

다만 -авать 형으로 끝나는 동사들은 동사원형을 기준으로 피동형동사 현재형을 만들어 줍니다.

동사원형 -авать*	-ть를 제외한 부분	-ть를 제외한 부분 + -ем- + ый (-ая, -ее, -ые)
давать	дава -ть	дава + ем + ый (-ая, -ое, -ие)

이에 해당하는 동사들로 давать, продавать, преподавать, сдавать, передавать, задавать 등을 들 수 있습니다.

연습문제 5   주어진 동사로 피동형동사 현재형을 만들어 보세요.

❶ проводить → _____   ❷ посылать → _____

❸ сообщать → _____   ❹ показывать → _____

❺ организовать → _____   ❻ передавать → _____

❼ обсуждать → _____   ❽ дарить → _____

2. 피동형동사 vs. 능동형동사

피동형동사와 능동형동사의 의미차이를 비교하여 봅시다. 먼저 능동형동사 구문을 봅시다.

- Это студент, читающий книгу. 이 사람은 책을 읽고 있는 학생이다.

이 문장에서는 책을 읽고 있는 주체는 **студент**이고 행위의 대상, 객체가 되는 것이 **книга**입니다.

- Это книга, читаемая студентом. 이것은 학생에 의해 읽혀지는 책이다.

이 문장에서는 행위의 대상이 주어가 되고 행위의 주체는 주격의 자리에 있지 않고 조격으로 물러납니다.
물론 모든 문장에 행위의 주체가 표현되는 것은 아닙니다. 주체를 굳이 밝힐 필요가 없을 때는 조격형으로 표현되는 행위의 실질적 주체가 종종 생략됩니다. 특히 신문 등 매체에서는 주체를 명시하지 않은 문장들을 자주 사용합니다.

- Зрители высоко оценили фильмы, показываемые на кинофестивале в Пусане. 관객들은 부산 영화제에서 상영된 영화들을 높이 평가했다.
- Новости, сообщаемые в газете «Экономика», всегда актуальны.
  〈경제〉 신문에 보도된 뉴스는 매우 시의성이 있다.

이런 문장에서는 누가 영화를 보여주었는지, 혹은 누가 보도를 했는지 주체를 밝히는 것이 중요하지 않기에 종종 생략되어 쓰입니다.

3. 피동형동사 현재형의 의미: ~하여지는

피동형동사 현재형의 의미 역시 **который** 구문으로 바꾸어 보면 더욱 명확해집니다.

- Это книга, читаемая студентом. 이것은 학생에 의해 읽혀지는 책이다.
  → Это книга, которую читает студент. 이것은 학생이 읽고 있는 책이다.

피동형동사 현재형 구문을 **который** 구문으로 바꿀 때 **который**는 반드시 대격으로 오고, 동사는 현재형을 사용하게 됩니다. 또 피동형동사 구문에 주체가 조격으로 표현되어 있다면, 이 조격 명사가 **который** 문장에서는 주격이 됩니다.

- Мы говорим о проблеме, решаемой учёными-физиками.
  → Мы говорили о проблеме, которую решают учёные-физики.
- Мы разговариваем о сериале, показываемом по вторникам и четвергам.
  → Мы разговариваем о сериале, который показывают по вторникам и четвергам.

또 주격이 명확하게 표기되어 있지 않은 경우는 **который** 문장에서 동사를 3인칭 복수형으로 사용하여 주체가 불특정 다수임을 표시합니다.

연습문제 6 **который**를 사용한 문장을 피동형동사를 사용한 문장으로 바꾸어 보세요.

① Мне нравятся предметы, которые мы изучаем в университете.

→ _____.

② Мы с интересом читаем новости, которые сообщают газеты.

→ _____.

③ В газете написали о выставке, которую организуют молодые художники.

→ _____.

④ Я познакомился с контрактом, который предлагает мне фирма «Сибирь».

→ _____.

⑤ Мы говорим о фильме, который показывают в кинотеатре «Восток».

→ _____.

연습문제 7 피동형동사를 사용한 문장을 **который**를 사용한 문장으로 바꾸어 보세요.

① Мы пригласили гостей на фестиваль, проводимый студентами первого курса раз в 2 года.

→ _____.

② Мы пригласили гостей на фестиваль, проводимый раз в 2 года.

→ _____.

③ Мы собираемся поехать на экскурсию, организуемую туристической фирмой «Золотой луч».

→ _____.

④ Мы собираемся поехать на экскурсию, организуемую на следующей неделе.

→ _____.

B 피동형동사 과거형

1. 만드는 법: 완료상 타동사원형 어간 + нн + ый (-ая, -ое, -ые)

피동형동사 과거형은 완료상에서만 파생됩니다. 이것을 꼭 기억하세요.

완료상 타동사 동사원형 -ать	원형 어간	원형 어간 + нн + ый (-ая, -ое, -ые)
прочит<u>а</u>ть	прочита -ть	прочита + нн + ый (-ая, -ое, -ые)
완료상 타동사 동사원형 -ить	원형 어간	원형 어간 + енн + ый (-ая, -ое, -ые)
получ<u>и</u>ть	получ -ить	получ + енн + ый (-ая, -ое, -ые)

경우에 따라 -ить로 끝나는 동사들 중에는 -енн에 강세가 와서 -ённ의 형태가 되는 경우도 있습니다. 기억해 두세요.

решить	решённый, решённая, решённое, решённые	해결된
включить	включённый, включённая, включённое, включённые	포함된

이 외에 피동형동사 형성을 위한 접미사가 -енн-, -нн-이 아니라 -т-가 되는 경우도 있습니다. 이는 불규칙에 가까운 경우이니 꼭 암기해두세요. 특히 밑줄이 쳐진 경우에는 강세 이동이 있으니 이 역시 주의하세요.

откры́ть	открытый, открытая, открытое, открытые	열린
закры́ть	закрытый, закрытая, закрытое, закрытые	닫힌
поня́ть	<u>по́нятый по́нятая, по́нятое, по́нятые</u>	이해가 된
приня́ть	<u>при́нятый, при́нятая, при́нятое, при́нятые</u>	받아들여진
взять	взятый, взятая, взятое, взятые	선택된, 택해진
забы́ть	забытый, забытая, забытое, забытые	잊혀진
уби́ть	убитый, убитая, убитое, убитые	살해당한
вы́мыть	вымытый, вымытая, вымытое, вымытые	닦여진, 씻겨진
помы́ть	помытый, помытая, помытое, помытые	닦여진, 씻겨진
нача́ть	<u>на́чатый, на́чатая, на́чатое, на́чатые</u>	시작된
наде́ть	надетый, надетая, надетое, надетые	입혀진

| спеть | спетый, спетая, спетое, спетые | 불려진 |

⚠️ 주의하세요

피동형동사와 자음변환

여러분은 -ить로 끝나는 동사들의 현재형, 혹은 미래형 변화에서 자음변환이 일어났던 것을 기억하고 있을 것입니다. 예를 들어 купить 동사의 동사변화는 куплю, купишь... купят 하는 식으로 1인칭 단수에서 자음변환이 일어났지요.

그런데 현재형, 혹은 미래형 변화에서 이렇게 자음변환이 있는 동사들은 피동형동사 과거형을 파생할 때도 자음변환을 겪습니다. 또 강세 이동도 생길 수 있습니다 (강세이동으로 인해 -енн-이 -ённ-이 되는 경우도 있으니 주의하세요).

п→пл	купи́ть – ку́пленный, ку́пленная, ку́пленное, ку́пленные 구입된
в→вл	пригото́вить – пригото́вленный, пригото́вленная, -ое, ые 준비된
б→бл	осла́бить – осла́бленный, осла́бленная, -ое, ые 약화된
м→мл	познако́мить – познако́мленный, познако́мленная, -ое, ые 알게 된
т→ч	заме́тить – заме́ченный, заме́ченная, -ое, ые 언급되어진
ст→щ	почи́стить – почи́щенный, почи́щенная, -ое, ые 깨끗해진 прости́ть – прощённый, прощённая, -ое, ые 용서된
с→ш	пригласи́ть – приглашённый, приглашённая, -ое, ые 초대된 спроси́ть – спро́шенный, спро́шенная, -ое, ые 물어진
з→ж	заморо́зить – заморо́женый, заморо́женная, -ое, ые 냉동된
д→жд	награди́ть – награждённый награждённая, -ое, ые 상을 받은 роди́ть – рождённый, рождённая, -ое, ые 태어난

연습문제 8 동사원형에서 피동형동사 과거형을 만들어 보세요.

A)

❶ нарисовать → _____   ❷ написать → _____

❸ показать → _____   ❹ подарить → _____

❺ изучить → _____   ❻ сделать → _____

❼ построить → _____   ❽ создать → _____

⁹ проверить → _____　　ⁱ⁰ продать → _____

¹¹ организовать → _____　　¹² понять → _____

Б)

¹³ накопить (деньги) → _____　　¹⁴ освободить → _____

¹⁵ поставить → _____　　¹⁶ исправить → _____

¹⁷ подготовить → _____　　¹⁸ встретить → _____

2. 피동형동사 과거형의 의미: ~ 해진

피동형동사의 과거형의 의미도 **который** 절로 바꾸어지면 분명해집니다.

- книга, прочитанная студентом 학생에 의해 읽혀진 책
  → книга, которую прочитал студент 학생이 읽은 책
- проблема, решённая учёными 학자들에 의해 해결된 문제
  → проблема, которую решили учёные 학자들이 해결한 문제
- тест, сданный студентами 학생들에 의해 치뤄진 시험
  → тест, который сдали студенты 학생들이 치른 시험
- проблема, решённая недавно 최근에 해결된 문제
  → проблема, которую <u>решили</u> недавно 최근에 해결한 문제
- кафе, построенное год назад 일년 전에 지어진 카페
  → кафе, которое <u>построили</u> год назад 일년 전에 지은 카페
- гости, приглашённые на фестиваль 축제에 초대 된 손님들
  → гости, которых <u>пригласили</u> на фестиваль 축제에 초대한 손님들

주체가 불특정 다수인 경우는 **который** 절로 바꿀 때에 주어를 표시해 주지 않고 동사를 3인칭 복수형으로 사용합니다.

연습문제 9 주어진 예를 보고 피동형동사 과거형 구문을 **который** 구문으로 바꾸어 보세요.

예시   Мы были на выставке, организованной молодыми художниками.
→ Мы были на выставке, которую организовали молодые художники.

❶ Все обсуждают успешную операцию, сделанную молодым врачом.

→ _____.

❷ Я повесил на стену картину, подаренную друзьями.

→ _____.

❸ Преподаватель повторил слово, не понятое студентами.

→ _____.

❹ Саша пришёл в гости с тортом, купленным им в «Пари-багете».

→ _____.

❺ Все говорят о фильме, показанном вчера на лекции.

→ _____.

❻ Гид познакомил туристов с произведениями искусства, созданными в прошлом веке.

→ _____.

❼ Приглашённые на фестиваль гости с удовольствием посмотрели концерт, подготовленный студентами первого курса.

→ _____.

연습문제 10 빈칸에 들어갈 적절한 답을 고르고(❶, ❷번), **который** 절을 형동사로 적절하게 바꾼 것을 고르세요(❸, ❹번).

❶ Мы говорим о стихах, _____ молодым поэтом.
   a) написанные   b) написанных
   c) написанными   d) написанным

❷ Я хорошо поняла слова, _____ отцом.
   a) сказавшие   b) сказанные
   c) сказавшим   d) сказанным

❸ Игорю, который всю жизнь занимается спортом, больше всего нравится баскетбол.
   a) занимавшийся   b) занимавшийся
   c) занимающемуся   d) занимавшемуся

❹ Письма, получаемые Соней от родителей, всегда очень длинные.
   a) которые Соня получила   b) которые Соня получала
   c) которые Соня получает   d) которые Соня получит

⚠ 주의하세요

형동사 정리표

능동형동사(자동사/타동사)		피동형동사(타동사)	
현재형	과거형	현재	과거
불완료상	불완료상/완료상	불완료상	완료상
-ющ- -ущ- -ящ- -ащ-	-вш- -ш-	-ем- -им	-анн- -енн- -т-
который절로 바꿀 때			
который(주격) которая которое которые + 불완료상 현재	который(주격) которая которое которые + 불완료상 과거	который(대격) которого которую которое которые которых + 불완료상 현재	который(대격) которого которую которое которые которых + 완료상 과거

연습문제 11 가능한 경우 **который** 절을 적절한 형동사 구문으로 바꾸어 보세요. 불가능한 경우는 × 표 하세요.

❶ Закажите билеты на концерт, который идёт в концертном зале «Олимп».

→ _____.

❷ Одежда, которую продают в этом магазине, очень дорогая.

→ _____.

❸ Мы говорим о романе, который мы прочитали вчера.

→ _____.

❹ Вот красивые цветы, которые я подарю девушке, которую я давно люблю.

→ _____.

❺ Этот журналист, которого мы встретили на фотовыставке, показал нам свои фотографии и рассказал о поездке в маленькую страну, которая находится на юге Европы.

→ _____
_____.

❻ На лекции мы говорили о русском писателе Михаиле Булгакове, который написал роман «Мастер и Маргарита», который я взял в библиотеке 3 дня назад и (который) уже прочитал.

→ _____
_____.

Г 피동형동사 과거형의 단어미형: 과거, 미래

1. 피동형동사 과거형 단어미형 만들기

피동형동사 과거형의 경우 단어미형으로 널리 쓰이고, 단어미형으로 쓰일 때는 과거형과 미래형으로 사용됩니다. 과거형은 과거와 대과거를 묘사할 때 사용되어 a) 단순형과 b) 복합형 (**был** + 피동형동사 단어미형)

두 가지 형태로 쓰입니다. 대과거의 경우 발화시점보다 더 먼 과거에 있었던 일이라는 것을 강조하게 되어 종종 **два года назад, в прошлом году** 등의 부사(구)와 함께 쓰입니다. 미래형은 '**быть** 동사의 미래형 + 피동형동사 단어미형' 한 가지 형태로 아래와 같이 사용됩니다.

ПОСТРОЕННЫЙ 건축된, 지어진

- 단어미 과거형
  построен, построена, построено, построены (과거)
  был построен, была построена, было построено, были построены (대과거)

- 단어미 미래형
  будет построен, будет построена, будет построено, будут построены

ОТКРЫТЫЙ 열린

- 단어미 과거형
  открыт, открыта, открыто, открыты (과거)
  был открыт, была открыта, было открыто, были открыты (대과거)

- 단어미 미래형
  будет открыт, будет открыта, будет открыто, будут открыты

이제 피동형동사 과거 단어미형이 사용된 문장들을 봅시다.

- Новый стадион уже построен.
  새 경기장이 이미 지어졌다.
- Новый стадион был построен два года назад.
  새 경기장은 2년 전에 지어졌다.
- Эта школа была построена в прошлом году.
  이 학교는 작년에 지어졌다.
- В следующем году здесь будет построена новая школа.
  내년에 여기에 새 학교가 세워질 것이다.
- Сейчас 10 часов, супермаркет уже открыт.
  지금 열 시야, 슈퍼는 벌써 열려 있지.
- Вчера магазин был открыт с восьми до шести.
  어제 상점은 8시부터 6시까지 열려 있었다.
- Завтра магазин будет открыт с восьми до четырёх.
  내일 상점은 8시부터 4시까지 열릴 예정이다.

2. 피동형동사 단어미형의 의미

이번에는 피동형동사의 단어미형의 의미를 좀 더 상세하게 살펴봅시다. 피동형동사 단어미형의 의미는 우리가 알고 있는 영어 수동태의 의미와 유사합니다.

- Книга **прочитана** студентом. 책이 학생에 의해서 읽혀졌다.

이를 능동 문장으로 바꾸면 다음과 같습니다.

- Книгу прочитал студент. 학생이 책을 읽었다.

이때 피동구문에서 주격이던 대상은 목적격으로, 조격이던 주체는 주격으로 오게 됩니다. 러시아어에는 그 자체로 수동태 구문은 없기 때문에 **который** 문장으로 바꾸면 능동형태의 문장이 됩니다.
또 과거와 미래시제로 다양하게 사용될 수 있습니다. 먼저 과거시제로는 단순과거시제와 대과거시제로 사용될 수 있습니다.

- Книга прочитана студентами. 책이 학생들에 의해 읽혀졌다.
  → Книгу прочитали студенты. 학생들이 책을 읽었다.
- Стадион был построен два года назад. 경기장은 2년 전에 지어졌다.
  → Стадион построили два года назад. 2년 전에 경기장을 지었다.

또 **быть** 동사의 미래형과 결합하여 미래시제로도 사용될 수 있습니다.

- Книга будет прочитана студентами. 책이 학생들에 의해 읽혀질 것이다.
  → Книгу прочитают студенты. 학생들이 책을 읽을 것이다.
- Здесь будет построен стадион (주격). 여기에 경기장이 세워질 것이다.
  → Здесь построят стадион (대격). 여기에 경기장을 세울 것이다.

연습문제 12 가능한 곳에 동사 대신 피동형동사 단어미형을 써서 문장을 바꾸어 보세요. 가능하지 않은 경우는 ×표를 하세요.

❶ Эту книгу написал молодой поэт.

→ _____.

❷ Эту книгу написал Достоевский в 1878 году.

→ _____.

❸ Мы пригласили нового профессора на концерт.

→ _____.

❹ В газете написали статью о нашем университете.

→ _____.

❺ Мы познакомились с иностранцами.

→ _____.

❻ Профессор ответил на наши вопросы.

→ _____.

❼ Дети сыграли в футбол.

→ _____.

❽ Кинотеатр построили в 1980 году.

→ _____.

❾ Учитель начал урок в 9 часов.

→ _____.

❿ Сын стал инжснером.

→ _____.

⓫ Вчера в ресторане вкусно приготовили рыбу.

→ _____.

⓬ Завтра магазин закроют в 8 часов.

→ _____.

제10과 부동사

A 불완료상 부동사

여러분은 이미 부동사가 무엇인지 알고 있습니다. 부동사는 부사의 역할을 하는 동사입니다. 한국어로 말하자면 '먹으면서 말한다'의 '먹으면서'의 기능을 하는 품사입니다. 동사이지만 부사이기도 하기에 부사처럼 변화하지 않습니다.

부동사는 크게 불완료상 부동사와 완료상 부동사로 나뉘는데 먼저 불완료상 부동사를 살펴봅시다.

1. 불완료상 부동사 만들기

동사원형	3인칭 복수형	3인칭 복수형 어간 + я
читать	читают	чита + я = читая
танцевать	танцуют	танцу + я = танцуя
спешить	спешат	спеш + а = спеша
учиться	учатся	уч + а + сь = учась

한편 -авать로 끝나는 동사들은 원형을 기준으로 만들어줍니다.

동사원형 -авать	원형 어간	원형 어간 + я
давать	дава -ть	дава + я = давая
продавать	продава -ть	продава + я = продавая
сдавать	сдава -ть	сдава + я = сдавая
преподавать	преподава -ть	преподава + я = преподавая
задавать	задава -ть	задава + я = задавая
уставать	устава -ть	устава + я = уставая
вставать	встава -ть	встава + я = вставая

연습문제 1 주어진 동사원형으로 부동사를 만들어 보세요.

❶ готовить → _____ ❷ рисовать → _____

❸ заниматься → _____ ❹ знакомиться → _____

❺ начинать → _____ ❻ здороваться → _____

❼ приглашать → _____ ❽ поступать → _____

❾ встречаться → _____ ❿ улыбаться → _____

⓫ идти → _____

⓬ сдавать (экзамен) → _____

> ⚠ **주의하세요**
>
> ### 부동사를 파생시키지 않는 동사들
>
> 아래의 동사들로는 부동사를 만들지 않습니다.
>
> пить, петь, хотеть, ехать, писать, мочь

2. 불완료상 부동사의 의미

불완료상 부동사는 한 주체가 하는 두 가지 동작을 묘사할 때 사용합니다. 또 부동사의 시제는 주절의 시제에 따라 결정됩니다.

- Гуляя, мы **разговариваем.** 산책하면서 우리는 대화를 나눈다.
- Гуляя, мы **разговаривали.** 산책하면서 우리는 대화를 나누었다.
- Гуляя, мы **будем разговаривать.** 산책하면서 우리는 대화를 나눌 것이다.

a) 동시동작

불완료상 부동사는 일차적으로 동시동작을 표현하고, 현재, 과거, 미래시제 문장에서 사용될 수 있습니다. 많은 경우 동시에 행해지는 동작 중 더 중요한 동작을 부동사로 만듭니다.

현재

- Когда мама готовит обед, она слушает музыку.
    → Готовя обед, мама **слушает** музыку.
      점심을 준비하면서 엄마는 음악을 듣는다.

과거

- Вчера, когда мама готовила, она слушала музыку.
    → Вчера, готовя обед, мама **слушала** музыку.
      어제 점심을 준비하면서 엄마는 음악을 들으셨다.

미래

- Завтра, когда мама будет готовить обед, она будет слушать музыку.
    → Завтра, готовя обед, мама **будет слушать** музыку.
      내일 점심을 준비하면서 엄마는 음악을 들으실 거야.

부동사를 만들 때 가장 중요한 선결조건은 두 동작의 주어가 동일한 것입니다. 주어가 서로 다른 경우에는 부동사를 사용한 문장을 만들 수 없습니다. 예를 들어 "Когда мама готовит обед, Антон слушает музыку." 같은 문장으로는 부동사 문장을 만들 수 없습니다.

б) 불완료상의 긴 동작이 이어지는 동안 완료상의 짧은 사건이 일어난 경우

불완료상의 긴 동작이 이어지는 동안 완료상의 짧은 사건이 일어난 경우 예를 들어 축구를 하다가 넘어지거나, 학교를 가다가 친구를 만나는 경우에도 부동사를 사용할 수 있습니다. 이 경우 당연히 불완료상으로 표현된 긴 동작이 부동사가 됩니다. 이런 문장은 종종 과거의 사건에 관하여 이야기할 때 쓰입니다.

과거

- Когда мама готовила обед, она случайно разбила свою любимую вазу.
    → Готовя обед, мама случайно **разбила** свою любимую вазу.
      엄마는 점심을 준비하시다가 우연히 좋아하는 꽃병을 깨셨다.

연습문제 2 주어진 문장을 부동사 구문으로 바꾸어 보세요. 부동사 구문으로 바꾸는 것이 불가능한 경우는 ×표를 하세요.

❶ Дети бегают и смеются.

   →

❷ Когда Виктор шёл на экзамен, он очень волновался.

→ _____ .

❸ Когда Виктор отвечал, профессор внимательно слушал.

→ _____ .

❹ Профессор слушал Виктора и улыбался.

→ _____ .

❺ Когда мы будем готовиться к экзамену, мы будем каждый день заниматься в библиотеке.

→ _____ .

Б 완료상 부동사

1. 완료상 부동사 만들기

일반적인 완료상 동사로 부동사를 만들 때는 과거형 어간에 в를 더합니다.

동사원형	과거형 어간	과거형 어간 + в
прочитать	прочита - л	прочита + в = прочитав

하지만 -ся로 끝나는 동사의 경우는 과거형 어간에 -вшись를 더합니다.

동사원형	과거형 어간	과거형 어간 + вшись
улыбнуться	улыбну -лся	улыбну + вши + сь = улыбнувшись
научиться	научи -лся	научи + вши + сь = научившись

이외에 -ти로 끝나는 동사에서는 불규칙한 형태로 부동사가 만들어집니다.

- прийти → придя
- принести → принеся

또 현대 러시아어에서는 -чь로 끝나는 동사(помочь, испечь)는 부동사를 파생하지 않습니다. 때로 고전문학 작품을 읽다 보면 помогши, испекши 등의 부동사가 나오지만 이는 고어입니다.

> ⚠️ **주의하세요**
>
> ## УЛЫБНУВШИСЬ vs. УЛЫБНУВШИЙСЯ
>
> 우리는 지금까지 현재형/과거형 능동형동사, 현재형/과거형 피동형동사, 그리고 불완료상/완료상 부동사 등 총 6개의 형동사 및 부동사를 익혔습니다. 그런데 이렇게 6개의 형동사, 부동사를 다 익히고 나면 혼동이 발생하는데 그 중 가장 큰 혼돈을 야기하는 것이 -ся형 완료상 부동사와 능동형동사 과거형입니다. 아래의 예를 볼까요?
>
> | 부동사 | 형동사 과거형 |
> |---|---|
> | улыбнувшись | улыбнувшийся |
> | научившись | научившийся |
>
> 부동사의 경우는 반드시 -сь 형태가, 능동형동사 과거형의 경우는 반드시 -ся 형태를 취하니 혼동하지 않도록 주의합시다.

연습문제 3 주어진 동사원형에서 완료상 부동사를 파생시켜 보세요.

① купить → _____ ② взять → _____

③ пойти → _____ ④ войти → _____

⑤ умыться → _____ ⑥ познакомиться → _____

⑦ поздравить → _____ ⑧ встретиться → _____

⑨ выйти → _____ ⑩ унести → _____

2. 완료상 부동사의 의미

완료상 부동사는 동일주체의 순차동작을 묘사할 때 사용되고, 과거시제나 미래시제로 사용될 수 있습니다. 순차동작 중 먼저 행한, 혹은 행할 동작을 부동사로 만듭니다.

> 과거

- Сначала мама купила овощи, потом приготовила обед.

  → Купив овощи, мама приготовила обед.
  야채를 사고나서 엄마는 점심을 준비했다.

- Когда дети пообедали, они пошли в парк.

  Сначала дети пообедали, потом пошли в парк.

  Пообедав, дети **пошли** в парк.
  점심을 먹고나서 아이들은 공원으로 갔다.

마지막 문장의 경우 "Дети пошли в парк, пообедав." 같이 어순이 바뀔 수도 있는데 그 경우에도 의미는 같습니다.

> 미래

- Когда дети пообедают, они пойдут в парк.
  Сначала дети пообедают, потом пойдут в парк.
  Пообедав, дети **пойдут** в парк.
  Дети пойдут в парк, пообедав.
  점심을 먹고나서 아이들은 공원으로 갈 것이다.

당연히 주어가 두 개인 경우 문장, "Когда дети пообедали, мама вымыла посуду." 같은 문장은 부동사구문으로 바꿀 수 없습니다.

연습문제 4

A) 주어진 문장을 완료상 부동사 구문으로 바꾸어 보세요. 불가능한 경우에는 ×표를 하세요.

❶ Когда Наташа заболела, она пошла в больницу.

→ _____ .

❷ Папа пришёл домой и пообедал.

→ _____ .

❸ Когда студенты написали тест, профессор поставил оценки.

→ _____ .

❹ Когда ты сделаешь домашнее задание, ты пойдёшь гулять.

→ _____ .

❺ Когда сестра приготовит ужин, семья поужинает.

→ _____ .

Б) 빈칸에 들어갈 적절한 답을 고르거나(❶, ❷번), 밑줄친 부분을 맞게 풀어 쓴 답을 고르세요(❸번).

❶ _____ , мы продолжили работу.

    a) отдыхая   b) отдохнув

❷ Джон начал интересоваться русским языком и культурой, _____ в Москве с русским искусством и живописью.

    a) знакомя   b) познакомившийся

    c) знакомящий   d) познакомившись

❸ Получая письма, я сразу отвечаю на них.

    a) Когда я получаю   b) Когда я получал

    c) Когда я получу   d) Когда я получил

> ⚠ 주의하세요
>
> ### 부동사의 다양한 의미
>
> 부동사의 의미는 꼭 시간에 관한 것으로만 한정되지 않습니다. 부동사를 통해 원인, 조건, 양보를 표현할 수도 있습니다. 아래의 예문들을 볼까요?
>
> 원인 (так как..., потому что...)
>
> - Желая стать чемпионом страны, Юрий много и упорно тренировался.
>   (= Так как Юрий желал / хотел стать чемпионом города, он много и упорно тренировался.)
>   시(市)의 챔피온이 되기를 바랐기 때문에 유리는 많이, 그리고 끈기있게 훈련했다.
>
> 조건 (если...)
>
> - Занимаясь спортом, можно сохранить здоровье.
>   (= Если заниматься спортом, можно сохранить здоровье.)
>   운동을 하면 건강을 지킬 수 있다.
>
> 양보 (хотя..., несмотря на то, что)
>
> - Не зная точного ответа, Виктор всё-таки начал отвечать.
>   (= Хотя / Несмотря на то, что Виктор не знал точного ответа, он всё-таки начал отвечать.)
>   정확한 답을 몰랐음에도 빅토르는 어쨌거나 대답하기 시작했다.

6-10과 종합문제

※ 빈칸에 들어갈 적절한 답을 고르세요. (1-9)

1.
   • В аудитории прохладно, хотя окно закрыто. Наверное, кто-то _____ _____ окно.

   a) открывал   b) открыл

2.
   • Наташа, я вижу, у тебя _____ причёска. Она тебе очень идёт!

   a) изменила   b) изменилась

3.
   • Маша мыла посуду и фарфоровую чашку случайно _____.

   a) разбила   b) разбилась

4.
   • Отец очень расстроился из-за письма, _____ сегодня утром.

   a) получающего   b) получаемого
   c) получившего   d) полученного

5.
   • Друзья, _____ на прошлой неделе с Байкала, с удовольствием рассказывают нам о своей поездке.

   a) приезжающие   b) приезжавшие   c) приехавшие

6.
   • Иностранным студентам, _____ русский язык, трудно произносить некоторые звуки.

   a) изучающие   b) изучаемые
   c) изучающим   d) изучаемым

6-10과 종합문제 117

7. • Ольга не смогла купить тёплое пальто, _____ все деньги на новый смартфон.

a) тратя b) потратив
c) тратящее d) потратившее

8. • Друзья! Наша лекция _____, вы можете задать вопросы.

a) закончена b) законченная

9. • Эта книга _____ в Москве.

a) издала b) изданная
c) издана d) издавшая

※ 밑줄 친 부분을 대체할 수 있는 답을 고르세요. (10-15)

10. • Этот сложный вопрос, наконец, <u>решён</u>.

a) решают b) решали
c) решат d) решили

11. • Новая программа, <u>принятая</u> на съезде, широко обсуждается в обществе.

a) которую приняли b) которая принимает
c) которую принимают d) которая принимала

12.
• Мы чуть не опоздали на спектакль, <u>начавшийся</u> в 5 часов.

a) который начинается
b) который начинался
c) который начнётся
d) который начался

13.
• Дорогие друзья! <u>Когда вернётесь</u> в Корею, обязательно продолжайте изучать русский язык.

a) Возвращаясь
b) Вернувшись
c) Вернувшиеся
d) Возвратившиеся

14.
• <u>Успешно сдав все экзамены</u>, ты сможешь поступить в МГУ.

a) Если ты успешно сдашь все экзамены
b) Когда ты успешно сдашь все экзамены
c) Благодаря тому, что ты успешно сдашь все экзамены
d) Несмотря на то, что ты успешно сдашь все экзамены

15.
• Сегодня профессор не пришёл на лекцию, <u>заболев</u>

a) если заболел
b) хотя заболел
c) когда заболел
d) так как заболел

제11과 운동동사 I

A 운동동사: 정태동사와 부정태동사

여러분도 알고 있듯이 러시아어에는 '운동동사'라는 특별한 동사의 군이 있습니다. 짝을 이뤄 존재하는 총 14쌍의 동사들은 모두 불완료상 동사들입니다. 각각의 쌍은 서로 다른 방식의 공간 이동, 움직임을 묘사하고 있습니다. 예를 들어, идти / ходить는 걸어가는 움직임을 묘사하고, ехать / ездить는 육상 교통수단을 이용한 움직임을 묘사하고 있습니다.

또 이 14쌍의 동사를 크게 두 가지 그룹으로 나누어 볼 수 있습니다. 흔히 정태동사라 부르는 제1그룹과 부정태동사라 불리는 제2그룹이 그것입니다.

러시아어의 운동동사 14쌍을 정리해 보면 아래의 표와 같습니다.

정태동사	부정태동사	의미
идти	**ходить**	(걸어서) 가다
ехать	**ездить**	(차를 타고) 가다
бежать	**бегать**	달리다
плыть	**плавать**	헤엄치다
лететь	**летать**	날아가다
брести	бродить	배회하다
ползти	ползать	기어가다
лезть	лазить	기어오르다
нести	**носить**	(걸어서) 운반하다
вести	**водить**	데려가다
везти	**возить**	(차로) 운반하다
тащить	таскать	끌고 가다
катить	катать	굴리다
гнать	гонять	쫓아가다

이 28개의 동사가 모두 동일한 빈도로 사용되는 것은 아닙니다. 이중 비교적 자주 사용되는 동사들은 8쌍(굵은 글씨로 표시한 16개의 동사)의 동사들이고, 나머지 동사들은 사용 빈도수가 그보다는 낮은 편입니다. 우리는 28개의 동사를 모두 살필 예정이지만, 자주 사용되는 16개의 동사들에 대해서는 보다 상세하게 그 쓰임을 익힐 것입니다.

이 책에서 우리는 운동동사를 다음과 같은 순서로 공부할 것입니다. 먼저 정태동사와 부정태동사의 의미와 활용을 익히고, 이어 정태동사에서 파생된 완료상 동사와 그 활용을 살피려 합니다. 그리고 마지막으로 접두사 в-, вы-, при-, у-, под-, от-, до-, за, про-가 붙은 동사들, 즉 **входить – войти, выходить – выйти** 등의 의미와 문법, 활용방법을 공부하려 합니다. 먼저 이 과에서는 14쌍의 운동동사의 의미와 기본적인 활용을 살펴봅시다.

Б 자동사군에 속하는 운동동사들

14쌍의 동사들 중 자동사군에 속하는 운동동사들을 살펴봅시다. 정태, 부정태동사의 일반적인 쓰임은 여러분이 이미 알고 있으니(〈러시아어 첫걸음 1〉 9과 177–178쪽, 〈러시아어 첫걸음 2〉 18과 207–216쪽 참조) 특히 부정명령문의 형태에 주의해 봅시다.

1. 걸어가다

	ИДТИ	ХОДИТЬ
я	иду́	хожу́
ты	идёшь	хо́дишь
они	иду́т	хо́дят
과거형	шёл, шла, шло, шли	ходи́л, ходи́ла, ходи́ло, ходи́ли
명령문	Иди́(те)! / Не иди́(те)!	Ходи́(те)! / Не ходи́(те)!

부정태 부정명령문은 다음과 같은 경우에 사용합니다.

a) 무언가를 금지할 때

- У тебя высокая температура, не ходи сегодня в школу.
  너는 열이 높구나, 오늘은 학교에 가지 마라.

б) 일반적인 걸음걸이나 속도, 보행에 관해 이야기할 때

- **Не ходи́ так бы́стро!** 그렇게 빨리 걸어 다니지 마라.

반면 «**Не иди́ так бы́стро!**»는 지금 눈 앞에서 벌어지고 있는 구체적인 상황에서, 일회적인 일을 명령할 때만 사용합니다. 따라서 열이 나는 아이에게 학교에 가지 말라고 할 때는 «**не ходи́**»를 사용해야 합니다.

2. 차를 타고 가다

	ЕХАТЬ	ЕЗДИТЬ
я	е́ду	е́зжу
ты	е́дешь	е́здишь
они	е́дут	е́здят
과거형	е́хал, е́хала, е́хало, е́хали	е́здил, е́здила, е́здило, е́здили
명령문	Поезжа́й(те)! Не поезжа́й(те)*	Не е́зди(те)! Езди(те)*

이 경우도 명령문을 주의해서 봅시다. **ехать – ездить** 동사의 명령문에서 특히 주의할 것은 긍정명령문은 정태동사로만 사용하고, 금지명령문은 부정태동사만 사용한다는 점입니다. 따라서 위의 표에 *로 표시한 것은 비문입니다.

- **В э́том году́ не езди в Москву́.**
  올해는 모스크바에 가지 마라.
- **Ты е́дешь о́чень бы́стро, не езди так бы́стро!**
  너는 너무 빨리 달리는 구나, 그렇게 빨리 다니지 마라.

또 교통수단이 주어가 될 때는 **ехать** 동사만이 아니라 **идти** 동사가 사용될 수 있습니다. 아래의 예문을 볼까요?

- **Авто́бус е́дет. Авто́бус идёт.** 버스가 온다.
- **По́езд е́дет ме́дленно. По́езд идёт ме́дленно.** 기차가 느리게 간다.

하지만 교통수단을 타고 이동하는 사람에 관하여 이야기할 때는 반드시 **ехать** 동사만을 사용해야 합니다.

- **Оте́ц е́дет на рабо́ту на метро́.** 아버지는 직장에 지하철을 타고 가신다.

3. 달리다

	БЕЖАТЬ	БЕГАТЬ
я	бегу́	бе́гаю
ты	бежи́шь	бе́гаешь
они	бегу́т	бе́гают
과거형	бежа́л, бежа́ла, бежа́ло, бежа́ли	бе́гал, бе́гала, бе́гало, бе́гали
명령문	Беги́(те)! / Не беги́(те)!	Бе́гай(те)! / Не бе́гай(те)!

이번에도 명령문에 주목해 봅시다. 부정태 명령문은 일반적인 명령이고, 정태 명령문은 구체적인 뜻을 가집니다.

- Не беги так быстро! 그렇게 빨리 뛰지 마! (지금)
- Не бегай так быстро! 그렇게 빨리 뛰어다니지 마라! (일반적으로)

또 사람뿐 아니라 동물도 이 동사들의 행위 주체가 될 수 있습니다.

- Спортсмены бегут. 운동선수들이 달린다.
- Собака быстро бежит. 개가 빨리 뛴다.

4. 헤엄치다, 헤엄쳐 가다

	ПЛЫТЬ	ПЛАВАТЬ
я	плыву́	пла́ваю
ты	плывёшь	пла́ваешь
они	плыву́т	пла́вают
과거형	плы́л, плыла́, плы́ло, плы́ли	пла́вал, пла́вала, пла́вало, пла́вало
명령문	Плыви́(те)! / Не плыви́(те)!	Пла́вай(те)! / Не пла́вай(те)!

여기서도 부정태 명령문은 일반적인 명령문이고, 정태 명령문은 구체적인 뜻을 가집니다.

- Не плыви так быстро! 그렇게 빨리 헤엄치지 마! (지금)
- Не плавай так быстро! 그렇게 빨리 헤엄치지 마라! (일반적으로)

이 동사들의 행위 주체가 될 수 있는 것은 사람, 물고기, 수상 교통수단(лодка, пароход 등), 수상 교통수단을 타고 이동하는 사람, 또 우연히 물에 있게 된 사물들(дерево, мяч, пустая бутылка)입니다. 아래의 예문들을 봅시다.

- Этот пароход плывёт в Японию.
  이 증기선은 일본으로 가고 있다.
- Сейчас мы плывём в Японию на пароходе «Мечта».
  지금 우리는 〈메치타〉호를 타고 일본으로 향하고 있다.
- Мяч Андрея плывёт к берегу.
  안드레이의 공이 기슭으로 떠내려오고 있다.

한 가지 주의할 것은 수상 교통수단의 이동에 관해 이야기할 때 러시아인들은 **плыть** 동사 대신 **идти** 동사를 즐겨 사용한다는 점입니다.

- Пароход идёт в Японию. 증기선이 일본으로 간다.

특히 해양업에 종사하는 사람들이 이런 표현을 선호합니다. 특히 선원들은 수상 교통수단을 이용하여 이동하는 사람들에 관하여 묘사할 때에도 종종 **идти** 동사를 사용하곤합니다.

- Мы идём в Японию. 우리는 일본으로 항해한다.

물론 이 경우 **плыть** 동사도 사용할 수 있습니다.

단어 | лодка 작은 배 | пароход 증기선 | дерево 나무 | мяч 공 | пустая бутылка 빈 병

5. 날아 가다

	ЛЕТЕТЬ	ЛЕТАТЬ
я	лечу́	лета́ю
ты	лети́шь	лета́ешь
они	летя́т	лета́ют
과거형	лете́л, лете́ла, лете́ло, лете́ли	лета́л, лета́ла, лета́ло, лета́ли
명령문	Лети́(те)! / Не лети́(те)!	Лета́й(те)! / Не лета́й(те)!

여기서도 부정태 명령문은 일반적인 명령이고, 정태 명령문은 구체적인 명령입니다.

아래의 예문들을 봅시다.

- **Не лети сегодня в Пусан, лучше – завтра!**
  오늘 부산 가지 마, 차라리 내일 가! (구체적인 명령)
- **Не летай в Пусан на самолётах, лучше ездить на поезде!**
  부산은 비행기 타고 가지 마, 기차로 가는 게 더 좋아! (일반적인 의미)

새, 나는 벌레, 항공 교통수단(самолёт, вертолёт, космическая ракета 등), 항공 교통수단을 이용하는 사람, 공중에 있게 된 것들이 이 동사들의 행위 주체가 될 수 있습니다. 아래의 예문을 봅시다

- **Этот самолёт летит на остров Чеджу.**
  이 비행기는 제주도를 향해 날아가고 있다.
- **Сейчас мы летим в Москву.**
  지금 우리는 모스크바로 (날아)가고 있다.
- **Бейсболист бросил мяч, он быстро летит.**
  야구선수가 공을 던졌다. 공은 빠른 속도로 날아가고 있다.
- **Сегодня сильный ветер, пыль летит в глаза.**
  오늘 바람이 강해 먼지가 눈으로 날아든다.

단어 вертолёт 헬리콥터 | космическая ракета 우주선

6. 배회하다, 천천히 걷다

	БРЕСТИ	БРОДИТЬ
я	бреду́	брожу́
ты	бредёшь	бро́дишь
они	бреду́т	бро́дят
과거형	брёл, брела́, брело́, брели́	броди́л, броди́ла, броди́ло, броди́ли
명령문	Бреди́(те)!	Броди́(те)!

이 동사의 기본 의미는 '천천히 걷다' 입니다. 이 경우 천천히 걷게 되는 이유는 다음의 두 가지 입니다.

а) 주체가 빨리 걸을 능력이 없을 경우

주로 노인이나 다리가 아픈 사람 등이 주어로 사용됩니다.

- **Эта старая бабушка медленно бредёт.** 이 연로하신 할머니는 천천히 걸어가신다.

б) 주체가 빨리 걸을 능력이 있으나 천천히 걸을 경우

빨리 걸을 능력이 있으나 주어진 상황에서 빨리 걷고 싶지 않은 경우도 있습니다. 예를 들어 가을 숲에 있을 때는 빨리 빨리 걷고 싶지 않고 주변의 아름다운 자연을 만끽하며 천천히 걷고 싶은 마음이 생기지요. 그럴 때 사람은 **бредёт**, 즉 천천히 걷습니다.

하지만 이 동사들은 일상회화에서 자주 사용되지는 않습니다. 회화에서는 이 동사대신 **«идти медленно / очень медленно»** 등의 표현을 사용합니다. 이 동사들은 일상회화보다는 예술 텍스트에서 자주 사용됩니다.

7. 기어가다

	ПОЛЗТИ	ПОЛЗАТЬ
я	ползу́	по́лзаю
ты	ползёшь	по́лзаешь
они	ползу́т	по́лзают
과거형	полз, ползла́, ползло́, ползли́	ползал, по́лзала, по́лзало, по́лзали
명령문	Ползи́(те)!	По́лзай(те)!

아직 걷지 못하는 아기들, 어떤 상황에 처한 성인들, 뱀처럼 다리가 없는 동물들을 포함한 각종 짐승과 벌레들이 이 동사들의 주어가 될 수 있습니다. **ползти**와 **ползать**는 기본적으로 수평적 움직임을 묘사하지만, 벌레의 경우에는 수평적 움직임, 수직적 움직임 모두를 묘사할 수 있습니다.

- **Вот большой жук ползёт по полу.** (수평 움직임)
  큰 딱정벌레가 바닥을 기어간다.
- **Вот большой жук ползёт по стене сверху вниз** (수직 움직임)
  큰 딱정벌레가 벽을 따라 위에서 아래로 기어가고 있다.

8. 기어 올라가다/내려가다

	ЛЕЗТЬ	ЛАЗИТЬ, ЛАЗАТЬ
я	ле́зу	ла́жу / ла́заю
ты	ле́зешь	ла́зишь, ла́заешь
они	ле́зут	ла́зят, ла́зают
과거형	лез, ле́зла, ле́зло, ле́зли	ла́зил / ла́зал, ла́зила / ла́зала, ла́зило / ла́зало, ла́зили / ла́зали
명령문	Ле́зь(те)! / Не лезь(те)	Ла́зь(те) / Ла́зай(те) Не лазь(те)! / не ла́зай(те)!

여기서도 부정태 명령문은 일반적인 명령이고, 정태 명령문은 구체적인 명령입니다. 아래의 예문을 봅시다.

- **Не лезь на это дерево!**
  이 나무에 올라가지 마!
- **Не лазь / не лазай по деревьям!**
  나무는 올라가는 거 아니야! 나무를 타면 안돼!

여러분이 보는 것처럼 이 동사의 경우 **лазить, лазать**가 모두 부정태동사로 사용되는데 두 동사 간의 명백한 의미차이는 없습니다. 굳이 구분하자면 **лазить**가 조금 더 사용빈도가 높은 동사라 할 수 있습니다.

이 동사들은 첫째, 수직적 움직임(위에서 아래로, 혹은 아래에서 위로)을 묘사할 때, 또 손이 그러한 움직임을 보조할 때 사용됩니다. 예를 들어 사람이 가파른 산을 오르거나 깊은 협곡으로 내려갈 때 넘어지지 않기 위해서 손으로 돌이든 풀이든 관목이든 무언가를 움켜쥐어야 하는데 이럴 때도 이 동사를 사용합니다.

또 수직적인 움직임을 묘사한다면 동물이나 벌레가 행위의 주체가 될 수 있습니다. 벌레가 수평적으로 움직이면 **ползти**를 사용할 수 있고, 수직적으로 움직이면 **лезть**와 **ползти**를 모두 사용할 수 있습니다.

- **Обезьяна лезет на вершину дерева.**
  원숭이가 나무 꼭대기로 기어오른다.
- **Большой жук лезет / ползёт на вершину дерева.**
  큰 딱정벌레가 나무 꼭대기로 기어오른다.

이 외에도 **лезть - лазить**는 무언가의 아래로, 예를 들면 '책상이나 침대 밑으로 (**под стол, под кровать** 등) 기어들다'라는 표현으로 종종 사용됩니다.

연습문제 1 주어진 동사 중 적절한 것을 골라 빈칸에 현재형으로 넣으세요.

예시 Вот дети _____ в школу пешком.
→ Вот дети идут в школу пешком.

идти, ехать, бежать, лететь, плыть, брести, ползти, лезть

❶ Какая красивая птица, как быстро она _____.

❷ Смотрите, большой кит _____.

❸ Этот автобус _____ очень медленно.

❹ Пассажиры _____ на автобусе в Сеул.

❺ Вот _____ наша бабушка, у неё очень болят ноги.

❻ У нашего дедушки болят ноги, он еле _____.

❼ Какая высокая гора! Мы с трудом _____ на неё.

❽ Муха _____ по столу.

❾ Муха _____ по воздуху.

❿ Вот _____ красивая бабочка, она хочет сесть на цветок.

⓫ Смотрите, на стене большой жук, он медленно _____ вверх.

⓬ В бассейне спортсмены быстро _____ к финишу.

⓭ На стадионе спортсмены быстро _____ к финишу.

⓮ Мальчик _____ на дерево, он хочет сорвать красивое яблоко.

단어 кит 고래 | муха 파리 | жук 딱정벌레

B 자동사군에 속하는 운동동사들의 활용

여러분이 알고 있는 것처럼 자동사군에 속하는 운동동사들은 '전치사 B, HA + 대격'을 취하거나 'К + 여격'형을 취합니다.

идти / ходить ехать / ездить бежать / бегать плыть / плавать	лететь / летать брести / бродить ползти / ползать лезть / лазить	+ КУДА? К КОМУ? К ЧЕМУ?

1. B, HA + 대격: ~로

- Я иду в школу. 나는 학교에 가.
- Дети бегут в парк. 아이들이 공원으로 달려간다.
- Самолёт летит в Москву. 비행기가 모스크바로 날아간다.
- Пароход плывёт в Пусан. 증기선이 부산으로 간다.
- Мальчик лезет на дерево. 소년이 나무로 기어오른다.

2. К ЧЕМУ: ~로 향하여

이 구문에는 주로 정태동사가 사용됩니다. 떨어져 있지만, 주체의 시야에 닿는 범위에 있는 것을 향하여 가거나 거기에 접근해 갈 때 이 구문을 사용합니다. 아래의 예문들을 봅시다.

- Вот туристы идут к памятнику. 여기 여행객들이 기념비를 향하여 가고 있다.
- Спортсмены быстро бегут к финишу. 선수들이 빠른 속도로 결승선을 향하여 달린다.
- Спортсмены быстро плывут к финишу. 선수들이 빠른 속도로 결승선을 향하여 헤엄친다.
- Смотрите, большой пароход плывёт к берегу. 보세요, 큰 증기선이 기슭을 향하여 옵니다.
- Ребёнок ползёт к игрушке. 아기가 장난감을 향하여 기어간다.
- Бабочка летит к цветку. 나비가 꽃을 향하여 날아간다.

3. К КОМУ: ~ 사람에게로, ~사람의 집이나 일터로

이 구문의 의미는 두 가지인데, 첫 번째 의미일 때는 정태동사만 사용되고, 두 번째 의미일때는 정태동사, 부정태동사가 모두 사용될 수 있습니다.

а) 주체의 시야가 닿는 곳에 있는 사람을 향하여 가거나 거기에 근접해갈 때

- Вот друг стоит около кинотеатра, мы идём к нему.
  여기 극장 근처에 친구가 서있다. 우리는 그를 향해 간다.
- Собака бежит к своему хозяину.
  개가 자기 주인을 향하여 달려간다.
- Ребёнок ползёт к маме.
  아기가 엄마를 향하여 기어간다.
- Спасательная лодка плывёт к тонущему человеку.
  구조선이 가라앉고 있는 사람을 향하여 나아간다.

б) 어떤 사람의 집이나 일터로 갈 때

- Мы идём к бабушке / Мы часто ходим к бабушке.
  우리는 할머니 댁에 간다/우리는 자주 할머니 댁에 간다.
- Мы идём к врачу (= в поликлинику, в которой работает врач).
  우리는 의사를 만나러 간다(의사가 일하는 병원으로 간다는 뜻).
- Я иду в аптеку к сестре.
  나는 약국에 언니를 만나러 간다(언니의 직장인 경우).
- Мы едем в деревню к дяде. / Каждое лето мы ездим к дяде.
  우리는 시골 삼촌댁에 간다/매 여름 우리는 시골 삼촌 댁에 간다.
- Я лечу в Москву к другу. / В прошлом году я летал в Москву к другу.
  나는 모스크바에 있는 친구 집에 간다/작년에 나는 모스크바에 있는 친구 집에 다녀왔다.
- Сейчас мы плывём на пассажирском пароходе на Чеджу к родителям.
  지금 우리는 여객선을 타고 제주도에 계신 부모님 댁으로 가고 있다.

제12과 운동동사 II

A 타동사군에 속하는 운동동사들의 활용

이제 살필 6쌍의 운동동사는 모두 타동사들입니다. 따라서 이 동사들 뒤에는 바로 대격 목적어가 오게 되고, 주로 무언가를 운반해 가는 목적지를 표현하기 위해서는 'в, на + 대격'이나 'к + 여격' 등 목적지가 더해지게 됩니다. 하지만 타동사이기 때문에 어떤 경우에도 «Студент несёт в библиотеку.*» 같이 직접 목적어가 없는 문장으로는 사용할 수 없습니다.

нести / носить вести / водить везти / возить таскать / тащить катить / катать гнать / гонять	ЧТО? КОГО? КУДА? КОМУ? / К КОМУ?

- Студент несёт книгу в библиотеку. 학생이 책을 도서관으로 가져간다.
- Мама несёт сына в парк. 엄마가 아들을 공원으로 안고 간다.
- Студент несёт домашнее задание профессору. 학생이 과제를 교수님께 가져간다.

1. (걸어서) 운반하다

	НЕСТИ	НОСИТЬ
я	несу́	ношу́
ты	несёшь	но́сишь
они	несу́т	но́сят
과거형	нёс, несла́, несло́, несли́	носи́л, носи́ла, носи́ла, носи́ли
명령문	Неси́(те)! 부정명령문 불가	Носи́(те)! / Не носи́(те)!

이 동사는 사람이 걸어서, 혹은 손에 안고 운반할 때 사용하며, 운반하는 대상은 사람, 동물, 물건이 모두 가능합니다.

- **Мама несёт сумку.** 엄마가 가방을 들고 간다.
- **Мама несёт сына.** 엄마가 아들을 안고 간다.

종종 어떻게 운반하는지를 표현하는 다음의 부사구들이 동반됩니다.

- **в руках** 손에 쥐고
- **на руках** 안아 들고
- **за спиной** 등에 업고
- **на плече** 어깨에 지고
- **под мышкой** 겨드랑이에 끼고

- **Марина идёт с рынка домой, в руках она несёт тяжёлую сумку с овощами и фруктами.**
  마리나가 시장에서 집으로 간다. 그녀는 손에 채소와 과일이 든 무거운 가방을 들고 있다.
- **Девочка несёт на руках маленького котёнка.**
  소녀가 손에 작은 새끼 고양이를 안고 간다.
- **Турист поднимается на гору, за спиной он несёт рюкзак и палатку.**
  관광객이 산을 오르고 있는데 등에는 배낭과 텐트를 지고 있다.
- **Грузчик несёт на плече коробку.**
  짐꾼이 어깨에 상자를 지고 나르고 있다.
- **Михаил несёт на руках книги, а под мышкой – тетрадь.**
  미하일은 손에는 책을 들고, 겨드랑이에는 노트를 끼고 가고 있다.

2. 데리고 가다

	ВЕСТИ	ВОДИТЬ
я	веду́	вожу́
ты	ведёшь	во́дишь
они	веду́т	во́дят
과거형	вёл, вела́, вело́, вели́	води́л, води́ла, води́ло, води́ли
명령문	Веди́(те)! 부정명령문 불가	Води́(те)! / Не води́(те)!

이 동사는 걸어서 이동하는 사람이 사람이나 동물을 데려가는 동작을 묘사할 때 사용합니다. 이때 운반의 주체도 걸어서 이동하지만, 운반의 객체도 걸어서 이동합니다.

- Мама ведёт сына в парк.   엄마가 아들을 공원에 데려간다.
- Мы ведём бабушку в больницу.   우리는 할머니를 병원으로 모셔간다.
- Брат ведёт собаку в парк.   형이 개를 공원으로 데려간다.

이때 객체가 되는 것은 주로 아이, 노인, 동물이 됩니다. 그렇지 않은 경우, 즉 대등한 성인을 객체로 쓰게 되면, 데려가는 대상이 가는 곳을 모른다는 뉘앙스를 전하게 됩니다.

- Оля ведёт друга в парк.   올랴가 친구를 공원에 데려간다.

즉 위의 문장은 올랴는 공원이 어디 있는지를 알지만 친구는 모를 때만 사용할 수 있습니다.

이 동사는 종종 아래의 부사구를 동반합니다.

- за руку   손을 잡고
- под руку   팔짱을 끼고

- Мама ведёт за руку маленького сына.
  엄마가 어린 아들의 손을 잡고 데려간다.
- Мы идём в поликлинику, ведём бабушку под руку, потому что ей трудно идти самостоятельно, без нашей помощи.
  우리는 할머니의 팔을 부축하여 병원으로 모시고 간다. 할머니는 우리 도움이 없이 혼자 가기 힘드시기 때문이다.

3. (차로) 운반하다

	ВЕЗТИ	ВОЗИТЬ
я	везу́	вожу́
ты	везёшь	во́зишь
они	везу́т	во́зят
과거형	вёз, везла́, везло́, везли́	вози́л, вози́ла, вози́ло, вози́ли
명령문	Вези́(те)! 부정명령문 불가	Вози́(те)! / не вози́(те)!

'태워 가다', '타고 운반하다' 등의 뜻을 지니는 이 동사의 활용은 좀 더 세분하여 살펴봅시다.

а) 주체는 걸어가고, 객체는 무언가를 타고 가는 경우
먼저 주체는 걸어가지만, 객체는 유모차를 타든, 수레에 실리든 무언가 타고 가는 경우에 사용합니다.

- Мама везёт сына в парк на коляске.
  엄마는 유모차에 태워 아들을 공원에 데려간다.
- В магазине продавец везёт овощи на тележке.
  가게에서 판매원이 야채를 손수레에 실어 운반한다.

б) 주체도 타고가고, 객체도 무언가를 타고 가는 경우
또 주체도 교통수단에 탑승해 있고, 데려가거나 옮겨가는 객체도 함께 교통수단에 탑승한 경우에도 사용합니다. 또 교통수단을 주어로 사용할 수도 있습니다.

운전자가 승객이나 물건을 운반하는 경우
- Папа везёт сына в школу на машине.
  아빠는 아들을 차로 학교에 데려다 준다.
- Я везу документы в посольство на машине.
  나는 차를 타고 서류를 대사관에 가져간다.

승객의 입장에서 사람(사물)을 데려가는 경우
- Мама везёт сына в Пусан на поезде.
  엄마는 아들을 기차에 태워 부산에 데려간다.
- Я везу документы в посольство на автобусе.
  나는 버스로 서류를 대사관에 가져간다.

교통수단이 사람이나 사물을 운반하는 경우
- Автобус везёт пассажиров в аэропорт.
  버스가 승객들을 공항으로 싣고 간다.
- Поезд везёт детей на море.
  기차가 아이들을 바다로 데려간다.
- Машина везёт мебель.
  자동차가 가구를 운반한다.

> ⚠️ **주의하세요**
>
>
>
> **НЕСТИ, ВЕСТИ, ВЕЗТИ ЧТО / КОГО? КОМУ?**
> **vs.**
> **НЕСТИ, ВЕСТИ, ВЕЗТИ ЧТО / КОГО? К КОМУ?**
>
>
>
> 'нести, вести, везти что / кого? кому?'는 누구에게 완전히 주거나 선물할 요량으로 가져간 다고 말할 때 사용합니다.
>
> > • Мы купили на рынке свежие фрукты и сейчас несём / везём их бабушке.
> > 우리는 시장에서 신선한 과일을 샀고 지금 그것을 할머니께 가져가고 있어요.
> >
> > • Мы купили собаку, мы хотим подарить её бабушке, сейчас мы ведём её бабушке.
> > 우리는 시장에서 강아지를 샀고 그 강아지를 할머니께 선물하고 싶어서 지금 강아지를 할머니께 데려가고 있어요.
>
> 하지만 к кому를 쓰면 의미가 달라집니다.
>
> > • Мы купили новую собаку, мы хотим показать её бабушке, сейчас мы несём / ведём / везём свою собаку к бабушке.
> > 우리는 새 강아지를 샀어요. 그 강아지를 할머니께 보여드리고 싶어서 지금 우리는 강아지를 할머니께 데려가고 있어요.
> >
> > • Вот секретарь ведёт нового аспиранта к декану, чтобы познакомить их.
> > 여기 비서가 학장님께 소개시키려고 새로운 대학원생을 데리고 오네요.
>
> 가져가는 것, 혹은 데려가는 사람이나 동물을 거기에 두고 오지 않고 돌아오는 경우에 к кому를 사용합니다.

연습문제 1 нести, вести, везти 중 적절한 동사를 골라 빈칸에 현재형으로 넣으세요.

❶ Такси _____ пассажира в аэропорт.

❷ 1 сентября. Вот родители _____ маленького сына в школу. Они идут и весело разговаривают. Сын _____ портфель и цветы.

❸ Наша кошка заболела. Сестра _____ кошку в ветеринарную клинику на машине.

❹ Папа _____ детей в Пусан к бабушке и дедушке. Они едут на поезде и смотрят в окно.

❺ - Куда вы _____ эту картину?
   - На второй этаж.
   - Осторожно, смотрите, не уроните!

❻ Экскурсовод _____ туристов в Эрмитаж. Туристы устали, поэтому идут медленно.

❼ Гид _____ туристов в Эрмитаж на экскурсионном автобусе.

❽ Вот едет трамвай, он _____ пассажиров.

❾ Сейчас я еду в Москву, я _____ корейские сувениры своим друзьям.

❿ Студент идёт в университет, он _____ сумку и ноутбук.

이제 계속해서 남아있는 정태동사 – 부정태동사의 짝을 살펴봅시다.

4. (무거운 것을) 끌고 가다

	ТАЩИТЬ	ТАСКАТЬ
я	тащу́	таска́ю
ты	та́щишь	таска́ешь
они	та́щат	таска́ют
과거형	тащи́л, тащи́ла, тащи́ло, тащи́ли	таска́л, таска́ла, таска́ло, таска́ли
명령문	Тащи́(те)!	Таска́й(те)!

이 동사들은 нести – носить와 달리 무거운 물건을 옮길 때 사용합니다. 그러다보니 질질 끌어 운반한다는 뉘앙스도 들어가게 되고, 종종 무거운 물건을 목적어로 사용하게 됩니다.

- **тащить холодильник, шкаф, пианино; мешок картофеля, мешок риса**
  냉장고/옷장/피아노/감자포대/쌀자루를 끌고 가다

연습문제 2 **нести, вести, везти, тащить** 중 알맞은 동사를 골라 빈칸에 적절한 형태로 넣으세요.

❶ Студент идёт в библиотеку и _____ книгу.

❷ Водитель автобуса _____ пассажиров в аэропорт.

❸ Я _____ маленького брата в парк. Мы идём медленно.

❹ Мама _____ маленького сына в парк. Сын спит в коляске.

❺ Эти коробки очень тяжелые, студенты с трудом _____ их.

❻ Гид _____ туристов в Кремль. Они идут и разговаривают о Москве.

❼ Гид _____ туристов в Кремль. Они едут на автобусе и разговаривают о Москве.

❽ Сестра _____ маленькую собаку домой. Собака очень медленно идёт.

❾ Сестра _____ нашу собаку на поезде в деревню.

❿ Дети идут на стадион, они _____ мячи.

⓫ Грузчики _____ на сцену большой рояль.

5. 굴리다, 굴려가다

	КАТИТЬ	КАТАТЬ
я	качу́	ката́ю
ты	ка́тишь	ката́ешь
они	ка́тят	ката́ют
과거형	кати́л, кати́ла, кати́ло, кати́ли	ката́л, ката́ла, ката́ло, ката́ли
명령문	Кати́(те)!	Ката́й(те)!

이 동사들은 주체가 손으로 어떤 대상을 굴려 움직일 때 사용합니다.

- **Мальчик катит (игрушечную) машину.** 소년은 (장난감) 자동차를 굴린다.

6. 쫓다

	ГНАТЬ	ГОНЯТЬ
я	гоню́	гоня́ю
ты	го́нишь	гоня́ешь
они	го́нят	гоня́ют
과거형	гна́л, гнала́, гна́ло, гна́ли	гоня́л, гоня́ла, гоня́ло, гоня́ли
명령문	Гони́(те)!	Гоня́й(те)!

이 동사는 주체가 대상이 걷거나 달리도록 강제할 때, 쫓을 때 사용됩니다. 따라서 종종 대상이 되는 것은 동물이 됩니다.

- **Весь день наши утки плавают на озере, а вечером бабушка гонит их домой.**
  하루 종일 우리 오리들은 호수에서 헤엄치고, 저녁이 되면 할머니는 그들을 집으로 몰아오신다.

또 гнать (완료상 – вы́гнать, прогна́ть) 동사에는 주체가 객체에게 떠나도록 강요한다, 쫓아낸다는 의미가 있습니다. 그래서 종종 아래와 같은 상황에서 사용됩니다.

- **Если тебе не нравятся мои слова, я буду молчать. Но только, пожалуйста, не гони меня**(= не заставляй меня уйти).
  내 말이 네 맘에 안 든다면 아무 말도 안 할 게. 그저 나를 쫓아내지만 말아줘.
- **Супруги поссорились, и жена выгнала мужа из дома.**
  부부가 다투었고, 아내는 남편을 집에서 쫓아냈다.

또 гнать 동사는 불완료상의 경우에만 'гнать ~ мысли 어떤 생각을 쫓아 내다'라는 숙어적 표현으로도 사용됩니다.

- **Она не хотела думать об этой проблеме, гнала грустные (тяжёлые, мрачные) мысли.**
  그녀는 이 문제에 대해 생각하고 싶지 않았고, 슬픈(무거운, 어두운) 생각들을 쫓아냈다.

Б 정태동사와 부정태동사의 용법

이제부터는 보다 자세하게 정태동사와 부정태동사의 용법을 살피고자 합니다. 여러분은 정태동사와 부정태동사가 유사한 어휘적 의미를 지니지만 그 용법이 다르다는 것을 이미 알고 있습니다.

여러분이 알고 있는 것처럼 정태동사는 1회, 한 방향으로 움직이는 움직임을 묘사할 때 사용합니다.

- Сейчас я иду в кино. 지금 나는 영화관으로 가고 있어.
- Вот папа едет на завод. 여기 아빠가 공장으로 가고 계시네.
- Вчера папа ехал на завод 20 минут. 어제 아빠는 공장으로 20분간 달리셨어.
- Дети бегут в парк. 아이들이 공원으로 달려간다.
- Пароход плывёт (идёт) в Пусан. 증기선이 부산으로 향해 간다.
- Этот самолёт летит на Чеджу. 이 비행기는 제주도로 날아가고 있어.
- Самолёт летит на Чеджу час. 비행기는 제주도까지 한시간 동안 날아간다.
- Я несу книгу в библиотеку. 나는 책을 도서관으로 가져가고 있어.
- Мама ведёт сына в парк. 엄마가 아들을 공원으로 데려가고 있어.
- Папа везёт сына в парк на машине. 아빠가 아들을 차에 태워 공원으로 데려가고 있어.

반면 부정태동사는 아래와 같은 경우에 사용됩니다.

1. 반복되는 행위를 묘사할 때 (часто, редко, обычно, иногда, всегда, каждый день, 2 раза в неделю)

- Я часто хожу в кино. 나는 자주 영화관에 가.
- Папа ездит на завод каждый день. 아빠는 매일 공장에 다니셔.
- Дети иногда бегают в парк. 아이들은 가끔 공원으로 달려 가.
- Пароход редко плавает (ходит) в Пусан. 증기선은 드물게 부산으로 출항해.
- Самолёт летает на Чеджу 2 раза в неделю. 비행기는 제주도로 일주일에 두 번 운항해.
- Я ношу книги в библиотеку каждый месяц. 나는 매달 책들을 도서관에 가져가.
- Мама часто водит сына в парк. 엄마는 자주 아들을 공원에 데려가.
- Папа возит сына в парк на машине каждое воскресенье.
  아빠는 매주 일요일 아들을 차에 태워 공원으로 데려간다.

2. 여러 방향의 움직임을 묘사할 때

- Папа ходит по комнате. 아빠가 방을 서성인다.
- Мальчик ездит на велосипеде по двору. 소년은 자전거를 타고 마당을 돌아다닌다.
- Дети бегают по парку. 아이들이 공원을 따라 뛰어다닌다.
- Дети бегают по парку всё утро. 아이들은 아침 내내 공원을 뛰어다니고 있다.
- Вчера дети плавали в бассейне 2 часа. 어제 아이들은 수영장에서 2시간 동안 헤엄쳤다.
- Птицы летают в небе. 새들이 하늘에 날아다닌다.
- Мама носит ребёнка на руках. 엄마가 아기를 안고 다닌다.
- Мама водит сына по зоопарку. 엄마가 아들을 동물원 이곳저곳으로 데리고 다닌다.
- Антон возит туристов по Москве на автобусе.
  안톤은 버스를 타고 관광객들을 모스크바 이곳저곳에 데려간다.

3. любить, нравиться, учиться-научиться, начать, кончить + 부정태동사

- Я люблю ходить пешком. 나는 걸어 다니는 걸 좋아해.
- Брату нравится ездить на метро. 형은 지하철 타는 걸 좋아해.
- Сестра научилась плавать. 언니는 수영하는 것을 배웠다.
- Дети начали бегать по парку. 아이들은 공원을 따라 달리기 시작했다.

4. ~을 할 줄 안다의 의미일 때

- Маленький ребёнок хорошо ходит. 작은 아기가 잘 걸을 줄 안다.

5. 가능/불가능에 대해 이야기할 때

- У дедушки болят ноги, ему нельзя ходить.
  할아버지는 다리가 아프셔서 걸으시면 안된다.
- Вчера была операция, а сегодня доктор сказал, что мне уже можно ходить.
  어제 수술이 있었는데, 오늘 의사가 내가 벌써 걸어도 된다고 했다.

6. 과거시제로 왕복된 동작에 대해 이야기할 때

- Вчера я ходил в парк. (= Вчера я был в парке.)
  어제 나는 공원에 다녀왔다.
- Летом я ездил в Москву. (= Летом я был в Москве.)
  여름에 나는 모스크바에 다녀왔어.
- Мы носили (водили, возили) свою собаку к врачу.
  (= Мы вместе с собакой были у врача.)
  우리는 강아지를 수의사에게 데려갔다 왔어.

7. 무언가를 배우러 다닌다고 할때 (ходить = учиться)

- Сын ходит в школу. (= Сын учится в школе.) 아들은 고등학생이다.
- Дочь ходит в детский сад. 딸은 유치원에 다닌다.

> ⚠️ **주의하세요**
>
> ### СЫН УЧИТСЯ В УНИВЕРСИТЕТЕ.
>
> 대학을 다닌다고 할 때나 회사에 다닌다고 할 때는 ходит을 대체하여 사용할 수 없습니다. 따라서 아래의 문장들은 비문입니다.
>
> - Сын ходит в университет.* Папа ходит в фирму.*
>
> 이 문장들은 아래처럼 바꾸어 표현해야 합니다.
>
> - Сын учится в университете. 아들은 대학에 다닌다.
> - Папа работает в фирме. 아빠는 회사에 다니신다.

B 운동동사와 명령문

이번에는 운동동사와 명령문의 관계를 살펴봅시다. 언제 정태동사 명령문을 사용하고 언제 부정태동사 명령문을 사용하는 것일까요?

먼저 정태동사 명령문은 1회적인 명령을 할 때 사용합니다.

- Иди быстрее в школу, смотри, не опоздай! 빨리 학교에 가, 늦지 않게 조심해!
- Сегодня поезжай на работу на метро! 오늘은 직장에 지하철로 가!
- Беги скорее домой, мама ждёт тебя. 엄마가 기다리시니 얼른 집으로 달려 가!
- Неси чашки осторожно, смотри, не разбей. 찻잔들을 조심해서 날라, 깨뜨리지 않게 조심해!

부정태동사 명령문은 다음과 같은 경우에 사용합니다.

1. 다회적인 명령을 할 때

- Ходи в бассейн чаще, плавание полезно для здоровья.
  수영은 건강에 좋으니 수영장에 더 자주 가.
- Всегда носи в школу все учебники.
  학교에 항상 교과서를 전부 가지고 다녀라.
- Каждый день води младшую сестру в детский сад.
  매일 여동생을 유치원에 데려다 주어라.

2. 여러 방향의 움직임을 명할 때

- Если около твоего дома нет стадиона, бегай по парку.
  너희 집 근처에 경기장이 없으면 공원을 달리렴.
- Плавай недолго, вода холодная.
  잠깐만 수영해라, 물이 차다.

그런데 여러 방향의 움직임이라 하더라도 Езди(те)! 형의 명령문은 사용되지 않습니다(«Из-за снега все дороги скользкие, езди* по городу осторожно.»는 비문입니다). 이런 경우 다른 모델이 사용됩니다.

- Из-за снега все дороги скользкие, тебе надо ездить по городу осторожно / советую тебе ездить по городу осторожно.
  눈 때문에 모든 도로가 미끄러워. 도시를 운전할 때 조심해서 해/도시를 운전할 때 조심해서 하기를 권해.

하지만 ездить 동사의 부정명령문은 가능합니다.

- Из-за снега все дороги скользкие, не езди по городу быстро!
  눈 때문에 모든 길이 미끄러우니 도시를 따라 빨리 달리지 마!

연습문제 3 주어진 정태동사와 부정태동사 중 문맥에 맞는 것을 골라 알맞은 형태로 넣으세요.

идти / ходить

❶ - Привет, Олег, куда ты _____?

- В институт.

- Ты всегда _____ пешком?

- Да, мне нравится _____ пешком.

❷ - Этот ребёнок совсем маленький, но уже хорошо _____.

- Да, он начал _____ 2 недели назад.

❸ - Ваша дочь учится в школе?

- Нет, она _____ в детский сад.

❹ - Где ты был вчера?

- Я _____ на студенческое собрание.

❺ (императив) Вера, _____ сюда скорее!

❻ (императив) Если у тебя болят ноги, не _____ сегодня на стадион.

ехать / ездить

❼ - Как вы провели лето?

- Мы _____ в деревню к бабушке и дедушке. А вы?

- Каждый год мы _____ на Байкал.

❽ (в автобусе)

- Куда ты _____?

- Я _____ в бассейн.

- Как часто ты _____ в бассейн?

- Два раза в неделю.

❾ Не _____ в субботу на море, лучше _____ на Сораксан. (명령문)

бежать / бегать

❿ - Куда ты спешишь?

- Я _____ в институт, через 5 минут начинается лекция.

- Тогда _____ быстрее, удачи! (명령문)

⑪ - Как долго ты обычно утром _____ по стадиону?

   - 30 минут.

   - А я не люблю _____ .

лететь / летать

⑫ - Смотри, вон с севера на юг _____ большой самолёт. Наверное, он _____ на Чеджу.

   - Здесь часто _____ разные самолёты.

плыть / плавать

⑬ - В аквариуме _____ разные рыбы.

   - Куда _____ этот пароход?

⑭ Мама: Дети, не _____ долго, в озере вода холодная.

нести / носить

⑮ - Куда ты _____ эти книги?

   - В кабинет профессора.

⑯ Нашей бабушке нельзя _____ тяжести.

вести / водить

⑰ - Кто обычно _____ детей в парк?

   - Мама.

⑱ Вот гид _____ туристов в Эрмитаж. Гид _____ туристов в Эрмитаж каждый день.

⑲ Сейчас гид _____ туристов по Эрмитажу, туристы уже посмотрели картины на первом и втором этаже. Вчера гид 2 часа _____ туристов по Эрмитажу.

везти / возить

⑳ Сейчас таксист _____ пассажира в аэропорт.

㉑ Папа работает на автобусе, обычно он _____ пассажиров из Сеула в Пусан и обратно.

제13과 운동동사의 전이적 의미와 과거형

A 운동동사의 전이적 의미

앞서 살핀 운동동사들은 종종 직접적인 의미가 아니라 전이적인 의미로도 사용됩니다. 아래의 표에서 이들 중 가장 대표적으로 사용되는 운동동사의 전이적 의미를 익혀봅시다.

1. ИДТИ 동사의 전이적 의미

영어 동사 go처럼 идти 동사도 매우 다양한 전이적 의미로 사용될 수 있습니다.

- Сегодня идёт дождь(снег). / Вчера шёл(был) дождь(снег).
  오늘 비(눈)가 온다. / 어제 비(눈)가 왔다.
- Сейчас идёт урок / экзамен / концерт. / Вчера экзамен шёл 2 часа.
  지금 수업/시험/콘서트가 진행 중이다. / 어제 시험은 2시간 동안 진행되었다.
- Время идёт быстро / медленно.
  시간이 빨리/천천히 흐른다.
- Часы идут / не идут(стоят).
  시계가 간다/가지 않는다(멈춰 있다).
- Мои дела идут хорошо. Дела фирмы идут хорошо.
  내 일이 잘 진행되고 있다. 회사 일이 잘 진행되고 있다.
- Этот костюм тебе идёт. Тебе не идёт зелёный цвет.
  이 정장이 네게 어울린다. 너에게 초록색은 안 어울려.
- - О чём идёт речь? (= О чём вы разговариваете?)
    무엇에 관해 이야기 하시나요?
  - Мы разговариваем об экзамене.
    우리는 시험에 관하여 대화하고 있어요.
- Кровь идёт. Кровь идёт из носа.
  피가 흐른다. 코에서 피가 흐른다.

2. ХОДИТЬ 동사의 전이적 의미

한편 ходить 동사는 의복이나 기분 등을 표현하는 전이적 의미로 종종 사용됩니다.

а) 의복이나 신발을 입거나 신은 상태

- Она ходит только в брюках, у неё нет платьев и юбок.
  그녀는 바지만 입고 다닌다. 그녀는 원피스나 치마가 없다.
- Она ходит в туфлях на высоком каблуке.
  그녀는 높은 굽의 구두를 신고 다닌다.

б) 기분을 표현

- В последнее время Антон ходит грустный / весёлый.
  최근 안톤은 슬퍼서/기분이 좋아서 다닌다.

в) 숙어: ходят слухи ~한 소문이 있다

- Ходят слухи, что в следующем году плата за газ увеличится.
  내년에 가스비가 오른다는 소문이 있다.

3. БЕЖАТЬ 동사의 전이적 의미

бежать 동사도 종종 전이적 의미로 사용되는데, 항상 그런 것은 아니지만, 이 경우 종종 빠른 움직임을 표현합니다.

- Время бежит. Время быстро бежит.
  시간이 빨리 흐른다.
- Часы бегут. (= Часы спешат.)
  시계가 빨리 간다.
- Вода бежит. Ручей бежит с горы. Горный ручей быстро бежит.
  물이 흐른다. 산에서 시내가 흐른다. 산골짜기 시냇물이 빠르게 흐른다.
- Кровь бежит. Кровь бежит из носа.
  피가 흐른다. 코에서 피가 흐른다.
- Слёзы бегут из глаз. Слёзы бегут по щекам.
  눈에서 눈물이 흐른다. 눈물이 뺨을 타고 흐른다.

4. ЛЕТЕТЬ 동사의 전이적 의미

лететь 동사도 종종 전이적 의미로 사용되는데, 종종 날듯이 빠른 움직임을 표현합니다.

- Время летит. Время быстро летит. 시간이 빨리 흐른다.
- - Куда ты летишь? 너 어디를 그렇게 빨리 가니?
  - На урок. Я опаздываю. 수업. 나 늦었어.

5. ПЛЫТЬ 동사의 전이적 의미

한국어로도 '헤엄쳐 간다'가 비유적으로 사용될 수 있는 것처럼, 러시아어로도 '구름이 떠간다' 등 비유적 표현으로 사용됩니다.

- Облака плывут по небу. 구름이 하늘에서 흘러간다.

6. НОСИТЬ 동사의 전이적 의미

의복이나 신발, 안경 등을 착용하고 다닌다는 의미로 사용됩니다.

а) 의복 신발을 입거나 신을 때

- Зимой он носит длинное чёрное пальто.
  겨울에 그는 긴 검은 코트를 입는다.
- Она носит только брюки, у неё нет платьев и юбок.
  그녀는 바지만 입는다. 그녀에게는 원피스와 치마가 없다.
- Эта девушка носит туфли только на высоком каблуке.
  이 아가씨는 굽이 높은 구두를 신는다.

б) 안경이나 액세서리를 할 때 (= обычно надевать)

- Он носит очки. 그는 안경을 낀다.
- Мама носит серьги и кольцо. 엄마는 귀걸이를 하고 반지를 낀다.

в) 수염(усы, борода)을 기를 때 (= У него есть усы и борода)

- Он носит бороду.
  그는 턱수염을 기른다.
- Раньше отец носил усы, но теперь не носит.
  전에 아버지는 콧수염을 길렀지만, 지금은 안 기르신다.

7. ВЕСТИ 동사의 전이적 의미

вести 동사는 주로 숙어적인 표현을 통해 다양한 전이적 의미를 전달합니다.

а) 진행하다, 운영하다: вести урок / программу / ток-шоу / концерт 수업/프로그램/토크쇼/콘서트를 진행하다

- Сейчас учительница ведёт урок истории.
  지금 선생님이 역사 수업을 하고 계신다.
- Этот журналист ведёт программу «Спорт и мы».
  이 기자는 〈스포츠와 우리〉라는 프로그램을 진행한다.
- Диктор Лариса Петрова ведёт концерт классической музыки.
  아나운서 라리사 페트로바가 클래식 음악 콘서트를 진행한다.

б) 대담을 나누다, 연설을 하다: вести беседу, речь (= рассказывать, разговаривать)

- Профессор ведёт речь о романе Толстого.
  교수님은 톨스토이의 소설에 관한 연설을 하신다.
- Вчера президенты России и Кореи вели беседу об экономической ситуации в мире.
  어제 러시아와 한국의 대통령들이 세계 경제 상황에 관한 대담을 나누었다.

в) 교섭을 진행하다: вести переговоры (= договариваться, решать вопросы)

- Президенты ведут переговоры о торговом сотрудничестве.
  대통령들이 무역 협력에 관한 교섭을 하고 있다.

г) 처신하다: вести себя

- Дома дети хорошо ведут себя.
  가정에서 아이들은 잘 처신한다.
- Вчера на уроке школьники плохо вели себя.
  어제 수업 중에 고등학생들은 제대로 처신하지 못했다.

д) 일기를 쓰다: **вести дневник**

- Он каждый день ведёт дневник. 그는 매일 일기를 쓴다.

е) 운전하다(한번, 한방향으로): **вести машину**

- Сейчас мы едем на море, папа ведёт машину.
  지금 우리는 바다로 가고 있는데 아빠가 운전을 하신다.

8. ВОДИТЬ 동사의 전이적 의미

водить 동사는 '운전을 한다', '차를 운전할 줄 안다'라는 뜻으로 쓰입니다.

- Папа хорошо водит машину. 아빠는 운전을 잘하신다.

9. ВЕЗТИ – ПОВЕЗТИ 동사의 전이적 의미

везти 동사는 전이적 의미로 사용될 때 '운이 좋다'의 뜻으로 쓰이며 다양한 숙어적 표현으로 사용됩니다.

- Ему всегда везёт.
  그는 항상 운이 좋다.
- В последнее время мне не везёт.
  최근에 나는 운이 나쁘다.
- Ему повезло, он выиграл в лотерею 1.000.000 рублей.
  그는 운이 좋았어. 복권으로 백만 루블을 땄어.

> ⚠️ **주의하세요**
>
> ### ВРЕМЯ ИДЁТ БЫСТРО!
>
> 운동동사들이 전이적인 의미로 사용될 때 정태동사와 부정태동사를 임의로 혼용할 수 없습니다. 예를 들어 '시간이 흐른다' 할 때는 идти만 써야지 ходить는 쓸 수 없습니다.
>
> - Время <u>идёт</u> быстро.

연습문제 1 문맥을 읽고 주어진 동사의 시제를 현재나 과거시제 중에 결정하여 빈칸에 적절한 형태로 넣으세요.

ходить

❶ Я часто _____ в театр. Раньше я _____ в театр каждую субботу.

❷ - Что ты делал вчера?
   - Я _____ в музей.
   - Как часто ты _____ в музей?
   - Я _____ очень редко.

❸ - Где была сестра в пятницу?
   - Она _____ в библиотеку.
   - А ты часто _____ в библиотеку?
   - Когда я учился в школе, часто _____, но теперь редко _____.

ездить

❹ - Как часто вы _____ на море?
   - Мы _____ два раза в месяц, а раньше мы _____ каждую неделю.

❺ - Почему ты не был на уроке?
   - Я _____ в российское посольство (대사관).
   - На прошлой неделе я тоже _____ в посольство

Б 운동동사 과거형의 의미

정태동사와 부정태동사의 과거형(ходил – шёл, ездил – ехал, летал – летел 등)은 서로 다른 의미를 지닌다는 사실을 명심할 필요가 있습니다. 여러분은 이미 부정태동사의 과거형이 왕복된 동작을 의미할 때가 있다는 사실을 배웠습니다. 아래의 그림들을 보며 부정태동사와 정태동사의 과거형이 어떤 의미를 지니는지 생각해보세요.

부정태동사 과거형	정태동사 과거형
• Вчера Антон ходил в кино. 어제 안톤은 영화관에 갔다 왔다.	• Когда Антон шёл в кино, он встретил Ивана. 안톤은 극장에 가는 길에 이반을 만났다.
• Летом я ездил на юг. 여름에 나는 남쪽에 갔다 왔다.	• Когда я ехал на юг на поезде, я читал интересный роман. 남쪽으로 기차를 타고 갈 때 나는 재미있는 소설을 읽었다.
• Студент ходил в университет. 학생은 대학에 갔다 왔다.	• Он шёл в университет и думал об уроке. 그는 대학으로 가면서 수업에 관하여 생각했다.
• Я летал в Пусан. 나는 부산에 다녀왔다.	• Из Сеула в Пусан мы ехали на автобусе, а обратно летели на самолёте. 서울에서 부산으로는 버스를 타고 갔고 돌아오는 길에는 비행기를 타고 왔다.

부정태동사의 과거형(ходил, ездил, бегал 등)과 달리, 정태동사의 과거형(шёл, ехал, бежал 등)은 다음과 같은 상황에서 사용됩니다.

1. 일방향으로 동작이 진행되는 동안 또 하나의 동작이 일어날 때

이 경우 동작은 평행적으로 동시적으로 진행될 수도 있고(불완료상-불완료상), 일방향으로 움직이는 어떤 동작이 진행되는 동안, 짧은 시간 안에 다른 동작이 생겨날 수도(불완료상-완료상) 있습니다.

- Когда Антон шёл в университет, он думал об экзамене.
  안톤은 대학으로 가면서 시험에 관해 생각했다.
- Когда Антон шёл в университет, он встретил друга.
  안톤은 대학으로 가는 길에 친구를 만났다.

2. 왕복동작이 갈 때와 올 때가 서로 다른 방식으로 진행되었을 때

예를 들어 갈때는 걸어가고, 올 때는 버스를 탔다면, 그 경우에는 정태동사의 과거형을 사용할 수 있습니다.

- Он шёл туда пешком, а обратно ехал на автобусе.
  그는 그곳으로 걸어서 갔고 돌아올 때는 버스를 탔다.

3. 길에서 소요한 시간이 얼마인지가 표시될 때

- Вчера мы ехали на море 4 часа, потому что на дороге была пробка.
  길에 교통체증이 있어서 어제 우리는 바닷가로 네 시간 동안 갔다.

연습문제 2 주어진 동사 중 적절한 것을 골라 알맞은 형태로 빈칸에 넣으세요.

❶ ехать / ездить

В прошлом году я _____ на Байкал на поезде. Когда я _____ на Байкал на поезде, я всё время смотрел в окно.

❷ лететь / летать

Месяц назад мы _____ в Москву. Когда мы _____ из Москвы в Сеул, я всю дорогу спал.

❸ идти / ходить

Вчера, когда Маша _____ домой, ей позвонил Олег и пригласил вечером в кино. В прошлую субботу Маша и Олег _____ на стадион, там они смотрели бейсбольный матч.

❹ лететь / летать, плыть / плавать

Недавно мой брат _____ во Францию на самолёте. Летом мы были на острове Чеджу. Из Пусана на Чеджу мы _____ на самолёте, а обратно _____ на пароходе. Когда мы _____ на пароходе, мы увидели большого кита.

연습문제 3 주어진 동사 중 적절한 것을 골라 알맞은 형태로 빈칸에 넣으세요.

бежать / бегать

① Я люблю _____, поэтому _____ около дома каждое утро.

② Мама увидела красивую бабочку на цветке и крикнула детям: «_____ сюда, посмотрите, какая красивая бабочка».

③ Сестра каждое утро 30 минут _____ по парку.

нести / носить

④ Вот Миша _____ тяжелый портфель.

⑤ Он всегда _____ в школу много книг и тетрадей.

⑥ Друзья говорят ему: «Не _____ так много книг!»

водить / вести

⑦ Володя не любит _____ в детский сад младшего брата, обычно мама _____ его.

⑧ Смотри, вот мама _____ младшего брата в детский сад.

⑨ Раньше Юля _____ младшего брата в детский сад, но сейчас Юля учится в университете, у неё мало времени, теперь мама _____ его.

везти / возить

⑩ Вот большой автобус _____ туристов на экскурсию в Эрмитаж.

⑪ А вчера он _____ туристов в Казанский собор.

⑫ Водителю нравится _____ туристов по городу, он часто _____ туристов по городу.

лететь / летать

⑬ В прошлом году мы _____ в Петербург. Когда мы _____ из Петербурга в Сеул, в самолёте мы познакомились с русским профессором.

⑭ Мой брат не любит _____ на самолёте.

⑮ Маленький птенец уже хорошо _____ .

⑯ У нашей бабушки часто болит сердце, ей нельзя _____ на самолёте.

⑰ Вчера мы 2 часа _____ на самолёте из Краснодара в Москву.

идти / ходить

⑱ Почему ты всегда так медленно _____ ? И сейчас ты тоже _____ еле-еле. Из-за тебя мы опоздаем на лекцию, пожалуйста, _____ быстрее!

⑲ - Где ты был вчера? Я весь вечер звонил тебе, но ты не отвечал
 - Я _____ в бассейн. Я _____ в бассейн 3 раза в неделю.

⑳ Посмотри, как хорошо _____ эта маленькая девочка.

㉑ - Ваш сын _____ в школу?
 - Нет, он учится в университете.

㉒ Когда мы _____ на стадион, мы говорили о футболе. Раньше мы часто _____ на стадион, но теперь редко _____ .

ехать / ездить

㉓ - Как ты отдыхал летом?
 - Я _____ на Байкал.

㉔ Мне не нравится _____ на метро, а раньше я любил _____ на метро.

㉕ Вчера мы были в театре. Туда шли пешком, а обратно _____ на такси.

㉖ Не _____ учиться в Томск, там очень холодно, лучше _____ в Москву. (명령문)

연습문제 4 빈칸에 들어갈 적절한 동사를 알맞은 형태로 넣으세요.

❶ Вот с востока на запад _____ большой самолёт.

❷ Я не люблю _____ на поезде, поэтому обычно _____ на самолёте.

❸ Посмотри, какой красивый пароход! Я думаю, что он _____ в Японию.

❹ У Василия Петровича болят ноги, ему нельзя _____. Обычно он много _____ пешком, потому что любит _____ пешком.

❺ - Вчера вы _____ в музей пешком или _____ на автобусе?
    - Туда мы _____ пешком, а обратно _____ на автобусе.

❻ Муха села на стол и начала _____ по нему.

❼ Мой брат сказал, что научит меня _____. Сейчас мы _____ на троллейбусе в бассейн.

❽ - Ты хорошо _____?
    - Нет, я не умею _____.

❾ Мама _____ маленькую дочь на коляске. Мама _____ пешком, а дочь _____ на коляске.

❿ Вот мама _____ за руку сына. Они _____ в парк.

⓫ Этот молодой человек _____ на день рождения к подруге. Он _____ подарок.

⓬ В прошлом году мы _____ на юг. Туда мы _____ на самолёте, обратно _____ на поезде. Когда мы _____ на поезде, у меня болела голова. Я не люблю _____ на поезде, мне нравится _____ на самолёте.

⑬ Привет, Соня, давно не виделись. Как дела? Твоя дочь _____ в детский сад или учится в школе?

⑭ Этот ребёнок маленький, но уже хорошо _____. Смотрите, вот он _____ с мамой в парк.

⑮ Вот мама _____ маленького ребёнка из парка домой на руках, потому что он устал и хочет спать.

⑯ Раньше мы часто _____ в сауну, а теперь редко _____. Вчера, когда мы _____ в сауну, мы встретили Свету.

제14과 정태동사에서 파생되는 완료상 동사

A 정태동사와 완료상 짝

여러분은 이미 정태동사와 부정태동사를 공부했고, 이 두 군의 동사들이 모두 불완료상이라는 사실을 알고 있습니다. 이제 정태동사에서 파생되는 완료상동사에 관하여 살펴보려고 합니다.

모든 정태동사들은 완료상 짝을 가집니다. 그리고 일차적으로 이 완료상 짝은 접두사 **по-**가 더해져 만들어집니다. 이런 의미에서 러시아어 운동동사는 두 동사의 쌍이 아니라 세 동사의 쌍이라고 할 수도 있습니다.

идти – пойти / ходить нести – понести / носить
ехать – поехать / ездить вести – повести / водить
бежать – побежать / бегать везти – повезти / возить
плыть – поплыть / плавать лететь – полететь / летать

쌍을 이루는 이 동사들은 각각 쓰임이 다릅니다.

정태동사	정태동사 완료형	부정태동사
현재시제		
① 발화시점에서 한 방향으로 진행되는 동작 • Вот дети идут в парк. 여기 아이들이 공원으로 간다. • Сейчас я еду в Пусан. 지금 나는 부산으로 간다. • Пароход плывёт на юг. 증기선이 남쪽으로 가고 있다. • Студент несёт стул в кабинет № 407. 학생이 407호로 의자를 운반한다. • Обычно я иду в университет 20 минут. 보통 내가 대학까지 가는데 20분이 걸린다.	없음	① 반복·지속되거나, 여러 방향을 향한 움직임 • Дети часто ходят в парк. 아이들은 자주 공원에 간다. • Я езжу в Пусан каждое лето. 나는 여름마다 부산에 간다. • Вот дети плавают в бассейне. 여기 아이들이 수영장에서 헤엄치고 있다. • Он всегда носит в школу словарь. 그는 항상 학교에 사전을 가지고 다닌다.

- Каждое утро я бегаю по парку 20 минут.
  매일 아침 나는 공원에서 20분간 달린다.

과거시제

1 동시동작, 진행 중 일어나는 사건

- Когда я шёл в кино, я встретил Антона.
  영화관에 가는 길에 나는 안톤을 만났다.
- Когда наша семья летела в Москву, брат спал.
  우리 가족이 모스크바로 가는 동안 형은 잤다.
- Когда я вёз Милу в университет, мы разговаривали о Москве.
  내가 밀라를 대학으로 데려다 줄 때 우리는 모스크바에 관해 이야기를 나누었다.
- Когда я ехал на поезде в Пусан, я познакомился с Верой.
  기차를 타고 부산에 가는 길에 나는 베라와 알게 되었다.
- Когда ребёнок бежал, он упал.
  아기가 달리다가 넘어졌다.

2 한 방향으로 일정시간 지속된 일

- Вчера на дороге была пробка, поэтому я ехал в университет час.
  어제 길이 막혀서 나는 대학까지 한 시간 동안 갔다.

1 순차동작

- Когда мы посмотрели фильм, мы пошли в кафе.
  우리는 영화를 보고나서 카페로 갔다.
- Когда дети встретились, они побежали в парк.
  아이들은 만나고 나서, 공원으로 달려갔다.
- Когда мы позавтракали, папа повёз нас на море.
  우리가 아침을 먹은 후에, 아빠는 우리를 바닷가로 데려갔다.

2 언급되는 사람이 떠나서 지금 이 자리에 없는 상황일 때

- - Где мама?
  엄마 어디 계시니?
  - Она пошла на рынок.
  엄마는 시장에 가셨어요.
- - Где Максим?
  막심 어디 있니?
  - Он поехал в Сеул.
  그는 서울에 갔어.

1 반복되는 동작

- В детстве я часто ходил на стадион.
  어려서 나는 자주 경기장에 다녔다.

2 과거의 왕복동작

- - Мама, где ты была?
  엄마, 어디 갔었어?
  - Я ходила на рынок.
  나 시장 갔다 왔어.
- - Максим, где ты был?
  막심, 너 어디 갔었어?
  - Я ездил в Сеул.
  나 서울 갔다 왔어.

14과 정태동사에서 파생되는 완료상 동사

- Вчера мы 2 часа летели на самолёте из Москвы в Петербург.
어제 우리는 모스크바에서 페테르부르크까지 2시간 동안 날았다.

③ 오갈 때 서로 다른 교통수단으로 왕복 운동을 한 경우
- На прошлой неделе я был в Пусане. Туда я ехал на поезде, обратно летел на самолёте.
지난 주에 나는 부산에 갔었다. 그리로 갈 때는 기차를 탔고 돌아올 때는 비행기를 타고 왔다.

미래시제

① 미래에 일정 기간 동안 있을 긴 움직임을 묘사할 때 (사용 빈도가 매우 낮음)
- Завтра Чусок. Мы будем долго ехать в деревню к бабушке и дедушке.
내일은 추석이다. 우리는 시골에 계신 할머니 할아버지 댁까지 아주 오랫동안 달려야 한다.

① 미래에 1회 있을 일
- Завтра я пойду в кино.
내일 나는 영화관 갈 거야.
- Летом мы поедем в деревню.
여름에 우리는 시골에 갈 거야.
- В субботу мама повезёт детей на море.
토요일에 엄마가 아이들을 바닷가에 데려갈 거야.
- Когда дети сделают домашнее задание, я повезу их в парк.
아이들이 숙제를 다하면 나는 그 아이들을 공원에 데려 갈 거야.
- Сейчас младший брат **ходит** в детский сад, но через 2 месяца он **пойдёт / будет ходить** в школу.
지금 남동생은 유치원에 다니지만 2달 후에는 학교에 갈 거야/학교에 다닐 거야.

① 미래에 있을 반복적인 일 (사용 빈도가 낮음)
- В следующем году я буду часто ходить в бассейн.
내년에 나는 수영장에 자주 다닐 거야.
- Сейчас младший брат **ходит** в детский сад, но через 2 месяца он будет **ходить / пойдёт** в школу.
지금 남동생은 유치원에 다니지만 2달 후에는 학교에 갈 거야/학교에 다닐 거야.

연습문제 1 주어진 동사 중 적절한 동사를 골라 빈칸에 알맞은 형태로 넣으세요.

бежать – побежать / бегать

❶ Дети смеются и _____ по парку.

❷ - Где Лена?
   - Она _____ в школу, через 5 минут начнётся урок.

❸ Когда спортсмен _____ к финишу, он упал.

❹ Мой брат всегда быстро _____, а я не умею быстро _____.

❺ Женя купил сигареты и _____ на остановку автобуса.

лететь – полететь / летать

❻ - Профессор сейчас в Сеуле?
   - Нет, он _____ в Петербург.

❼ Смотрите, по небу _____ разные птицы.

❽ Смотрите, вот большая птица _____ в лес.

❾ Когда Сергей _____ на самолёте, он познакомился с симпатичной девушкой.

❿ Завтра утром мы _____ на остров Чеджу.

⓫ Летом мы были в Пусане. Туда ехали на поезде, обратно _____ на самолете. На поезде в Пусан мы ехали 4 часа, а обратно на самолёте мы _____ только 45 минут.

нести – понести / носить

⓬ Бабушка купила на рынке много овощей и фруктов, вот она _____ тяжёлую сумку домой. Ей нельзя _____ тяжёлые вещи. Максим увидел бабушку, взял у неё сумку и _____ эту сумку домой.

⓭ Вот мама _____ маленького ребёнка в парк.

⓮ Женя всегда _____ в университет русско-корейский словарь.

вести – повести, водить

⑮ Учительница часто _____ школьников в парк.

⑯ Урок кончился, и учительница _____ школьников в парк.

⑰ Завтра учительница _____ школьников в театр.

⑱ Девочка каждый день _____ свою собаку в парк.

⑲ Сейчас вечер, а сегодня утром девочка _____ собаку в парк. Они были в парке 2 часа.

⑳ - Где ты была утром?
  - Я _____ собаку в парк.

везти – повезти, возить

㉑ Сейчас утро. Папа _____ сына в школу на машине.

㉒ Завтра утром папа _____ сына в школу на машине.

㉓ Мы пообедали, и папа _____ нас в музей на машине.

㉔ - Что папа делал вчера?
  - Он _____ нас в музей на машине.

> ⚠ 주의하세요
>
> ### ИДТИ - ПОЙТИ - ХОДИТЬ 동사와 전이적 의미의 활용
>
> **1** 직접적 의미
>
> - Сейчас Антон идёт в школу. 지금 안톤은 학교로 가고 있다.
> - Он ходит в школу каждый день. 그는 매일 학교에 다닌다.
> - Вчера Антон ходил в кино. 어제 안톤은 영화관에 갔다 왔다.
> - Завтра Антон пойдёт в школу. 내일 안톤은 학교에 갈 것이다.
> - Сейчас Антон ходит в детский сад, но через месяц он пойдёт в школу / будет ходить в школу.
>   지금 안톤은 어린이집에 다니지만, 한 달 후면 초등학교에 갈 것이다/초등학교에 다닐 것이다.

2 전이적 의미

- Сейчас идёт дождь. 지금 비가 온다.
- Каждый день идёт дождь. 매일 비가 온다.
- Вчера шёл (был) дождь. 어제 비가 왔다.
- Завтра будет дождь. Завтра пойдёт дождь. Завтра будет идти дождь. 내일 비가 올 것이다.

마지막 두 문장은 사용은 가능하나 드물게 사용됩니다.

Б СХОДИТЬ, СЪЕЗДИТЬ, СБЕГАТЬ, СВОДИТЬ, СВОЗИТЬ

러시아어에는 ходить 동사만이 아니라 부정태동사에 접두사 с-가 붙은 동사들이 존재합니다.

ходить – сходить	ездить – съездить	бегать – сбегать
носить – сносить	водить – сводить	возить – свозить

동사 сходить, съездить, сбегать, сносить, сводить, свозить 등은 완료상 동사이지만 그렇다고 해서 ходить와 сходить, ездить와 съездить 등이 불완료상-완료상 짝은 아닙니다. 뿐만 아니라 이 둘의 의미 역시 다릅니다. сходить, съездить, сбегать, сносить, сводить, свозить 등에는 '잠시 들러 ~을 하다'라는 의미가 있습니다.

1. ХОДИТЬ와 СХОДИТЬ, ЕЗДИТЬ와 СЪЕЗДИТЬ

아래의 두 문장을 비교해 보세요.

- Маша ходила в магазин. 마샤는 상점에 갔다 왔다.
- Маша сходила в магазин. 마샤는 상점에 잠시 들렀다.

сходить에는 잠시 들르다는 뜻이 있기 때문에 «Я сходил на лекции.*»는 비문에 가깝습니다. 강의는 잠시 들르는 곳이 될 수는 없으니까요. 이 경우에는 «Я ходил на лекции.»를 써야 합니다.

동일한 이유에서 «Я съездил в Москву изучать русский язык.*»도 비문에 가깝습니다. 언어를 공부하기 위해 잠시 들른다는 것은 거의 불가능하기 때문입니다. 이 경우에는 «Я ездил в Москву изучать русский язык.»이라고 써야 자연스러운 문장이 됩니다. 반면 «Мы съездили в Москву.»는 가능한 문장인데, 하루나 이틀, 짧게 모스크바에 다녀온 경우 쓸 수 있습니다.

종종 сходить, сбегать, съездить는 명령문의 형태로 사용되어, 잠시 들러 무언가를 해달라고 부탁할 때 많이 씁니다.

- Антон, у нас закончился кофе, сходи / сбегай, пожалуйста, в магазин и купи кофе.
  안톤, 우리 커피가 떨어졌네. 가게에 잠깐 가서 커피 좀 사와라.
- Павел, съезди, пожалуйста, на рынок за овощами.
  파벨, 시장에 야채 사러 좀 다녀와라.

2. ПОЙТИ와 СХОДИТЬ, ПОЕХАТЬ와 СЪЕЗДИТЬ

아래의 두 문장을 비교해 보세요.

- Когда мама приготовила обед, она пошла / поехала на рынок.
  엄마는 점심을 준비하시고 시장에 가셨다.
- Когда мама приготовила обед, она сходила / съездила на рынок.
  엄마는 점심을 준비하시고 시장에 다녀오셨다.

두 번째 문장에는 엄마가 잠시 시장에 계셨지만 지금은 이미 집으로 돌아오셨다는 의미가 들어 있습니다. 따라서 의미적으로 보면 아래의 문장들은 틀린 문장입니다.

- Когда закончились лекции, мы сходили* на стадион. Там 2 часа играли в футбол.
- Когда я окончил университет, я съездил* работать в Америку.

이 문장들은 아래와 같이 바로 고쳐 쓸 수 있습니다.

- Когда закончились лекции, мы пошли на стадион. Там 2 часа играли в футбол.
  강의가 끝났을 때 우리는 경기장에 갔다. 거기서 두 시간 동안 축구를 했다.
- Когда я окончил университет, я поехал работать в Америку.
  대학을 졸업하고 나는 미국으로 일하러 갔다.

연습문제 2 빈칸에 들어갈 적절한 동사를 골라 알맞은 형태로 넣으세요.

예시
идти – пойти / ходить – сходить
ехать – поехать / ездить – съездить
лететь – полететь / летать
вести – повести / водить
везти – повезти / возить

① В прошлом году мы _____ на Байкал. Туда мы _____ на поезде, обратно _____ на самолёте. Когда мы _____ на Байкал, я читал рассказы Антона Чехова, а когда _____ с Байкала, я просто спал в самолёте.

② - Где ты был вчера вечером?
- Я _____ в студенческий клуб на собрание. Когда я _____ пешком в клуб, я увидел Антона, который _____ в клуб на машине. Антон остановил машину, я сел (в машину), и мы вместе _____ в клуб. / Антон остановил машину, я сел (в машину), и Антон _____ меня в клуб. Мы _____ до клуба минут 20. Собрание _____ 2 часа. После собрания я _____ домой на автобусе минут 20.

③ - Мама дома?
- Нет, она _____ младшего брата к врачу, потому что у него сильный кашель. Они позавтракали и _____ пешком в больницу. Наташа, _____, пожалуйста, в ближайший магазин за овощами, когда мама вернётся из больницы, она приготовит обед.

④ - Где папа?
- Он _____ детей в Пусан к бабушке и дедушке.
- На чём они _____?
- Папа _____ их на своей машине.
- Правда? Но сейчас на улице _____ снег, поэтому на дороге большая пробка, наверное, они будут долго стоять в пробке. Я думаю, что завтра тоже _____ снег.

❺ Ты уже вернулся из Сеула? На чём ты _____ : на автобусе или на машине? Как долго ты _____ до Сеула?

❻ - Арина, ты уже вернулась с рынка? Как быстро ты _____ на рынок!

- Да, я быстро купила всё необходимое, а кроме того, на дороге не было пробок.

❼ Дима очень хорошо _____ машину, он _____ на машине 8 лет. Он научился _____ машину, когда ему было 19 лет.

MEMO

제15과 접두사 в-(во-)

A 접두사가 붙은 동사들

지금부터 우리는 운동동사에 접두사 в-, во-, при-, у-, от-, под-, про-, до-, за-, об-가 붙어 파생되는 동사들을 살피고자 합니다.

이러한 동사들에 대한 공부를 시작하기에 앞서 특별히 유념해야 할 사항이 있습니다. 그것은 운동동사에 '안으로', '밖으로', '뒤로' 등 다양한 공간적 의미를 지니는 접두사가 붙어 파생되는 동사들은 정태동사와 부정태동사로 나뉘던 기본적인 운동동사와는 달리 불완료상-완료상 짝을 가지는 일반동사들처럼 다뤄야 한다는 점입니다. 여러분이 알고 있는 «читать – прочитать», «делать – сделать»처럼 또 하나의 불완료상-완료상 짝을 이루는 동사들이라고 생각하고, 그간 배운 상의 규칙들에 따라 이 동사들을 사용해야 합니다. 다시 말해 «идти – пойти / ходить» 동사들과 «выходить(НСВ) – выйти(СВ)» 동사들 사이의 공통점은 이동수단(걸어서 움직임) 밖에 없다는 것을 명심하고 그 외의 모든 것, 즉 어휘적 의미나 사용법은 운동동사와는 별개의 것으로 생각해야 혼란을 줄일 수 있습니다.

공간적 의미를 지니는 접두사들이 운동동사에 더해지면, 접두사에서 생기는 의미가 더해지게 됩니다. 우리는 바로 이 의미들을 공부할 것입니다.

그 외에도 여러분이 기억해야 할 것이 한 가지 더 있습니다. 모든 언어는 문화를 반영한다는 사실입니다. 모든 민족은 어찌 보면 유사하다고 할 수 있는 물리적 환경을 서로 다르게 바라봅니다.

운동동사의 영역에서도 이러한 차이는 분명하게 드러납니다. 따라서 지금부터 공부하는 동사들을 살필 때에는 러시아인들이 공간 속에서의 움직임을 어떻게 '보는지'를 이해하려고 애써야 합니다. 그리고 그것을 한국어의 공간보기와 비교해 볼 줄도 알아야 합니다. 그렇게 비교해 볼 때 여러분은 러시아 문화를 더 잘 이해할 수 있고, 어휘 사용에서 실수도 줄일 수 있습니다.

또 접두사가 붙을 때 부정태동사의 형태가 변하기도 한다는 사실을 기억하세요. 예를 들어 въездить*, выездить*, приездить*, уездить*, доездить*, подъездить*, отъездить*, заездить*, проездить*가 아니라 въезжать, выезжать, приезжать, уезжать, доезжать, подъезжать, отъезжать, заезжать, проезжать가 사용되고, приплавать*, отплавать*가 아니라 приплывать, отплывать …가 사용됩니다. *가 붙은 동사들은 존재하지 않는 동사들입니다.

Б 접두사 В-/ВО

- входить – войти
- въезжать – въехать
- вбегать – вбежать
- влетать – влететь
- вносить – внести
- вводить – ввести (드물게 사용)
- ввозить – ввезти (드물게 사용)
- вплывать – вплыть (사용하지 않음)

접두사 В- / ВО-를 동반한 운동동사는 1. 내부로의 이동, 2. 위로의 이동이라는 두 가지 의미를 지닙니다. 이제 각각의 의미를 좀 더 자세하게 살펴봅시다.

1. 내부로 이동

входить – войти의 의미를 정확하게 이해하려면, 러시아 문화의 특성, 러시아인들에게 문지방이 가지는 의미를 이해해야 합니다.

과거 러시아의 모든 문에는 문지방(**порог**)이 있었습니다. 이 문지방은 높고 넓어, 높이는 17-25센티미터, 넓이는 15-20센티미터에 달했습니다. 러시아의 매서운 추위로부터 집안의 온도를 지키기 위해 이토록 큰 문지방을 만들었던 것입니다.

그런데 이 문지방은 추위로부터 집을 보호한 것만이 아니라 매우 상징적인 의미를 지니고 있었습니다. 러시아 문화 속에서 문지방은 집과 바깥 세상의 경계, 다시 말해 자신의 공간과 타인의 공간의 경계를 의미했습니다. 이 때문에 슬라브 문화권에서는 문지방 위에 앉거나 서서는 안되고, 문지방을 사이에 두고 인사를 하거나 대화를 나누거나 물건을 주고받으면 안 된다는 등 문지방과 관련된 미신이나 관습이 많았습니다. 예를 들어 신혼부부가 행복하게 살기 위해서는 교회예식 후에 신부가 문지방에 발이 닿지 않은 채로 신랑 집에 들어가야만 했기에 신랑이 신부를 안아서 집 안으로 옮겼습니다. 이 관습은 지금도 지켜지고 있습니다. 또 장례예식에서는 망자가 들어 있는 관을 집 밖으로 옮길 때 관으로 문지방을 세 번 두드려야 했습니다. 이것은 망자와 집과의 이별을 상징했습니다.

이렇듯 러시아 집에서 문지방은 특별한 의미를 지닙니다. 그리고 이러한 특수성에 기반하여 **входить – войти**, 즉 '문턱을 넘어서다, 문지방을 지나 한걸음을 내딛은 후 멈추어 서다'라는 의미의 동사가 생겨나게 됩니다. 물론 현대 러시아 집에는 그렇게 거대한 문지방이 없습니다. 심지어 청소의 편의를 위해 아예 문지방이 없는 경우도 많습니다. 하지만 그럼에도 불구하고 **входить – войти** 동사의 의미는 거의 변한 바가 없습니다. 문 밖에서 문을 두드리는 사람에게는 하는 «**Входите!**»라는 말은 문을 열고 문지방을 넘어 들어와 한 걸음을 내딛으라는 말입니다.

그리고 나서 손님이나 잘 아는 사람을 집 안으로 초청할 때는 다른 동사 «**Проходите!**»를 사용합니다. 만약 문을 두드린 사람이 택배회사 직원이라면, 집안으로 들이지는 않겠지요. 그런 경우는 «**Входите!**»를 사용하고 모든 용무는 문가에서 끝이 납니다. 하지만 친구라면 집 안으로 불러 들이는 것이지요.

따라서 «Студент входит в университет.»라는 말은 지금 이 순간 학생이 문턱을 넘는 한 걸음을 내딛고 있는 중이라는 뜻이고, «Студент вошёл в университет.»의 경우는 그가 이미 한 걸음을 내딛었고 지금 문 곁에 서 멈추었다는 말인 것을 이해해야 합니다. 그렇다면 왜 멈추었을까요? 가정해 볼 수 있는 특수한 경우라면 문 곁에 있는 거울을 보려고 했을 수도 있겠지요. 하지만 보다 일반적인 상황에서는 входить – войти 동사 다음에는 운동동사 идти – пойти가 종종 함께 사용됩니다.

- Он вошёл в университет и пошёл в деканат. 그는 대학으로 들어와 학장실로 향했다.

그렇지 않은 경우라면 아예 접두사 при-가 붙은 다른 동사를 사용합니다(접두사 при-가 붙은 동사의 활용은 이후에 살필 것입니다).

- Он пришёл в университет / в деканат. 그는 대학에 왔다/학장실에 왔다.

내부로의 이동을 뜻하는 входить – войти 동사의 활용은 다음과 같습니다.

а) КУДА?

- Студенты вошли в университет. 학생들이 대학으로 들어섰다.
- Пассажиры вошли в автобус. 승객들이 버스를 탔다.
- Когда мы вошли в лес, мы увидели на дереве маленькую рыжую белку.
  우리가 숲에 들어섰을 때 나무 위에 있는 작고 붉은 다람쥐를 보았다.
- Сейчас мы отдыхаем на море. Младший брат вошёл в воду по колено и остановился, потому что он боится плавать в море.
  지금 우리는 바닷가에서 쉬고 있다. 남동생이 무릎에 이르기까지 물 속으로 걸어 들어 갔다가 바다에서 수영하는 것을 무서워하는 바람에 멈춰 섰다.

б) К КОМУ?

- Студенты вошли к декану. (= в кабинет декана) 학생들이 학장실에 들어섰다.

사실 входить-войти (к кому?) 구문은 아주 많이 사용되는 구문은 아닙니다. 예를 들어 누군가가 «Я вошёл к врачу»라고 말한다면 그 문장은 내가 병원에서 의사의 진찰실 곁에 있다가 문을 열고 문지방을 넘어선 경우를 뜻합니다. 따라서 많은 경우는 «войти к декану, к врачу…» 대신 «войти в кабинет декана, в кабинет врача…»를 사용하게 됩니다. 전형적으로 많이 사용되는 문장은 아래의 문장입니다.

- Он открыл дверь и вошёл в кабинет директора.
  그는 문을 열고 교장실로 들어갔다.
- Он постучал в дверь и вошёл в кабинет профессора.
  그는 문을 두드리고 교수님의 연구실로 들어갔다.
- Без стука не входить!
  노크 없이는 들어오지 마시오!

이 모든 문장들에는 주체가 문 곁에 있다가 문지방을 넘어 한 걸음을 내딛어 공간 안으로 들어간다는 의미가 들어 있습니다.

위에서 우리는 входить – войти의 쓰임을 상세하게 살폈습니다. 이제는 접두사 в-가 붙은 다른 동사들을 살펴봅시다.

> въезжать – въехать
> вбегать – вбежать
> вносить – внести
> вводить – ввести
> ввозить – ввезти

이 동사들도 входить – войти와 유사한 의미, 즉 문지방을 넘어서서 멈추다의 의미를 지닙니다. 교통수단을 타고 움직일 때도 문지방에 해당하는 경계를 넘어설 수도 있기 때문입니다.

- Дети вбежали в гостиную. 아이들이 거실로 뛰어들었다.
- Папа внёс чемодан в гостиницу. 아빠는 호텔에 짐가방을 들여놓았다.
- Машина въехала во двор. 자동차가 뜰로 들어섰다.

вводить – ввести와 ввозить – ввезти는 사실상 앞서 살핀 의미로는 거의 사용되지 않습니다.

- Учительница ввела школьников в парк.
- Папа ввёз нас в Сеул.

이렇게 사용할 수 있지만 매우 드물게 사용됩니다. 드물게 사용되는 이유는 이 동사들에는 '들어와서 멈춰서다 войти / въехать и остановиться'라는 이 동사의 기본 의미가 잘 맞지 않기 때문입니다. 따라서 이 경우에 보다 널리 사용되는 것은 나중에 살펴보게 될 접두사 при-가 붙은 동사들입니다.

- Учительница привела школьников в парк. 선생님은 학생들을 공원으로 안내했다.
- Папа привёз нас в Сеул. 아빠는 우리를 서울로 데려가셨다.

влетать – влететь는 아래와 같은 상황에서 사용됩니다.

- Мяч влетел (залетел) в окно. Птица влетела (залетела) в комнату / в открытое окно.
  공이 창문을 날아들었다. 새가 방으로 날아들었다/열린 창으로 날아들었다.

하지만 어떤 경우에도 항공 운송수단을 주어로 사용되지는 않습니다.

Самолёт влетел в Москву.*
이런 경우에는 «Самолёт прилетел в Москву»를 사용합니다.

또 вплывать – вплыть는 실질적으로 거의 사용되지 않습니다. 왜냐하면 '문지방을 넘어 멈춰서다'라는 기본의미가 구현되기 불가능한 상황이니까요. 이 동사들도 해상 운송수단을 주어로는 결코 사용되지 않습니다(«Пароход вплыл в Пусан»*). 이 경우도 при-형 동사들이 사용됩니다(«Пароход приплыл / пришёл в Пусан»).

2. 위로 이동

운동동사에 접두사 в가 붙으면 내부로의 이동뿐 아니라 위로의 이동을 묘사할 수도 있습니다.

- Туристы вошли на гору. 여행객들이 산으로 올라갔다.
- Дети вбежали на пятый этаж. 아이들이 5층으로 올라갔다.
- Машина въехала на небольшую гору. 자동차가 나즈막한 산으로 올라갔다.

위의 동사들이 실제로 존재하고 또 사용될 수도 있지만, 대부분의 경우에는 이에 상응하는 동사인 подниматься – подняться로 대체되어 사용됩니다.

- Мы вошли на пятый этаж. / Мы поднялись на пятый этаж.
  우리는 5층으로 올라갔다.
- Машина въехала на гору. / Машина поднялась на гору.
  자동차는 산으로 올라갔다.

또 «На лифте мы въехали на 5 этаж.*»는 비문입니다. 이 경우 «На лифте мы поднялись на 5 этаж»를 사용합니다.

유사한 의미로 вносить – внести가 사용될 때 이를 대체할 유사어도 поднимать – поднять입니다.

- Папа внёс вещи на 5 этаж. / Папа поднял вещи на 5 этаж.
  아빠가 물건들을 5층으로 올렸다.

동사 вводить – ввести나 ввозить – ввезти (кого? куда?)는 이러한 의미로는 아주 드물게 사용됩니다.

- Мама ввела сына на 5 этаж.
- Папа на машине ввёз нас на гору.

원칙적으로는 이렇게 말할 수는 있지만 굉장히 어색하게 들립니다. 이보다는 아래의 표현들이 훨씬 자연스럽고 많이 사용되는 표현들입니다.

- Мама и сын вошли / поднялись на 5 этаж. 엄마와 아들이 오층에 올라갔다.
- Мы на машине въехали (поднялись) на гору. 우리는 차를 타고 산으로 올랐다.

연습문제 1 주어진 동사들 중 알맞은 것을 골라 적절한 형태로 넣으세요.

входить – войти

❶ Преподаватель всегда _____ в аудиторию ровно в 9 часов.

❷ Я открыл дверь и _____ в квартиру.

❸ Я _____ в университет, поднялась на 2 этаж, там в кабинете 209 находится деканат.

❹ Сейчас бабушка с трудом _____ на 3 этаж.

❺ Профессор постучал в дверь, декан сказал: «_____!», и профессор _____ в кабинет. Декан сказал: «Проходите, садитесь» и спросил: «Хотите кофе?»

❻ Идёт экзамен. На двери объявление: «Не _____!»

❼ Я никогда не _____ в кабинет директора без стука.

въезжать – въехать

❽ Машина _____ во двор и остановилась.

❾ Обычно мы на горных велосипедах _____ на эту гору.

влетать – влететь

❿ Птица _____ в открытое окно и начала летать по комнате.

⓫ В России зимой очень холодно, поэтому птицы часто _____ в открытые окна.

⓬ Дети играли в футбол, мяч _____ в окно, и оно разбилось.

вносить – внести

⓭ Папа _____ вешалку в комнату и поставил её около двери.

⓮ Мужчины с трудом _____ тяжёлый холодильник на 2 этаж.

연습문제 2 주어진 동사 중 적절한 것을 골라 빈칸에 알맞은 형태로 넣으세요.

идти – пойти / ходить – сходить

❶ - Какой фильм _____ сейчас в кинотеатре «Москва»?
 - «Город N».
 - Говорят, это интересный фильм. Я хочу _____ завтра на этот фильм. А ты _____ со мной?
 - Нет, я вчера _____ в кино и уже посмотрел этот фильм.
 - Ты _____ в кино один?
 - Нет. Когда я _____ в кинотеатр, я встретил Машу. Я пригласил её в кино, и мы вместе _____ в кинотеатр. Фильм _____ 2 часа. Когда он кончился, я предложил Маше _____ в кафе. В кафе мы минут 20 пили кофе и разговаривали. Потом мы _____ домой.

❷ Сначала Сергей позвонил профессору, потом он _____ в кабинет профессора. После разговора с профессором Сергей решил _____ в библиотеку и взять нужную книгу.

❸ - Как хорошо _____ этот маленький мальчик? Когда он начал _____?

- Две недели назад. Ему нравится _____. Он хочет _____ весь день. Но я волнуюсь, я думаю, что ему нельзя _____ так долго.

❹ (Сейчас младший брат Вани находится в детском саду. Детский сад находится недалеко от дома.)

Мама: Ваня, _____, пожалуйста, в детский сад за младшим братом.

ехать – поехать / ездить

❺ - Как ты провёл каникулы?

- Я _____ в деревню к бабушке, потому что я _____ в деревню каждые каникулы. Потом я хотел _____ на остров Чеджу, отдохнуть там два-три дня, но не получилось. А ты?

- Я _____ в Пусан. Я был там неделю. А когда вернулся из Пусана, сразу _____ в Китай. Там сейчас работает мой старший брат. Я гостил у брата месяц.

- А-а, понятно. На каникулах ты _____ в Пусан и в Китай. Я тоже собираюсь _____ в Китай на следующих летних каникулах.

❻ Когда лекция кончилась, студенты _____ на выставку. Когда они _____ с выставки домой, они разговаривали о картинах и художниках.

❼ Вчера Софья _____ в университет на автобусе очень долго. Когда она _____ в университет, в автобусе она учила новые слова.

❽ Когда брат _____ по городу на своей новой машине, он увидел Свету.

연습문제 3 주어진 동사 중 적절한 동사를 골라 빈칸에 알맞은 형태로 넣으세요.

нести – понести, носить

❶ - Где Маша?

- Она _____ книги в библиотеку.

❷ Ты каждый день _____ в университет этот словарь? Но он такой тяжёлый!

❸ Раньше папа _____ усы и бороду, но теперь не _____.

❹ - Куда ты сейчас _____ эти документы?

- Я _____ их в посольство, мне надо оформить визу.

❺ Какое красивое платье? Почему ты не _____ его?

❻ Маленький сын ещё не ходит, вчера мама _____ его в поликлинику на руках.

❼ Женя, ты высокая, поэтому тебе надо _____ туфли на низком каблуке.

❽ Максим купил цветы и _____ их домой, он хочет подарить их маме.

Когда он _____ цветы домой, он встретил друга, который спросил его: «Кому ты _____ эти прекрасные розы?»

вести – повести, водить

❾ Мама одела ребёнка и _____ его в зоопарк.

❿ - Где ты была вчера вечером?

- Я _____ иностранных студентов в театр.

⓫ Сейчас мы едем в Сеул, мама _____ машину. Вчера папа много пил, поэтому ему нельзя _____ машину.

⓬ Мой брат научился _____ машину 5 лет назад. Он очень хорошо _____ машину.

⑬ Когда мама и маленькая дочь посмотрели детский фильм, мама _____ дочь в парк.

⑭ Сейчас дипломаты Японии и Китая _____ переговоры о международном сотрудничестве.

⑮ Почему ты не _____ дневник?

везти – повезти, возить

⑯ Папа встретил сына около школы и _____ его домой. Когда отец _____ сына из школы домой, мальчик рассказывал об уроках.

⑰ В прошлом году брат работал шофёром, он каждый день _____ овощи и фрукты из деревни на городской рынок.

⑱ Юрий поступил в Сеульский университет?! Ему _____!

⑲ - Где мама?
 - Она _____ бабушку на рынок на своей машине.

⑳ - Мама, где ты была? Я жду тебя 2 часа.
 - Я _____ бабушку на рынок.

단어 дипломат 외교관

연습문제 4 주어진 동사들 중 적절한 것을 골라 빈칸에 알맞은 형태로 넣으세요.

входить – войти

❶ Водитель открыл дверь автобуса, и пассажиры _____ в автобус.

❷ Когда учитель _____ в класс, он поздоровался с детьми.

❸ Обычно когда школьники опаздывают, они _____ в класс и говорят: «Извините за опоздание. Можно сесть на место?»

❹ Когда девушки _____ на гору, они часто останавливались и отдыхали. Когда девушки _____ на вершину горы, они увидели большое озеро.

❺ Когда женщина с маленьким ребёнком _____ в трамвай, сидящий молодой человек встал и предложил ей сесть.

❻ Идёт операция, в операционную запрещается _____.

❼ У дедушки болят ноги, сейчас он медленно _____ на 2 этаж.

❽ Туристы _____ в лес и увидели много красивых цветов.

❾ В воскресенье мы с детьми отдыхали на озере. Наши дети не умеют плавать. Обычно они _____ в воду по пояс и просто играют в воде.

❿ Когда студенты _____ к декану, они поздоровались и спросили, когда у декана будет свободное время.

въезжать – въехать

⓫ Обычно брат на горном велосипеде легко _____ на небольшую гору, которая находится недалеко от нашего дома.

⓬ Машина _____ во двор и остановилась.

вносить – внести

⓭ - Какой тяжёлый чемодан! Как ты _____ его на шестой этаж? И почему ты не поднялся на лифте?
   - Потому что лифт сломался.

⓮ Мама _____ маленького сына в квартиру, разула и раздела его.

11-15과 종합문제

※ 빈칸에 들어갈 적절한 답을 고르세요. (1-13)

(1-3)

1. • Раньше Сергей никогда не _____ в театр.

2. • Вчера концерт в консерватории _____ 2 часа.

3. • Алёша утром был в парке. Туда он _____ пешком, а обратно – на такси.

   a) шёл   b) ходил

(4-6)

4. • В прошлом году Иван _____ в Японию на неделю.

5. • Когда Саша _____ в Пусан на автобусе, он смотрел в окно.

6. • Автобус _____ в Пусан 5 часов.

   a) ехал   b) ездил

7. • Сегодня очень тепло, высоко в небе _____ разные птицы.

   a) летят   b) летают

8. • Мама _____ маленькую дочь за руку.

   a) несёт   b) везёт   c) ведёт

9. • Каждый день Марина _____ младшего брата в детский сад на машине.

a) ведёт b) водит
c) везёт d) возит

10. • - Где Юля?
- Она _____ на море.

a) ехала b) поехала
c) ездила d) съездила

11. • Валя всегда _____ в джинсах.

a) идёт b) несёт
c) ходит d) носит

12. • Сергей – опытный водитель. Он _____ на машине 15 лет.

a) едет b) ездит
c) ведёт d) водит

13. • Студенты постучали в дверь и _____ в кабинет декана.

a) пошли b) сходили
c) вошли d) входили

※ 빈칸에 들어가기에 적절하지 않은 답을 고르세요. (14-15)

14.
• Мы с тобой не виделись 10 лет! Как быстро _____ время!

a) идёт
b) бежит
c) летит
d) плывёт

15.
• Грузчики с трудом _____ пианино на третий этаж.

a) ввели
b) втащили
c) внесли
d) подняли

제16과 접두사 вы-와 접두사 при-

A 접두사 вы-

이제 접두사 вы-가 붙은 운동동사들을 살펴 보도록 합시다.

- выходить – выйти
- выезжать – выехать
- выбегать – выбежать
- вылетать – вылететь
- выносить – вынести
- выводить – вывести
- вывозить – вывезти
- выплывать – выплыть (사용하지 않음)

вы-가 붙은 동사들은 в-가 붙은 동사와 정반대의 움직임, 즉 안으로 들어오는 방향이 아니라 밖으로 나가는 반대 방향으로 문턱을 넘어선다는 의미를 지닙니다. 그 활용은 아래와 같습니다.

ОТКУДА? ОТ КОГО?	• Я вышел из дома в 8 часов. 나는 8시에 집에서 나왔다. • Бабушка вышла от врача. 할머니는 의사에게서(의사의 진찰실에서) 나오셨다.
КУДА?	• Дети выбежали на улицу. 아이들이 거리로 뛰쳐나갔다. • Лекция кончилась, и студенты вышли в коридор. 강의가 끝났고, 학생들은 복도로 나왔다.
(КУДА?) ЗАЧЕМ?	• Папа вышел на балкон (чтобы) покурить. 아빠는 담배를 피기 위해 발코니로 나갔다. • Папа вышел покурить. 아빠는 담배 피러 나가셨다.

이제 예문을 중심으로 접두사 вы-가 붙은 동사들의 가장 일반적인 쓰임들을 살펴봅시다.

1. ВЫХОДИТЬ – ВЫЙТИ

걸어서 나가는 움직임을 묘사할 때 사용합니다. 일차적으로 문턱을 넘어 한걸음을 내딛은 상태를 말합니다.

- Максим вышел из школы и пошёл на стадион.
  막심은 학교에서 나와 경기장으로 갔다.
- Сегодня Маша поздно встала. Она вышла из дома в 8:45, поэтому опоздала на урок.
  오늘 마샤는 늦게 일어났다. 그녀는 집에서 8시 45분에 나갔고 그래서 수업에 늦었다.
- Мальчик вышел от директора и заплакал.
  소년은 교장실에서 나와서 울음을 터뜨렸다.
- Я вышел из автобуса и пошёл домой.
  나는 버스에서 내려 집으로 갔다.
- Пароход вышел из Пусана и пошёл в Японию.
  증기선이 부산에서 나와 일본으로 향했다.
- Извините, вы будете выходить (вы выходите) на следующей остановке?
  죄송하지만, 다음 정거장에서 내리실 건가요?
- Когда артисты вышли на сцену, зрители начали аплодировать.
  배우들이 무대에 나왔을 때 관객들이 박수를 치기 시작했다.
- Папа вышел на улицу (чтобы) покурить.
  아빠는 담배를 피러 밖으로 나갔다.
- Мы вышли на балкон (чтобы) подышать свежим воздухом.
  우리는 신선한 공기를 마시러 발코니로 나갔다.
- Антон вышел из аудитории в коридор (чтобы) поговорить по телефону.
  안톤은 전화로 이야기를 나누려고 강의실에서 복도로 나갔다.

이 동사는 일상회화의 맥락에서 자주 사용됩니다. 먼저 아래의 대화는 러시아 초·중·고등학교에서 일상적으로 나누게 되는 대화입니다.

- - Можно выйти? 나가도 될 까요?
  - Да, пожалуйста. 그래, 그러렴.

수업 중에 화장실을 가야 하면 손을 들고 선생님께 위와 같이 여쭤보아야 합니다. 어떤 경우에도 «Можно (пойти) в туалет?*», «Я хочу (пойти) в туалет.*»처럼 말하지는 않습니다. 한국어의 언어 에티켓과는 다르지요?

누군가가 자리에 없을 때 «он вышел / она вышла»라는 동사를 사용하면 이것은 잠시 자리를 비웠고 곧 돌아올 것을 뜻합니다.

- - Алло! Можно директора?
  여보세요! 대표님 바꿔주세요.
- - Его нет, он вышел. Позвоните минут через 15.
  자리에 안 계십니다. 잠시 나가셨어요. 15분쯤 뒤에 전화해주세요.

또 많은 경우 접두사 вы-를 사용한 동사 뒤에는 접두사 по-를 사용한 동사들이 함께 사용됩니다 (вышел и пошёл; вылетел и полетел 등). 이는 в-의 경우와 마찬가지로 вы-를 동반한 동사들도 ≪문턱을 넘어 멈추어 서다≫라는 뜻을 가지기에 가능한 일입니다.

또 한 가지, выходить - выйти는 보통 시간이 표시되어 있는 문장에서 많이 사용됩니다.

- Сегодня я вышел из дома в 8 часов. 오늘 아는 집에서 8시에 나왔다.
- Самолёт вылетел из Сеула в 12 часов. 비행기는 12시에 서울을 벗어났다.

2. ВЫБЕГАТЬ - ВЫБЕЖАТЬ

'달려나가다'라는 의미로 사용됩니다.

- Дети выбежали из класса и побежали в столовую.
  아이들은 교실에서 뛰어나와 식당으로 갔다.

3. ВЫЕЗЖАТЬ - ВЫЕХАТЬ

차를 타고 어떤 경계를 벗어나는 움직임을 묘사할 때 자주 사용됩니다.

- Мы выехали из Сеула и поехали в Сокчо. 우리는 서울에서 나와 속초로 출발했다.
- Автобус выехал / вышел из Сеула в 6 часов. 버스는 서울에서 6시에 나왔다.

4. ВЫЛЕТАТЬ - ВЫЛЕТЕТЬ

비행기가 어떤 경계를 벗어나는 움직임을 묘사할 때 자주 사용됩니다.

- Самолёт вылетел из Сеула и полетел в Москву.
  비행기가 서울에서 벗어나 모스크바로 날아가기 시작했다.
- Наш самолёт вылетел из Сеула в 5 часов.
  우리 비행기는 5시에 서울을 벗어났다.

5. ВЫНОСИТЬ – ВЫНЕСТИ

한국어로 하면 '내가다', '내놓다' 정도의 의미입니다. 걸어서 무엇인가를 어떤 경계 바깥으로 내가는 움직임을 묘사할 때 사용됩니다.

- **Холодильник сломался. Мы вынесли его из дома и поставили справа от двери.** 냉장고가 망가졌다. 우리는 냉장고를 집밖으로 내가 문 오른 편에 세워 두었다.
- **В нашей комнате ремонт, поэтому мы вынесли всю мебель в коридор.** 우리 방을 수리 중이어서 우리는 모든 가구를 복도에 내 놓았다.

6. ВЫВОДИТЬ – ВЫВЕСТИ

'바깥으로 데리고 나가다'의 의미를 지니는 동사입니다.

- **Мама вывела сына во двор погулять.**
  (= Мама и сын вышли на улицу погулять.)
  엄마는 산책하라고 아들을 뜰로 데리고 나갔다.

7. ВЫВОЗИТЬ – ВЫВЕЗТИ

한국어로 한다면 '실어 내가다'로 번역될 수 있는 동사입니다.

- **Папа на машине вывез нас за город. (= Мы выехали на машине за город.)**
  아빠는 우리를 차에 싣고 도시 밖으로 나가셨다.

연습문제 1 접두사 **вы-**가 붙은 동사를 적절한 형태로 넣으세요.

❶ Обычно папа _____ из дома в 7 часов, но сегодня он _____ в 7:30.

❷ Футбольный матч закончился. Мы _____ со стадиона и поехали домой.

❸ Вчера мы ездили отдыхать на озеро. Утром в 7 часов мы _____ из дома, сели в машину и поехали за город. Через 20 минут мы _____ из города и сразу увидели большой лес.

❹ Начала играть музыка, и на сцену _____ известный певец.

❺ Самолёт _____ из Сеула в 12 часов, и через 9 часов он прилетел в Москву.

❻ Когда автобус остановился, пассажиры _____ из него.

❼ После завтрака воспитательница детского сада _____ детей на детскую площадку, там они гуляли 2 часа.

❽ В этой аудитории идёт ремонт, поэтому студенты _____ все столы и стулья в коридор и поставили их около стены.

❾ Каждый день машины _____ мусор из нашего университета.

연습문제 2 идти – пойти / ходить; ехать – поехать / ездить; входить – войти; выходить – выйти; подниматься – подняться 중 적절한 동사를 골라 알맞은 형태로 넣으세요.

❶ После экзамена мы обычно _____ в кафе.

❷ Мы _____ из университета и _____ в кафе.

❸ Около кафе мы встретили Анну, мы поздоровались, открыли дверь и вместе _____ в кафе.

❹ Мы поужинали, _____ из кафе и _____ домой.

❺ Мой младший брат _____ в школу, а я учусь в университете.

❻ Обычно я _____ в университет на автобусе. Мне нравится _____ на автобусе, но я не люблю _____ на трамвае.

❼ Обычно я _____ из дома в 7 часов, но сегодня я _____ в 7:30 и быстро _____ на остановку автобуса.

❽ Когда я _____ в автобус, я сразу увидел Андрея. Мы _____ на автобусе и разговаривали о новом романе. Мы _____ на автобусе минут 15.

❾ Вот наша остановка. Мы _____ из автобуса и _____ в университет.

⑩ Мы опоздали. Урок уже начался. Мы постучали в дверь. Преподаватель сказал: «_____!» Мы _____ в аудиторию, извинились за опоздание и сели на свои места.

⑪ - Что ты делал вчера после лекций?
- Я _____ на стадион, играл в футбол.

⑫ Вчера я _____ в театр на новый спектакль.

⑬ В театр я _____ пешком, потому что была хорошая, тёплая погода. А когда спектакль кончился, и я _____ из театра, на улице _____ дождь. Тогда я села в такси и _____ домой. Машина остановилась около моего дома. Я _____ из такси, _____ в дом, потом на лифте _____ на 8 этаж. Как только я _____ в квартиру, мой брат спросил: «Как спектакль? Понравился?»

연습문제 3 아래의 동사들 중 적절한 것을 골라 빈칸에 알맞은 형태로 넣으세요.

идти – пойти / ходить; ехать – поехать / ездить; входить – войти; выходить – выйти

① Сегодня Максим опоздал, потому что _____ из дома поздно, в 8:45.

② Обычно я встаю в 7 часов, умываюсь, завтракаю, одеваюсь и _____ из дома в 8 часов.

③ - Сколько месяцев вашему сыну?
- 10 месяцев.
- Правда? Он хорошо _____.
- Да, он научился _____ на прошлой неделе.

④ Когда я _____ в театр, я думала о своих проблемах.

⑤ Когда я _____ в кабинет декана, я поздоровался с деканом.

⑥ Вадим открыл дверь и _____ в библиотеку.

❼ Вадим открыл дверь и _____ из библиотеки.

❽ Вадим открыл дверь и _____ на улицу.

❾ У бабушки болят ноги, поэтому она редко _____ Завтра мы с бабушкой _____ в поликлинику на машине.

❿ Вчера Нина _____ в библиотеку. Она _____ из дома в 10 часов, а вернулась домой в 3 часа. Она занималась в библиотеке 5 часов.

⓫ В 12 часов Павел _____ из библиотеки и _____ в кафе.

⓬ Урок кончился, дети _____ в коридор.

⓭ Учительница _____ в класс и начала урок.

⓮ - Где ты был летом?
 - Я _____ в Петербург?
 - На поезде?
 - Туда я _____ на поезде, а обратно _____ (летать – лететь) на самолёте.

⓯ - Где Наташа?
 - Она _____ в Сеул.

⓰ Папа никогда не курит в комнате, обычно он _____ на балкон.

⓱ Максим _____ из университета и _____ на остановку автобуса.

⓲ В дверь постучали. Я сказала: «_____!»

⓳ В дверь позвонили. Я открыла дверь, и в квартиру _____ Сергей.

Б 접두사 ПРИ-

이제 접두사 **при**-가 붙은 동사들을 살펴보도록 합시다. 접두사 **при**-가 붙은 동사들은 한국어로 '도착하다', 또는 '오다' 등으로 번역될 수 있습니다. 또 동사의 활용은 **куда? к кому?** 혹은 **откуда? от кого?** 를 취합니다.

- Самолёт прилетел в Сеул.
  비행기가 서울에 도착했다.
- Самолёт прилетел из Москвы.
  비행기가 모스크바로부터 왔다.
- Бабушка приехала к нам в субботу.
  할머니는 우리 집에 토요일에 오셨다.
- Папа пришёл от врача.
  아빠는 의사를 만나고 오셨다.
- Мы приехали к бабушке и поздравили её с днём рождения.
  우리는 할머니께 가서 생신을 축하해 드렸다.

접두사 **при**-가 붙은 동사들을 사용하면 어느 정도의 거리를 지나 해당 장소에 이미 도착했다, 혹은 도착할 것이다 라는 뜻을 지니게 됩니다.

- Мы пришли (приехали) к бабушке.
  우리는 할머니 집에 도착했다. (이미 할머니 집에 있는 상황)
- Дедушка пришёл к врачу.
  할아버지는 의사에게 가셨다. (이미 의사의 진료실에 계신 상황)

반면 «Я иду(еду) / пошёл(поехал) к бабушке»는 문장은 '할머니께 가고 있다', 혹은 '할머니 집을 향해 출발했다'의 뜻이지 도착의 의미는 없습니다.

다음의 표를 주의 깊게 보고 먼저 **при**-가 붙은 동사들이 과거형에서 어떻게 사용되는지 이해해 봅시다.

불완료상	완료상
приходить, приезжать, прибегать, прилетать, приплывать, приносить, приводить, привозить	прийти, приехать, прибежать, прилететь, приплыть, принести, привести, привезти
현재시제	

반복적인 일
- Он всегда приходит в фирму в 8 ч.
  그는 항상 회사에 8시에 도착한다.

- Папа обычно приезжает домой в 9 ч.
  아빠는 보통 집에 9시에 오신다.
- Самолёты прилетают из Москвы в Инчон 2 раза в день.
  비행기는 모스크바에서 인천으로 하루에 두 번 들어온다.
- Пароход приплывает / приходит на Чеджу каждое утро.
  증기선이 매일 아침 제주도에 온다.
- Почтальон приносит нам газеты каждый день.
  집배원이 매일 우리에게 신문을 배달한다.
- Обычно мама приводит сына в детский сад в 8 часов.
  엄마는 보통 아들을 8시에 유치원에 데려다 준다.
- Каждое утро на рынок привозят из деревни овощи и фрукты.
  매일 아침 시골에서 시장으로 야채와 과일들을 실어 온다.

과거시제

1 반복적인 일

- Раньше папа всегда приходил с работы в 7 ч, а теперь приходит в 9 ч.
  아빠는 전에는 항상 직장에서 7시에 오셨는데 지금은 9시에 오신다.
- Раньше самолёт всегда прилетал из Москвы в 12 часов, а теперь прилетает в 2 часа.
  전에는 모스크바발 비행기가 12시에 도착했었는데 지금은 2시에 도착한다.

2 왔다 갔다

- Вчера ко мне приходил друг, мы играли в шахматы.
  어제 친구가 우리 집에 왔다갔다. 우리는 체스를 두었다. (친구는 이미 떠나고 집에 없는 경우)
- Летом в университет Кён Хи приезжали студенты из Москвы.
  여름에 경희대학교로 모스크바에서 학생들이 왔다 갔다. (이미 떠나서 경희대에 없는 경우)

1 1회적인 일

- Сегодня папа пришёл с работы в 8 часов. 오늘 아빠는 직장에서 8시에 돌아오셨다.
- Сегодня пароход из Японии пришёл позже, чем обычно.
  오늘 일본발 증기선은 보통 때보다 늦게 도착했다.

2 순차동작

- Когда папа пришёл домой, он пообедал.
  아빠는 집에 돌아오신 후 점심을 드셨다.

3 왔다

- Ко мне пришёл друг, сейчас мы играем в шахматы.
  우리집에 친구가 왔고 지금 우리는 체스를 두고 있다. (지금 친구가 집에 있는 경우)
- В университет Кён Хи приехали студенты из Москвы, они уедут через неделю.
  모스크바에서 경희대로 학생들이 왔고 그들은 일주일 후에 떠날 것이다. (지금 학생들이 경희대에 있는 경우)

- Антон приносил в университет новый словарь.
  안톤은 학교에 새 사전을 가져 왔었다.
  (가져왔다 다시 가져갔기에 사전은 학교에 없는 경우)
- Гид приводил туристов в Эрмитаж.
  가이드는 에르미타쉬에 관광객들을 데려갔었다.
  (데려갔다 왔기에 관광객들은 지금 에르미타쉬에 없는 경우)

- Антон принёс в университет новый словарь, мы смотрим этот словарь.
  안톤은 새 사전을 학교에 가져왔고, 우리는 그 사전을 보고 있다.
  (지금 사전이 학교에 있는 경우)
- Гид привёл туристов в Эрмитаж, они смотрят картины.
  가이드가 관광객들을 에르미타쉬에 데려갔고 그들은 지금 그림을 보고 있다.
  (지금 관광객들이 에르미타쉬에 있는 경우)

미래시제

반복적으로 할 일
- Бабушка, я буду часто приходить к тебе. 할머니, 제가 자주 찾아 뵐게요.

① 1회적인 일
- Завтра к нам придёт Антон.
  내일 우리 집에 안톤이 온다.

② 순차적인 일
- Когда придёт Антон, мы пообедаем.
  안톤이 오면 우리는 점심을 먹을 것이다.

연습문제 4 문제를 읽고 질문에 답하세요.

❶ Мы живём в Сеуле. На прошлой неделе к нам приезжали дядя и тётя из Пусана. Дядя и тётя сейчас в Сеуле или в Пусане?

→ _____.

❷ Я работаю в аптеке. В нашу аптеку приходила моя подруга Наташа. Сейчас Наташа в аптеке?

→ _____.

❸ Я работаю в университете. В наш университет приехали учёные из разных стран. Учёные сейчас в университете?

→ _____.

❹ Мама в гостиной смотрит телевизор. В гостиную прибежали дети. Дети сейчас в гостиной?

→ _____.

❺ Ко мне приходил Вадим. Вадим сейчас в моём доме?

→ _____.

❻ Я работаю в поликлинике. В нашу поликлинику пришла Марина, она привела свою бабушку. Марина и бабушка сейчас в поликлинике?

→ _____.

❼ Из Франции в Сеул прилетал мой брат, мы не виделись 2 года. Брат сейчас во Франции или в Сеуле?

→ _____.

❽ Мы живём в Пусане. В Пусан с острова Чеджу приплыл / пришёл пароход. Пароход сейчас на Чеджу или в Пусане?

→ _____.

연습문제 5 빈칸에 접두사 **при-**가 붙은 적절한 동사를 알맞은 시제와 형태로 넣으세요.

❶ В наш город _____ известный российский певец. Сегодня вечером мы пойдём на концерт.

❷ Летом в Сеул _____ российский балет, который был в Корее 2 недели.

❸ В университет Кёнхи _____ студенты из Москвы. Они будут учиться 3 месяца.

❹ (공항에서) Смотрите, вот самолёт, который _____ из Китая.

❺ Ко мне из Америки _____ друг, он был здесь неделю.

❻ Ко мне из Японии _____ подруга, она будет здесь неделю.

❼ Смотри, какой большой пароход, он _____ из Японии.

❽ В наш сад _____ красивые птицы. Вот они сидят на дереве.

❾ В наш сад _____ птицы. Птиц нет, но траве лежат красивые перья.

❿ Сегодня профессор _____ на лекцию картины русских художников. Сейчас он показывает нам эти картины.

⓫ Сейчас вечер. Сегодня утром на лекцию профессор _____ картины русских художников.

B ХОДИЛ vs. ПРИХОДИЛ

접두사 при-가 붙은 불완료상 과거동사는 быть 동사로 치환이 가능합니다. 이때 при-형 동사가 куда? к кому?를 취하는데 반해, быть 동사는 где? у кого? 형을 취합니다.

- Вчера к нам приезжали друзья. 어제 친구들이 우리 집에 왔다 갔다.
  → Вчера у нас были друзья. 어제 친구들이 우리 집에 있었다(왔다 갔다).

연습문제 6 주어진 예를 보고 접두사 при-가 붙은 불완료상 과거시제 문장을 быть 동사 문장으로 바꾸어 보세요.

A) приходил, приезжал

예시
Сегодня ко мне приходил друг.
→ Сегодня у меня был друг
Летом в наш университет приезжали студенты МГУ.
→ Летом в нашем университете были студенты МГУ.

❶ В субботу к нам приезжали родственники из Ульсана.

→ _____ .

❷ В прошлом месяце в Сеул приезжал русский балет.

→ _____ .

❸ В нашу библиотеку приходили школьники.

→ _____ .

❹ К нам в Сувон приезжали известные корейские певцы.

→ _____ .

Б) ходил, ездил

예시　Вчера я ходил в театр.
→ Вчера я был в театре.
Летом мы ездили к родственникам в Ульсан.
→ Летом мы были у родственников в Ульсане.

❶ В воскресенье мы ездили в деревню к бабушке и дедушке.
→ _____.

❷ Вчера дети ходили в парк.
→ _____.

❸ Володя болел, поэтому 2 дня не ходил в детский сад.
→ _____.

❹ В прошлом году наши студенты ездили в Москву на стажировку.
→ _____.

주의할 것은 **при-**가 붙은 과거형 불완료상동사들은 화자에게 가까이 오는 움직임을 묘사할 때 사용되는 반면, 부정태동사의 과거형은 화자의 원 위치로부터 멀어지는 움직임을 묘사할 때 사용된다는 점입니다.

- Вчера к нам приезжали дедушка и бабушка из деревни.
  어제 우리 집에 시골에서 할머니, 할아버지가 왔다 가셨어.
- Вчера я ездил к дедушке и бабушке в деревню.
  어제 나는 시골에 계신 할아버지, 할머니께 다녀 왔어.

연습문제 7　주어진 예에 따라 **БЫТЬ** 동사가 쓰인 문장을 운동동사 문장으로 바꾸어 보세요.

예시　Вчера я был в театре.
→ Вчера я ходил в театр.
Вчера в нашем университете были артисты.
→ Вчера в наш университет приезжали / приходили артисты

❶ Максим вчера был на стадионе.

→ Максим вчера _____ на стадион.

❷ Вчера у нас был Иван.

→ Вчера к нам _____ Иван.

❸ Наша семья летом была в Лондоне.

→ _____.

❹ Летом в нашем городе были английские артисты.

→ _____.

❺ Наши студенты весной были в Москве.

→ _____.

❻ В нашем университете летом были русские студенты.

→ _____.

❼ У кого были ваши дети в прошлую субботу?

→ _____.

❽ Людмила была у вас вчера вечером?

→ _____.

❾ Вы вчера были в Большом театре?

→ _____.

❿ Наши спортсмены были на Олимпийских играх в прошлом году.

→ _____.

⓫ В Корее на Олимпиаде в 2018 году были спортсмены из разных стран.

→ _____.

단어 Олимпиада 올림픽

또 접두사 **при**-가 붙은 동사들이 이동과 운반을 다 표시할 경우 과거형에서의 쓰임이 어떤지 한번 살펴봅시다. 교통수단을 이용할 경우와 아닌 경우 동사의 호응이 서로 다르니 각별히 주의하여야 합니다.

1. ПРИХОДИТЬ – ПРИЙТИ(ПЕШКОМ) + ПРИНОСИТЬ – ПРИНЕСТИ(ПЕШКОМ)

이러한 동사들의 결합은 걸어서 무언가를 운반할 때 사용됩니다.

- Ко мне пришла подруга, она принесла конфеты.
  내 친구가 우리집에 왔는데, 사탕을 가져왔다.
- Ко мне часто приходит подруга, она всегда приносит конфеты.
  내 친구는 우리 집에 자주 오는데 항상 사탕을 가져온다.

2. ПРИХОДИТЬ – ПРИЙТИ(ПЕШКОМ) + ПРИВОДИТЬ – ПРИВЕСТИ(ПЕШКОМ)

이러한 동사들의 결합은 걸어서 누군가를 어디로 데려갈 때 사용됩니다.

- Ко мне пришла подруга, она привела свою младшую сестру.
  내 친구가 집에 왔는데 자기 여동생을 데려왔다.
- Ко мне часто приходит подруга, она всегда приводит свою младшую сестру.
  내 친구가 우리 집에 자주 오는데, 항상 자기 여동생을 데려 온다.

3. ПРИЕЗЖАТЬ – ПРИЕХАТЬ(НА ТРАНСПОРТЕ) + ПРИВОЗИТЬ – ПРИВЕЗТИ(НА ТРАНСПОРТЕ)

이러한 동사 결합은 교통수단을 타고 무언가를 운반하거나 누군가를 데려갈 때 사용됩니다.

- Ко мне приехала подруга, она привезла конфеты / свою младшую сестру.
  내 친구가 우리 집에 왔는데 그녀는 사탕을 가져왔다/여동생을 데려왔다.
- Ко мне часто приезжает подруга, она всегда привозит конфеты / младшую сестру.
  내 친구가 우리 집에 자주 오는데 그녀는 항상 사탕을 가져온다/여동생을 데려온다.

학생들이 자주 범하는 실수로는 다음과 같은 문장을 들 수 있습니다.

К нам приехал (на транспорте) дедушка, он принёс (пешком) фрукты*.

На лекцию пришёл (пешком) известный писатель, он привёз (на транспорте) новый роман*.

위의 문장들의 경우는 걸어서 오는 경우와 차를 타고 오는 경우의 동사들이 혼재되어 있어 비문이 됩니다.

또 아래의 문장들을 살펴봅시다.

- Вчера ко мне приходила подруга, она приводила свою сестру.
  어제 내 친구가 우리 집에 왔었는데 그녀는 자기의 여동생을 데리고 왔었다.
- Вчера ко мне приезжала подруга, она привозила свою сестру.
  어제 내 친구가 우리 집에 왔었는데 그녀는 자기의 여동생을 데리고 왔었다.

이어진 두 문장 모두에 불완료상을 사용한 위의 문장들은 모두 친구와 여동생이 같이 왔다가 같이 떠난 경우에 사용합니다.

- Вчера ко мне приходила подруга, она принесла конфеты.
  어제 내 친구가 우리 집에 왔었는데 그녀는 사탕을 가져왔다. (걸어서)
- Вчера ко мне приезжала подруга, она привезла конфеты.
  어제 내 친구가 우리 집에 왔었는데 그녀는 사탕을 가져왔다. (차를 타고)

반면 앞에만 불완료상을 사용하고 뒷부분에는 완료상을 사용한 위의 문장들은 친구는 왔다 갔지만, 사탕은 선물이기에 집에 두고 간 경우에 사용합니다.

Г   ПРИ- 동사의 미래형

아래의 문장들을 읽어보면 알 수 있는 것처럼 가까운 미래의 일을 말할 경우 완료상 운동동사가 쓰일 수도 있고, 불완료상 현재형 동사가 쓰일 수도 있습니다.

- Завтра к нам приедет бабушка из деревни.
  Завтра к нам приезжает бабушка из деревни.
  내일 우리 집에 시골에서 할머니가 오실 거야/오신다.
- Самолёт прилетит / прилетает завтра в 6 часов.
  비행기는 내일 6시에 도착할 거다/도착한다.
- Пароход придёт (приплывёт) / приходит (приплывает) через 2 часа.
  증기선은 두 시간 뒤에 도착할 거다/도착한다.

한국어로도 《나는 내일 영화 보러 가!》 할 수도 있고, 《나는 내일 영화 보러 갈 거야!》 할 수도 있는 것처럼 현재형을 쓸 수도, 미래형을 쓸 수도 있습니다.

연습문제 8 주어진 문맥에 맞는 동사를 쓰되 처음에는 현재형으로, 이어서는 미래형으로 써보시오.

❶ В субботу к нам _____ / _____ друзья из Инчона.

❷ На следующей неделе в наш город _____ / _____ артисты из Москвы.

❸ Завтра ко мне в гости _____ / _____ мой друг, который живёт недалеко от моего дома.

❹ Конечно, мы обязательно встретим завтра Аню в аэропорту. А когда _____ / _____ самолёт?

❺ - Во сколько завтра _____ / _____ пароход из Токио?
   - в 8 часов.

연습문제 9 접두사 **при-**가 붙은 동사들을 미래형으로 빈칸에 넣어 보세요.

❶ Завтра к нам _____ бабушка и дедушка из деревни, они _____ подарки.

❷ На следующей неделе в Сеул _____ артисты из Китая.

❸ Завтра к нам _____ Максим, он _____ своего нового друга.

❹ - Завтра брат _____ из Москвы. Нам надо встретить его в аэропорту.
   - А брат _____ русские сувениры?
   - Конечно.
   - Во сколько _____ самолёт?
   - В 12 часов.

❺ - Профессор, у вас есть роман Толстого «Воскресенье»?
   - Да, есть.
   - Дайте мне, пожалуйста.
   - Сейчас эта книга не в университете, а дома. Завтра обязательно _____ и дам.

이번에는 по-가 붙은 미래형 동사들(пойти, поехать, понести, повезти, привезти 등)과 при-가 붙은 미래형 동사들을 비교해 봅시다.

- Завтра в наш университет приедут студенты из Москвы.
  내일 우리 학교로 모스크바에서 학생들이 올 것이다.
- Завтра наши студенты поедут в Москву.
  내일 우리 학생들은 모스크바로 갈 것이다.

화자를 향한 움직임에 관한 이야기가 진행 중이면 при-가 붙은 동사를 사용하고, 화자로부터 멀어지는 움직임에 관한 이야기가 진행 중이면 접두사 по-가 붙은 동사들을 사용합니다.

연습문제 10 при-와 по-가 붙은 동사 중 적절한 것을 골라 빈칸에 미래형으로 넣으세요.

❶ Летом к нам _____ друзья из Пусана.

❷ Летом мы _____ к друзьям в Пусан.

❸ Завтра мы _____ на выставку.

❹ В субботу в нашу группу _____ новый студент.

❺ Бабушка живёт в Ульсане. Завтра у неё день рождения. Мы _____ к ней и _____ подарки.

❻ Завтра у младшего брата день рождения. Дядя и тётя с острова Чёджу завтра _____ к нам и _____ подарки.

❼ Моя собака заболела. Завтра я _____ её в ветеринарную клинику, которая находится недалеко от дома.

❽ Я врач, работаю в ветеринарной клинике. Завтра в нашу клинику _____ моя подруга, она _____ свою собаку, которая заболела.

제17과 접두사 У-와 접두사 ЗА-

A 접두사 У-

운동동사에 접두사 у-가 붙어 만들어진 불완료상 – 완료상의 쌍은 아래와 같습니다.

- уходить – уйти
- уезжать – уехать
- убегать – убежать
- улетать – улететь
- уплывать – уплыть
- уносить – унести
- уводить – увести
- увозить – увезти

у-가 붙은 동사는 한국어로 떠나다, 출발하다 등의 의미로 해석될 수 있습니다. 또 기본적인 활용은 1) откуда? от кого?와 2) куда? к кому?로 나눌 수 있습니다.

이 중 у-가 붙은 동사가 '떠나다'라는 의미로 해석될 때는 몇 가지 주의할 점이 있습니다. 먼저, 유사하게 '떠나다'라는 의미를 지니는 по-형 동사에는 반드시 куда?가 필요하지만, у-형 동사는 куда? 없이도 사용할 수 있습니다.

- Мама дома? 엄마 집에 계시니?
  - Нет, она пошла на рынок / ушла на рынок. 아니요, 엄마는 시장에 가셨어요.
- Мама дома? 엄마 집에 계시니?
  - Нет, она пошла*./Нет, она ушла. 아니요, 엄마 나가셨어요.

아래의 대화문의 경우 ушла라는 답은 가능하지만 пошла는 불가능합니다.
또 по-형 동사는 у-형 동사와 달리 откуда? от кого?와 결합하지 않습니다.

- Отец ушёл с работы в 8 часов. 아버지는 직장에서 8시에 나오셨다.
  Отец пошел с работы в 8 часов.*

또 교통수단에 관하여 이야기할 때 у-형 동사는 вы-형 동사와 그 의미가 유사합니다.

- Самолёт улетел / вылетел из Сеула в 8 часов. 비행기는 서울에서 8시에 떠났다.

아래의 예문들은 접두가 y-가 붙은 동사들에 매우 특징적인 예문들입니다. 예문들을 읽고 y-형 동사의 일반적인 쓰임을 이해해 보세요.

- Поезд ушёл / вышел из Сувона и пошёл в Пусан.
  기차는 수원에서 떠나 부산으로 향했다.
- - Где Наташа?
  나타샤는 어디 있어?
- - Она пошла / ушла в библиотеку.
  그녀는 도서관에 갔어.
- - Профессор в Корее?
  교수님은 한국에 계셔?
- - Он поехал / уехал в Москву.
  그분은 모스크바로 가셨어.
- Отец родился в Пусане. Когда ему было 18 лет, он уехал из Пусана, потому что поступил в Сеульский университет.
  아버지는 부산에서 태어나셨다. 아버지가 18세가 되었을 때 그는 서울대학교에 입학하였기에 부산을 떠났다.
- Обычно отец уходит с работы в 8 часов, но сегодня ушёл в 9 часов.
  보통 아버지는 직장에서 8시에 퇴근하시는데 오늘은 9시에 퇴근하셨다.
- Максим ушёл в университет в 8:30.
  (= Максим вышел из дома в 8:30 и пошёл в университет.)
  막심은 8시 30분에 학교로 출발했다.

아래 예문에서 볼 수 있듯이 불완료상 동사 уходил을 사용하면 경우에 따라 '진행'적 의미가 강조됩니다. 한국어로는 '떠나시면서'(아직 완전히 나가신 것은 아니지만 이미 나가시는 중에 가까움)로 번역될 수 있습니다. 반면 완료상 동사 ушёл은 아버지가 이미 떠나신 것을 보여줍니다.

- Когда отец утром уходил на работу, он сказал, что вернётся (с работы) поздно. 아버지가 직장으로 떠나시면서 늦게 돌아오실 거라고 말씀하셨다.
- Когда отец ушёл на работу, я увидел, что он забыл (взять с собой) документы.
  아버지가 떠나신 후에 나는 아버지가 서류 가져가는 것을 잊으신 것을 보았다.

이번에는 아래의 세 가지 대화의 뉘앙스 차이를 꼼꼼히 살펴봅시다. 학장님을 찾는 전화에 각각 다른 접두사가 붙은 동사를 사용하여 답할 수 있고 그때마다 의미가 달라집니다.

- - Можно декана?
  학장님 계신가요?
- - Его нет, он вышел. Позвоните через 15 минут.
  안계세요, 잠시 나가셨습니다. 15분 후에 전화하세요.

이 경우 вышел이란 단어는 학장님이 잠시 자리를 비운 것을 알려줍니다.

- - Можно декана? 학장님 계신가요?
  - Его нет, он пошёл / ушёл в лабораторию. 안 계세요. 실험실에 가셨습니다.

이 경우 пошёл / ушёл이라는 단어만으로는 그가 얼마 동안 나간 것인지 알 수 없습니다.

- - Можно декана? 학장님 계신가요?
  - Его нет, он ушёл. 안 계세요. 나가셨어요.

이때의 의미는 퇴근했다에 가깝습니다. 돌아오지 않을 것이라는 뜻입니다.

학생들이 종종 쓰는 비문으로 «Его нет, он пошёл.*» 같은 문장을 들 수 있습니다. пошёл은 뒤에 반드시 **куда?**를 표기해 주어야 합니다. 위의 문장을 바르게 바꾸려면 «Его нет, он пошёл домой» 혹은 «Его нет, он ушёл»로 바꾸어 주어야 합니다.

연습문제 1 운동동사에 접두사 **y-**가 붙어 만들어진 동사들 중 적절한 것을 골라 알맞은 형태로 빈칸에 넣으세요.

❶ Обычно брат _____ из дома в 8 часов, но сегодня _____ в 8:30.

❷ - Где профессор Ан? Он в университете?
   - Нет, он _____ в Москву.

❸ Вчера профессор Квон _____ в Китай, поэтому завтра у нас не будет лекции по экономике.

❹ (в аэропорту)
   - Скажите, рейс 726 уже _____?
   - Нет, он _____ через 15 минут, но посадка на самолёт уже закончилась.

❺ Дети очень шумели в гостиной, мешали папе смотреть футбол по телевизору, поэтому мама _____ их в детскую комнату.

❻ Мама хочет, чтобы дети хорошо отдохнули летом, поэтому завтра она _____ их в деревню к бабушке и дедушке, где они проведут всё лето.

❼ Кто поставил грязный стакан на окно? Максим? _____, пожалуйста, стакан на кухню.

❽ Когда мама _____ на рынок, она сказала детям: «Не скучайте, я скоро вернусь».

❾ Когда мама _____ на работу, я увидел, что она забыла очки.

❿ Когда бабушка _____ в деревню, мы сказали ей: «Счастливого пути!»

⓫ Когда мы приехали на вокзал, поезд «Москва-Петербург» уже _____. Мы опоздали на этот поезд. Мы поедем в Петербург на следующем поезде.

⓬ Когда друг _____ в армию, Маша дала ему несколько книг.

⓭ Когда друг _____ в армию, Маша ждала его 2 года.

연습문제 2 그간 익힌 다양한 동사들을 기억하며 빈칸에 들어갈 적절한 동사를 알맞은 형태로 넣으세요.

❶ Обычно самолёт _____ из Сеула в 12 часов, а _____ в Москву в 2 часа.

❷ Мы приехали в аэропорт встречать дедушку и бабушку, которые 2 недели путешествовали по Европе. Их самолёт _____ через 30 минут.

❸ После разговора с деканом, студенты _____ в коридор и _____ в аудиторию 201. Когда они _____ в аудиторию, они сели на свои места.

❹ Здесь очень жарко, давай _____ на улицу, там прохладный ветерок.

❺ В прошлую субботу к нам _____ бабушка, она будет гостить у нас до следующей пятницы. Бабушка _____ вкусные яблоки из своего сада.

❻ Я хочу _____ в Россию изучать русский язык, но не знаю, в какой город.

❼ Вчера к нам на лекцию _____ известный писатель, он рассказал нам о своей работе.

❽ Не _____ завтра на рынок, я уже купила овощи и фрукты.

❾ В этой аудитории сейчас идёт экзамен. Запрещается _____ в эту аудиторию.

❿ _____, пожалуйста, завтра к нам в гости в 3 часа.

⓫ Когда я _____ на лекцию, мне позвонил Сергей.

⓬ Когда лекция кончилась, мы _____ из аудитории и _____ в столовую.

⓭ Когда я _____ в читальный зал, я сразу увидел Нину.

⓮ - Где Наташа?
- Её нет в Корее, она _____ в Россию.

⓯ - Миша, где ты был весь вечер?
- Я _____ в теннисный клуб.

⓰ - Поезд «Сувон – Сеул» обычно _____ из Сувона в 4:45, а _____ в Сеул в 5:15.

⓱ Вчера к нам _____ двоюродный брат Иван, он _____ к нам свою будущую жену Марину. Мы хорошо провели вечер. (Иван и Мария ушли в 10 часов).

⓲ Вчера мы _____ к двоюродной сестре, мы _____ к ней нашу новую собаку. (Мы вернулись домой сегодня утром).

⓳ Завтра я _____ в новую фирму, которая находится около моего дома, я _____ свои документы.

⓴ В следующую пятницу в наш университет _____ из Сеула новый преподаватель, он _____ свои документы.

㉑ - Можно директора?
   -Его нет, он _____, перезвоните через 10 минут.

㉒ - Можно директора?
   - Его нет, он _____ в лабораторию.

㉓ -Можно директора?
   - Его нет, он _____, сегодня не вернётся.

Б 접두사 ЗА-

운동동사에 접두사 за-가 붙어 만들어진 불완료상 – 완료상의 쌍은 아래와 같습니다.

- заходить – зайти
- заезжать – заехать
- забегать – забежать
- залетать – залететь
- заносить – занести
- заводить – завести
- завозить – завезти

운동동사 접두사 за-가 붙어 파생된 동사들은 특별한 의미를 지니는데, 그 중 주된 뜻은 '잠시 동안 들르다'입니다.

- Он зашел в деканат. 그는 학장실에 들렀다.
- Он зашёл к декану. 그는 학장님께 들렀다.
- Он зашёл к декану на пять минут. 그는 학장님께 5분간 들렀다.

또 기본적인 활용은 **куда? к кому? на какое время / на сколько?**로 정리할 수 있습니다.
접두사 **при-**가 붙은 경우와 **за-**가 붙은 경우의 의미 차이를 아래의 표를 보며 이해해 보세요.

ПРИ-	ЗА-
• Нине надо купить новое пальто, поэтому она пришла в магазин. 니나는 새 코트를 사야 해서 상점에 왔다. • Ко мне пришёл Антон. 안톤이 우리 집에 왔다. (지금 안톤이 집에 있는 경우) • Вчера ко мне приходил Антон. 우리 집에 안톤이 왔다 갔다. (지금 안톤이 집에 없는 경우)	• Маше надо купить хлеб, она зашла в магазин за хлебом. 마샤는 빵을 사야 한다. 그녀는 빵을 사러 상점에 들렀다. • По дороге домой Маша зашла на рынок за овощами и фруктами. 집에 가는 길에 마샤는 시장에 야채와 과일을 사러 들렀다.

- Друзья принесли торт, и мы вместе пьём чай.
  친구들이 케이크를 가지고 와서 우리는 함께 차를 마시고 있다.
- Мама привела сына в детский театр на спектакль.
  엄마는 어린이 극장 공연을 보기 위해 아들을 데려 왔다.
- Папа привёз детей в деревню.
  아빠는 아이들을 시골로 데려다 주었다.

- По дороге в университет Антон зашёл в библиотеку и взял словарь.
  대학 가는 길에 안톤은 도서관에 들러 사전을 빌렸다.
- По дороге в аэропорт мы заехали к бабушке, чтобы попрощаться с ней.
  공항 가는 길에 우리는 할머니 댁에 들러 할머니와 작별인사를 했다.
- Ко мне зашёл Антон.
  안톤이 우리 집에 들렀다. (현재 안톤이 우리 집에 있는 경우)
- Вчера ко мне заходил Антон.
  어제 안톤이 우리 집에 들렀었다. (들렀다가 간 경우)
- Когда я шёл на лекцию, я занёс в деканат документы.
  수업에 가는 길에 나는 학장실에 들러 서류를 제출했다.
- По дороге на работу мама завела сына в детский сад.
  직장 가는 길에 엄마는 유치원에 들러 아이를 데려다 주었다.
- По дороге на работу папа завёз сына в школу.
  직장 가는 길에 아빠는 학교에 들러 아이를 데려다 주었다.

연습문제 3 приходить – прийти나 заходить – зайти 중 적절한 것을 골라 빈칸에 알맞은 형태로 넣으세요.

❶ К нам _____ гости, они поздравляют папу с днём рождения.

❷ В кабинет профессора _____ ассистент, чтобы спросить, когда будет лекция. Сейчас он в кабинете профессора.

❸ Вчера ко мне _____ Света, мы весь вечер смотрели новый фильм.

❹ Вчера ко мне _____ Света на две минуты, чтобы взять у меня словарь, потому что она потеряла свой словарь.

❺ Мы _____ в магазин, купили фрукты, вышли из магазина и пошли домой.

❻ Каждое утро папа _____ в ближайший магазинчик за свежей газетой.

❼ Когда Дима _____ домой, он пообедал и начал играть в компьютерные игры.

이제 '얼마를 예정으로(На сколько?)'라는 구문을 살펴보도록 합시다. 여러분은 이미 러시아어에는 Как долго?와 함께 쓰일 수 있는 동사들이 많다는 것을 알고 있습니다.

- Я изучаю русский язык 3 года.
  나는 러시아어를 3년 동안 공부하고 있다.
- Маша готовилась к экзамену по английскому языку всё лето.
  마샤는 여름 내내 영어 시험을 준비했다.
- Отец был в Москве две недели.
  아버지는 모스크바에 2주간 계셨다.
- Обычно я еду в университет час.
  보통 우리는 대학에 한 시간 동안 간다.

하지만 на сколько? на какое время? на какой срок?와 사용될 수 있는 동사들은 많지 않고, 그 대부분은 운동동사들입니다.

- идти – пойти (ехать – поехать, бежать – побежать, лететь – полететь…)
- ходить (ездить…)
- приходить – прийти (приезжать – приехать…)
- уходить – уйти (уезжать – уехать…)
- выходить – выйти
- заходить – зайти (заезжать – заехать…)

- В прошлом году мы на месяц ездили в Пусан к бабушке.
  (= Мы были в Пусане у бабушки месяц.)
  지난 해에 우리는 한 달 예정으로 부산에 계신 할머니 댁에 다녀왔다.
- Вчера студенты МГУ приехали в университет Кён Хи на 2 года.
  (= Вчера студенты МГУ приехали в университет Кён Хи, они будут учиться 2 года.)
  어제 모스크바 대학 학생들이 2년 예정으로 경희대학에 왔다.
- Анна зашла в магазин на 5 минут, она купила хлеб.
  (= Анна была в магазине 5 минут.)
  안나는 5분간 가게에 들러 빵을 샀다.

идти, ехать, лететь 등의 동사와는 как долго와 на сколько가 모두 사용될 수 있지만 그 의미는 다릅니다.

- - Как долго ты обычно едешь в университет на автобусе?
      너는 버스를 타고 보통 얼마가 걸려 대학에 가니?
    - Обычно я еду в университет 30 минут. (= Я нахожусь в автобусе 30 минут.)
      나는 보통 30분 걸려 대학에 가.
- - Ты едешь в Москву? На какое время? (= Как долго ты будешь в Москве?)
      너 모스크바 가니? 얼마 예정으로?
    - Я еду в Москву на неделю. (= Я буду в Москве неделю.)
      나는 모스크바에 1주일 예정으로 가.

연습문제 4 ходить / ездить 구문에 на сколько~에 해당하는 부사구를 더해 보세요.

예시 Я ходил / ездил в библиотеку ~
→ Я ходил / ездил в библиотеку на 2 часа.

❶ Наша семья ездила на остров Чеджу _____.

❷ Дети ходили в парк _____.

❸ Друг вчера приходил ко мне _____./
Друг вчера заходил ко мне _____.

❹ Бабушка и дедушка приезжали к нам _____.

❺ Мы ездили в Пусан к дяде и тёте _____.

이 외에도 за-형 동사는 다른 의미들을 지닙니다.

1. 접두사 В-와 유사하게 안으로의 움직임을 의미

- Пассажиры вошли / зашли в автобус.
  승객들이 버스에 탔다.
- Птица влетела / залетела в комнату.
  새가 방으로 날아들었다.
- Дети играли в футбол, мяч влетел / залетел в окно.
  아이들이 축구를 했는데 공이 창으로 날아들었다.

2. 전치사 ЗА + 대격과 결합하여 어디의 뒤로 가는 움직임을 의미

- Дети забежали за дом. 아이들이 집 뒤로 달아났다.
- Луна зашла за облако. 달이 구름 뒤로 숨었다.

3. 알지 못하는 곳까지 가게 됨을 의미

- Мы гуляли в лесу и зашли далеко-далеко.
  우리는 숲을 산책하다가 멀리 멀리 알지 못하는 곳까지 들어갔다.
- Мы потеряли дорогу и заехали в какой-то незнакомый район.
  우리는 길을 잃고 알지 못하는 지역까지 가게 되었다.

2, 3번 의미는 널리 사용되는 것은 아니지만 알아 두기 바랍니다.

연습문제 5 그간 배운 다양한 동사들을 종합하여 빈칸에 들어갈 적절한 동사를 알맞은 형태로 넣으세요.

❶ Вадим _____ из дома в 7 часов и _____ на остановку автобуса. По дороге он _____ в маленький магазин за сигаретами. На остановке он ждал автобус 2-3 минуты. Когда автобус подъехал (подошёл) к остановке, Вадим _____ в него и сел. Он _____ на автобусе и думал о своей работе. Автобус остановился. Вадим _____ из него и _____ в свою фирму.

❷ Обычно отец _____ из дома на работу в 8 часов, но сегодня _____ в 7:30. Он любит _____ на работу метро, но иногда _____ на машине.

❸ Вчера ко мне _____ друг, мы весь вечер разговаривали.

❹ Ко мне _____ Наташа, сейчас мы вместе смотрим новый фильм.

❺ В дверь постучали. Я сказал: «_____!», и в комнату _____ Андрей, он сказал: «Я _____ только на минуту, я хочу взять у тебя учебник физики».

연습문제 6 주어진 동사들 중 적절한 것을 골라 빈칸에 넣으세요.

идти – пойти, ходить – сходить

❶ Я часто _____ на выставки. Вчера я тоже _____ на интересную выставку. Когда я _____ на выставку, я встретил Сергея. Я спросил: «Где твой брат Дима?» Он сказал: «Сегодня Дима _____ на стадион».

❷ У Антона и Веры есть маленький сын Юра. Ему 10 месяцев, но он хорошо _____. Вот Антон, Вера и Юра _____ в парк. Юра ещё не _____ в детский сад. Когда ему будет 3 года, он _____ в детский сад.

❸ Саша сказал: «Мне надо _____ в библиотеку». Когда он _____ в библиотеку, на улице он встретил профессора.

❹ Ваня, _____, пожалуйста, в магазин и купи сок.

ехать – поехать, ездить

❺ Я не люблю _____ на трамвае.

❻ Через месяц мы _____ в Америку, а два месяца назад мы _____ в Канаду.

❼ - Где наш новый преподаватель?
   - Он _____ в Москву.

❽ Когда я _____ в Пусан на поезде, я читал роман Толстого.

❾ Папа сел в машину и _____ в деревню к бабушке. Когда он _____, он пел песню.

❿ Мама заболела и утром _____ в поликлинику.

нести – понести, носить

⓫ Вот Наташа _____ большой словарь.

⓬ Маме нельзя _____ тяжёлые вещи.

⓭ Каждый день брат _____ тяжёлый портфель.

⓮ Когда мама _____ тяжёлую сумку, она часто останавливалась и отдыхала.

⓯ Брат взял чемодан и _____ его на вокзал.

제18과 접두사 ПОД-, ОТ-, ПЕРЕ-

A 접두사 ПОД-와 ОТ-

ПОД -	ОТ-
к чему? к кому?	от чего от кого? куда? (в сторону, подальше)
подходить – подойти	отходить – отойти
подъезжать – подъехать	отъезжать – отъехать
подбегать – подбежать	отбегать – отбежать
подплывать – подплыть	отплывать – отплыть
подлетать – подлететь	отлетать – отлететь
подносить – поднести	относить – отнести
подводить – подвести	отводить – отвести
подвозить – подвезти	отвозить – отвезти

접두사 под-와 от-는 서로 반대되는 의미를 지닙니다. 접두사 под-에는 대상에 다가간다는 의미가 있는 반면, от-에는 대상으로부터 멀어진다는 의미가 있습니다. 아래의 예들을 읽으며 이 접두사가 붙은 동사들을 이해해 보세요.

1. 접두사 ПОД-: 접근, 다가감

접두사 под-가 붙은 운동동사는 대상의 방향으로 다가가는 움직임을 묘사합니다. 아래의 다양한 예문들을 보며 под-가 운동동사와 결합하여 생기는 의미를 이해해봅시다.

- Миша подошёл к двери, открыл её (ключом) и вошёл в квартиру.
미샤는 문 쪽으로 다가가 (열쇠로) 문을 열고 아파트로 들어갔다.
- Лариса подошла к двери и позвонила в дверь. Бабушка открыла и сказала: «Лариса, я рада тебя видеть, входи!»
라리사는 문쪽으로 다가가 벨을 눌렀다. 할머니는 문을 열고 말씀하셨다. ≪라리사, 반갑구나, 들어와라!≫
- Когда мы подошли к библиотеке, мы встретили Сашу.
우리가 도서관 쪽에 다가갔을 때, 사샤를 만났다.
- Все дети пишут упражнение, только Максим не пишет. Учительница подошла к нему и спросила: «Почему ты не пишешь?»
모든 아이들이 연습문제를 풀고 있지만, 막심만 풀지 않고 있다. 선생님이 그에게 다가가 물으셨다. ≪너는 왜 풀지 않고 있니?≫
- Мальчик увидел собаку, подошёл к ней и погладил её.
소년은 강아지를 보고 강아지에게 다가가 강아지를 쓸어 주었다.
- Никогда не подходи ко мне!
절대 내 곁에 다가 오지 마!
- Мы подъехали к лесу, вышли из машины и пошли гулять в лес.
우리는 숲으로 다가갔고 차에서 내려 숲으로 산책하러 갔다.
- Сейчас наш самолёт подлетает к Москве, скоро мы прилетим в Москву.
지금 우리 비행기는 모스크바로 접근하고 있습니다. 곧 모스크바에 도착합니다.
- Птица подлетела к дереву, потом села на большую ветку.
새가 나무 곁으로 날아 들었고 이어 큰 가지 위에 앉았다.
- Дети плавают в бассейне. Миша подплыл к Васе и сказал: «Давай играть вместе».
아이들이 수영장에서 헤엄치고 있다. 미샤는 바샤에게 다가가 말했다: ≪같이 놀자≫.
- Вот пароход подплывает / подходит к берегу.
증기선이 기슭으로 다가오고 있다.
- Маленький ребёнок подошёл к бабушке, и она дала ему яблоко.
어린 아기가 할머니께 다가왔고, 할머니는 그에게 사과를 주셨다.

⚠ 주의하세요

МЫ ПРИШЛИ К БАБУШКЕ. vs. МЫ ПОДОШЛИ К БАБУШКЕ.

아래 두 표현의 뉘앙스 차이에 주의하세요. прийти к кому 하면, 누구에게 갔다, 누구 집에 갔다는 뜻이 되고, подойти к кому는 구체적으로 누구에게 다가가는 움직임을 묘사합니다.

- Мы пришли к бабушке. 우리는 할머니 댁에 왔다.
- Мы подошли к бабушке. 우리는 할머니께 다가갔다.

2. 접두사 от-

이번에는 под-와는 반대의 의미를 지니는 접두사 от-의 용례들을 봅시다. от-는 대상에게서 떨어져 나오는 움직임을 의미합니다. под-의 반대적인 움직임입니다.

- Мальчик подошёл к собаке, но собака отбежала от него.
  소년은 강아지에게 다가갔고, 강아지는 소년으로부터 물러나 달렸다.
- Автобус отошёл от остановки ровно в 10 часов.
  Автобус ушёл с остановки ровно в 10 часов.
  버스는 정확히 10시에 정거장에서 출발했다.
- - Когда обычно отходит / уходит поезд Москва – Петербург?
    모스크바-페테르부르크행 기차는 보통 언제 떠나나요?
  - В 16:30. 4시 30분에.
- Этот пароход отойдёт через 15 минут.
  Этот пароход уйдёт / пойдёт / поплывёт в Японию через 15 минут.
  이 증기선은 15분 뒤에 떠난다/이 증기선은 15분 뒤에 일본으로 출발한다.
- Отойди от огня! 불에서 떨어져!
- Отойди от меня! 나에게서 떨어져!
- Здесь опасно. Отойди в сторону! Отойди подальше!
  여기는 위험하다. 저쪽으로 가라! 더 멀리 가라!
- Нина и Мила разговаривают. Я отошла в сторону, чтобы не мешать.
  니나와 밀라가 대화를 나누고 있다. 나는 방해하지 않기 위해 저쪽으로 물러났다.

이 외에 отнести, отвезти 동사는 '수선이나 세탁을 위해 무엇을 맡기다'라는 의미로도 사용됩니다.

- Твоё пальто уже очень грязное, отнеси его в химчистку.
  네 코트는 이미 너무 더러워. 그것을 세탁소에 맡겨라.
- Мой ноутбук сломался, надо отвезти его в сервисный центр.
  내 노트북이 망가져서 그것을 서비스 센터에 맡겨야 해.

연습문제 1 под-나 от-가 붙은 동사 중 적절한 것을 골라 알맞은 형태로 넣으세요.

❶ На столе лежит игрушка. Ребёнок _____ к столу, взял игрушку и _____ от стола.

❷ Мама купила молоко, она _____ к холодильнику, поставила молоко (в холодильник) и _____ от холодильника.

❸ Туристы _____ к памятнику, осмотрели его и пошли в музей.

❹ Максим _____ к компьютеру и включил его.

❺ Папа развёл костёр, дети _____ к костру очень близко, поэтому папа сказал им: «_____ от костра!»

❻ Мы разговаривали об экзаменах, вдруг у Маши зазвонил телефон. Она _____ в сторону и начала разговаривать по телефону.

❼ Туристы _____ к картине, и гид начал рассказывать об этой картине.

❽ Около театра мы увидели афишу. Мы _____ к ней ближе и прочитали о новом спектакле.

단어 развести костёр 모닥불을 피우다 | афиша 포스터

Б 접두사 ОТ-와 У-

여러분은 앞서 접두사 от-가 붙은 동사들의 예문을 읽으며 교통수단이 주어로 사용되는 경우에 접두사 от-는 у-와 유사한 의미로 사용된다는 것을 알 수 있었을 것입니다. 다만 접두사 от-가 붙은 동사들의 경우는 문법적 활용이 «откуда?»가 됩니다.

- Автобус отошёл от остановки ровно в 10 часов.
  Автобус ушёл с остановки ровно в 10 часов.

이 뿐만 아니라 접두사 у-가 붙은 타동사들도 от-가 붙은 타동사들과 유사한 의미를 지닙니다(уносить – унести / относить – отнести; уводить – увести / отводить – отвезти; увозить – увезти / отвозить – отвезти).

다만 한 가지 주의할 만한 뉘앙스의 차이가 있습니다. 명령문에서 접두사 у-가 붙은 동사들은 훨씬 더 엄격하고 절대적인 요구의 뉘앙스를 가지게 되는 반면 접두사 от-가 붙은 명령문은 훨씬 부드러운 부탁의 느낌을 줍니다.

> ОТНЕСИ(ТЕ) – УНЕСИ(ТЕ)
> ОТВЕДИ(ТЕ) – УВЕДИ(ТЕ)
> ОТВЕЗИ(ТЕ) – УВЕЗИ(ТЕ)

아래의 예문들을 비교해 봅시다.

- **Антон, опять ты поставил грязный стакан на письменный стол. Унеси его на кухню.** 안톤, 너 또 더러운 컵을 책상에 두었구나. 그거 부엌으로 가져가!
- **Антон, опять ты поставил грязный стакан на письменный стол. Отнеси его на кухню!** 안톤, 너 또 더러운 컵을 책상에 두었구나. 그거 부엌으로 가져 가렴.

위의 예문들의 해석을 통해 알 수 있는 것처럼 «Унеси его на кухню!»는 훨씬 엄격한 명령조의 말로 들리고, «Отнеси его на кухню!»는 부탁에 가까운 말로 들립니다.

위 예문의 상황은 안톤이 무엇인가 잘못한 것이고, 그래서 엄격한 명령을 들어야 할 만한 상황이기에 «Унеси его на кухню!»가 쓰일 수도, 또 «Отнеси его на кухню!»가 쓰일 수도 있지만 아래와 같은 상황에서는 «Унеси!»는 이상하게 들릴 수 있습니다.

- **Мама была на рынке, она купила фрукты. Когда мама вошла в квартиру, она сказала сыну: - Антон, отнеси эти фрукты на кухню!**
  엄마는 시장에 가셨었고, 과일을 사셨다. 엄마는 아파트에 들어서서 아들에게 말했다: ≪안톤, 이 과일 부엌에 좀 가져다 놓으렴!≫

위와 같은 상황에서 절대적인 요구와 명령에 가까운 «Унеси!»를 사용하면 어색하게 들립니다. 같은 맥락에서 아래의 경우도 «Унеси!» 대신 «Отнеси!»를 사용합니다.

- **Профессор дал Антону словарь и сказал: «Антон, отнеси, пожалуйста, этот словарь в деканат профессору Юн!»**
  교수님은 안톤에게 사전을 주시고 말씀하셨다. ≪안톤, 이 사전을 학장실로 가져가서 윤교수님께 전해 드려라.≫

그러나 위급한 상황이 생기면 당연히 강한 명령을 하는 것이 맞습니다.

- **Здесь очень опасно! Срочно увезите отсюда всех детей!**
  이곳은 아주 위험합니다! 당장 모든 아이들을 여기서 데리고 나가세요!

만약 이러저러한 상황에서 여러분이 от-가 붙은 경우와 у-가 붙은 동사 중 어떤 동사를 명령형으로 쓰는 것이 좋을지 혼란스럽다면 от-가 붙은 동사의 명령형을 사용하는 것이 좋습니다. 그러면 예의를 벗어난 말을 하게 될 리는 없으니까요.

- **Дети слишком шумят и мешают, Нина, уведи их в детскую комнату!**
  아이들이 너무 시끄럽고 방해가 된다, 니나, 걔들을 어린이 방으로 데려가!
- **Нина, пожалуйста, отведи их в детскую комнату.**
  니나, 그들을 어린이 방에 데려가줘.

연습문제 2 그간 배운 동사들을 종합하여 빈칸에 들어갈 적절한 동사를 알맞은 형태로 넣으세요.

❶ Максим _____ к двери, открыл её и _____ в библиотеку.

❷ Обычно папа заканчивает работу в 7 часов и _____ домой в 8 часов, но сегодня он _____ пораньше, в 7 часов.

❸ Когда папа _____ домой, я спросил его: «Как дела?»

❹ Когда Света _____ в наш дом, я сказала ей: «Проходи, сейчас будем пить чай».

❺ По дороге домой я обычно _____ в небольшое кафе, чтобы выпить чашку чая.

❻ Мы часто _____ на море. На следующей неделе будет хорошая погода, поэтому мы опять _____ на море.

❼ Сегодня Наташа проспала, поэтому _____ из дома в 8:30, она быстро _____ на остановку автобуса. Через 2 минуты к остановке _____ автобус. Наташа _____ в него и села на свободное место.

❽ Урок кончился, все студенты _____ в коридор.

❾ Урок кончился, студенты _____ в столовую.

❿ - Алло! Можно декана?
   - Его нет, он _____, позвоните минут через 10.

⓫ - Алло! Можно декана?
   - Его нет, он _____, позвоните завтра.

⓬ Вот Женя _____ ко мне в общежитие на минуту, чтобы вернуть книгу, которую взяла неделю назад.

⓭ Студент спит на уроке. Когда преподаватель _____ к нему, он открыл глаза и сказал: «Извините!»

⓮ Мы с Ниной стояли около библиотеки и разговаривали. Вдруг к нам _____ Лариса. Она сказала, что ей надо срочно поговорить с Ниной по важному делу. Я _____ в сторону.

⑮ Какой милый ребёнок! Он так хорошо _____! Мама сказала ему: «_____ сюда!» Когда он _____ к маме, она дала ему конфету.

⑯ Ребёнок мешает маме готовить обед, мама сказала ему: «_____ от меня!»

⑰ Сейчас Юре 6 лет, и он _____ в детский сад, но через год ему будет 7 лет, и он _____ в школу.

⑱ Виктор _____ из дома в 8 часов, а _____ в университет в 8:30. Он _____ пешком 30 минут.

⑲ Вчера вечером Максим _____ ко мне своего друга, мы вместе пили чай и разговаривали.

⑳ Завтра папа _____ из Америки, он _____ подарки. Дети с нетерпением ждут папу.

㉑ Бабушка уже _____ с рынка домой, она _____ овощи и фрукты, которые положила в холодильник.

㉒ Твой смартфон сломался, _____ (명령문) его в сервисный центр.

B 접두사 ПЕРЕ-

- переходить – перейти
- переезжать – переехать
- перебегать – перебежать
- перелетать – перелететь
- переплывать – переплыть
- переносить – перенести
- переводить – перевести
- перевозить – перевезти

이번에는 접두사 пере-가 붙은 운동동사들을 살펴봅시다. 접두사 пере-가 붙으면 기본적으로 한 곳에서 다른 곳으로 건너가다, 가로질러 건너다의 뜻이 더해집니다. пере-가 붙은 동사들의 활용은 아래와 같습니다.

1. (ЧЕРЕЗ) ЧТО?: ~(길이나 강)을 건너다

'~을 건너간다'고 할 때 전치사 **через**를 쓸 수도 있고, 전치사 없이 접두사 **пере-**가 붙은 운동동사가 타동사로 기능하며 길이나 강을 직접목적어로 취하기도 합니다.

- Дети перешли дорогу / через дорогу. 아이들이 길을 건넜다.
- Дети перебежали дорогу / через дорогу. 아이들이 달려서 길을 건넜다.
- Птица перелетела реку / через реку. 새가 강을 건넜다.

그런데 헤엄쳐서 건너는 경우에는 직접목적어로만 가능하고 **через**를 쓸 수 없습니다. «Спортсмен переплыл реку 운동선수가 강을 건넜다»는 문장은 맞는 문장이지만 «Спортсмен переплыл через реку.*»는 비문입니다.

2. КУДА? / ОТКУДА – КУДА?: 이사/전학/이직하다

운동동사에 접두사 **пере-**가 붙어 파생된 동사들은 이사나 전학, 이직 등 한 곳에서 다른 곳으로 옮겨가는 일들을 묘사할 때도 사용합니다. 아래의 예문들을 읽으며 접두사 **пере-**가 붙은 운동동사들이 어떤 맥락에서 사용되는지 이해해 보세요.

- Наша семья переехала в другой дом.
  우리 가족은 다른 집으로 이사했다.
- Бабушка и дедушка раньше жили в деревне, но в 2007 году переехали в Сеул.
  할머니와 할아버지는 전에는 시골에서 사셨지만, 2007년에 서울로 이사하셨다
- Они переехали из деревни в Сеул.
  그들은 시골에서 서울로 이사했다.
- - Антон работает в фирме «Союз»?
   안톤은 소유즈사에서 일하나요?
- - Нет, 2 года назад он перешёл в другую фирму / в фирму «Восток».
   아니요, 2년 전에 다른 회사로/보스톡사로 갔어요
- Сын ходит в детский сад. Но ему не нравится этот детский сад. Родители хотят перевести его в другой сад.
  아들은 유치원을 다닙니다. 하지만 그는 그 유치원을 싫어해요. 부모님은 그를 다른 유치원으로 전원시키고 싶어 합니다.

이사, 이직, 전근 등만이 아니라 학년이 바뀌는 것을 묘사할 때도 **перейти**라는 동사를 사용합니다. 여러분이 알고 있는 것처럼 초·중·고등학교와 대학교의 학년은 각각 **класс**와 **курс**로 표현합니다.

- В каком классе ты учишься? 너는 몇 학년이니?
  - Я учусь в пятом классе? 나는 5학년입니다.
- На каком курсе ты учишься? 너는 몇 학년이니?
  - Я учусь на втором курсе. 나는 2학년이야.

перейти 동사는 학년이 바뀌는 것을 말할 때 사용합니다.

- В какой класс ты перешёл / перешла? 너는 몇 학년이 되니?
- На какой курс ты перешёл / перешла? 너는 몇 학년이 되니?

보다 정확히 설명하자면, 위의 표현은 다음과 같은 경우에 사용합니다. 예를 들어, 빅토르가 이미 5학년을 마쳤지만, 아직 6학년을 시작하지는 않았어요. 지금은 방학이고 방학이 끝나면 6학년 학기가 시작됩니다. 이런 시기에 러시아 학생들은 «я учусь в … классе / на … курсе»라는 표현 대신 «я перешёл в …. класс / на … курс»라는 표현을 사용합니다.

연습문제 3 빈칸에 접두사 **пере-**가 붙은 운동동사를 알맞은 형태로 넣으세요.

❶ Папу не устраивает зарплата, поэтому он хочет _____ в другую фирму.

❷ Вадим окончил третий курс и _____ на четвёртый.

❸ Раньше мы жили в Москве, а сейчас – в Петербурге. Мы _____ из Москвы в Петербург 3 года назад.

❹ Моей дочери не нравится эта школа. В следующем году я _____ её в другую школу.

❺ Павел подошёл к дороге, немного подождал, и, когда загорелся зелёный свет, он _____ дорогу.

❻ Родители обычно говорят детям: «Нельзя _____ дорогу, надо всегда спокойно _____ через неё».

❼ Эта река очень широкая, невозможно _____ её.

연습문제 4 주어진 텍스트를 읽고 빈칸에 적절한 동사를 넣으세요.

Вчера было воскресенье, я _____ в музей. Я _____ из дома в 11 часов. Музей находится недалеко от моего дома, поэтому я решил _____ пешком. По дороге я _____ к своему другу Саше, потому что я хотел пригласить его в музей. Сначала я _____ к его дому, потом _____ в дом. Саша живёт на 9 этаже. Я вызвал лифт. Когда пришёл лифт, его двери открылись, я _____ в лифт и _____ на 9 этаж. Я _____ из лифта, _____ к квартире 905 и позвонил в дверь. Лена, сестра Саши, открыла дверь, я _____ в квартиру и спросил: «Саша дома?» Лена ответила, что его нет, он _____ на стадион.

제19과 접두사 ПРО와 О-(ОБ-, ОБО-)

A 접두사 ПРО-

- проходить – пройти
- проезжать – проехать
- пробегать – пробежать
- пролетать – пролететь
- проплывать – проплыть
- проносить – пронести
- проводить – провести
- провозить – провезти

про-가 붙은 동사는 러시아어에서 매우 널리 사용됩니다. 접두사 про-는 대상을 관통하여 지나가는 것, 멈추지 않고 쭉 통과하여 지나가는 움직임을 묘사합니다. 그런 기본적인 의미를 바탕으로 про-가 붙은 운동동사가 지니는 다양한 의미들을 살펴봅시다.

1. 서 있지 않고 계속 가다

앞서 접두사 в(о)-가 붙은 운동동사들을 이야기할 때 접두사 в(о)-에는 기본적으로 '문턱을 넘어 들어선 후 멈추어 서다'라는 의미가 있다는 것을 살폈습니다. 접두사 в(о)-에 그렇게 멈추어 서는 것을 포함하는 의미가 있다면 접두사 про-에는 그렇게 들어온 곳에서 '멈추지 않고 계속해서 들어가다'라는 의미가 있습니다. 아래의 예문을 볼까요?

- - Входите! 들어오세요!
  - Здравствуйте, Анна Ивановна! 안녕하세요, 안나 이바노브나!
  - Здравствуйте, Антон Петрович! Проходите, садитесь!
    안녕하세요, 안톤 페트로비치! 들어와서 앉으세요!

들어와 문 가에 서 있는 사람을 집안으로, 혹은 사무실 안으로 초청할 때 Проходите!라는 표현을 사용합니다. 또 다른 예문을 봅시다.

- - Уважаемые пассажиры! Не стойте около двери, проходите дальше! / проходите дальше по салону!
    존경하는 승객 여러분! 문 가에 서 계시지 말고 더 들어가세요! 안쪽으로 더 들어 가세요!

위의 멘트는 버스에서 자주 들을 수 있습니다. 문 쪽에 서 있지 말고 안으로 들어가라고 할 때 당연히 «Проходите!»를 사용할 수 있겠지요.

> ⚠ 주의하세요
>
> ### ПРИХОДИТЕ! / ПРОХОДИТЕ!
>
> «Приходите!»와 «Проходите!»는 구분하여 사용해야 합니다. «Приходите!»가 어디에 오라고 하는 초청이라면 «Проходите!»는 구체적으로 공간 안으로 들어오라는 초청입니다.
>
> - Приходите в гости! 우리 집에 오세요
> - Проходите, садитесь! 들어오세요! 앉으세요!
>
> «Проходите дальше!»와 «Отойди(те) подальше!»의 의미 차이에도 주의하세요. «Проходите дальше!»가 더 깊은 곳으로 들어가라고 초청하는 것이라면, 후자는 위험한 것에서 떨어지라고 할 때 사용합니다.
>
> - Отойди подальше от огня! 불에서 떨어져!

2. ~곁을, ~를 관통하여 지나가다

가장 일반적인 정태동사인 «идти», «ехать» 등과 유사한 의미로 사용되는데, 이때 아래와 같은 전치사들을 동반합니다.

전치사	격	의미
мимо	+ 생격	~ 곁을 지나서 가다
по	+ 여격	~를 따라서(along) 가다
через	+ 대격	~를 가로질러, 통과하여 가다
под	+ 조격	~아래로 지나가다
над	+ 조격	~위로 지나가다
сквозь	+ 대격	~를 관통하여 지나가다

불완료상 идти = проходить, ехать = проезжать	완료상 пройти, проехать⋯

• Мы проходим мимо театра.
  (= Мы идём мимо театра.)
  우리는 극장 곁을 지나간다.
• Я прохожу по парку.
  (= Я иду по парку.)
  나는 공원을 따라 걷는다.
• Машина проезжает по мосту.
  (= Машина едет по мосту.)
  자동차가 다리를 따라 간다.
• Самолёт пролетает над озером.
  (= Самолёт летит над озером.)
  비행기가 호수 위를 날아간다.
• Лодка проплывает под мостом.
  (= Лодка плывёт под мостом.)
  배가 다리 아래를 지난다.
• Мы проходим сквозь джунгли / густой лес. (= Мы идём сквозь джунгли / густой лес.)
  우리는 정글/울창한 숲을 통과하여 지난다.
	• Мы прошли мимо театра.
	  우리는 극장 곁을 지나갔다.
	• Я прошла по парку.
	  나는 공원을 따라 걸었다.
	• Машина проехала по мосту.
	  자동차가 다리를 따라 갔다.
	• Самолёт пролетел над озером.
	  비행기가 호수 위를 날았다.
	• Лодка проплыла под мостом.
	  배가 다리 아래를 지났다.
	• Мы прошли сквозь джунгли.
	  우리는 정글을 관통하여 지났다.

3. 거리, 간격을 분명히 밝힐 필요가 있을 때 사용

이 외에도 얼마나 지나왔는지 거리나 간격을 정확하게 명시할 때도 **про-**가 붙은 운동동사를 사용합니다.

- **Спортсмен пробежал 100 метров.** 운동선수가 100미터를 뛰었다.
- **Поезд прошёл / проехал 50 километров.** 기차가 50킬로미터를 지났다.
- **Самолёт пролетел 2000 километров.** 비행기가 2000킬로미터를 날았다.

> **연습문제 1** **про-**가 붙은 완료상 동사를 빈칸에 적절한 형태로 넣으세요.
>
> ❶ Большой пароход _____ мимо _____.
>
> ❷ Дети _____ по _____.
>
> ❸ Самолёт _____ над _____.
>
> ❹ Лодка _____ под _____.

❺ Туристы _____ сквозь _____.

❻ Автобус _____ мимо _____.

❼ Гид _____ туристов по _____.

❽ Гид _____ туристов через _____.

4. 시간과 거리를 함께 밝힐 때

거리만이 아니라 거리와 시간을 함께 명시할 때도 **про-**가 붙은 운동동사를 사용합니다.

- Спортсмен пробежал 100 метров за 10 секунд.
  운동선수가 100미터를 10초에 뛰었다.
- Самолёт пролетел 400 километров за 45 минут.
  비행기가 400킬로미터를 45분에 날았다.

연습문제 2 그간 배운 다양한 동사들 중 알맞은 동사를 골라 빈칸에 적절한 형태로 넣으세요.

❶ Я живу в Москве. Раньше я работал в компании «Свет», но в прошлом году _____ в компанию «Звезда». В прошлую среду в нашу компанию _____ в командировку бизнесмены из Кореи, они были в Москве 3 дня. А на следующей неделе мы _____ в Корею.

❷ Вчера мы с Максимом _____ на пикник. Я _____ из дома в 6 часов. Моя машина всегда стоит во дворе. Я _____ к машине, открыл дверцу и сел (в машину). По дороге мне надо было _____ к Максиму. Когда я _____ к его дому, я сразу увидел Максима. Он стоял около своего дома и ждал меня. Максим сел в машину, и мы _____. Сначала мы _____ мимо леса, потом – по большому мосту. Мы _____ минут 30-40, потом остановились около небольшого озера. Мы _____ из машины и _____ к воде. Мы хорошо отдохнули на озере, в 6 часов вечера мы сели в машину и _____ обратно.

❸ Наш самолёт _____ из Инчона в 7 часов и _____ в Японию. Сначала он _____ над Кореей, потом – над Восточным морем. Когда я _____ на самолёте, я всю дорогу спал. Самолёт _____ в Токио в 9 часов. Он _____ за 2 часа 800 километров. Когда пассажиры _____ из самолёта, стюардессы говорили им: «Мы будем рады видеть вас в следующий раз». Когда все пассажиры _____, дверь самолёта закрылась.

Б 접두사 O-(ОБ-, ОБО-)

- обходить – обойти
- объезжать – объехать
- обегать – обежать
- облетать – облететь
- обносить – обнести (не говорят)
- обводить – обвести (не говорят)
- обвозить – обвезти (не говорят)

접두사 o-(об-, обо-)가 붙은 운동동사에는 기본적으로 둘러가다, 우회하여 가다라는 의미가 더해집니다. o-(об-, обо-)가 붙은 운동동사들을 상세하게 살피기에 앞서 특별히 불완료상 объезжать의 완료상이 объехать와 объездить 두 가지라는 사실을 기억해두세요. 아래에서 살피겠지만, 완료상 объездить는 '여기저기 돌아다니다', '온 데를 다니다'의 뜻으로 쓰일 때만 사용됩니다.

접두사 o-(об-, обо-)가 붙은 운동동사들은 기본적으로 다음의 세 가지 의미를 지닙니다.

1. 원형으로 돌아가다: вокруг + 생격

원형으로 우회하여 지나가는 동작을 묘사할 때 o-(об-, обо-)가 붙은 운동동사들을 사용합니다.

- **Мы обошли вокруг памятника и хорошо его осмотрели.**
  우리는 기념비 주변을 돌았고 그것을 잘 살펴 보았다.
- **Машина объехала вокруг озера.** 자동차가 호수 주위를 돌았다.
- **Самолёт облетел вокруг города.** 비행기가 도시 주위를 원을 그리며 돌았다.

2. ~을 피해가다: + что? (대격)

о-(об-, обо-)가 붙은 운동동사들이 직접목적어를 취하여 장애물이 되는 어떤 대상을 피해가는 움직임을 묘사합니다.

- На дороге лежит большой камень. Дети обошли камень.
  길에 큰 돌이 놓여 있다. 아이들은 돌을 피해갔다.
- Сейчас мы едем на машине. На дороге лежит большой камень. Папа объехал этот камень.
  지금 우리는 자동차를 타고 가고 있다. 길에는 큰 돌이 놓여 있다. 아빠는 이 돌을 돌아 지났다.
- После дождя на дороге много луж. Сейчас я иду и обхожу эти лужи.
  비 내린 후 길에는 웅덩이가 많다. 지금 나는 가면서 이 웅덩이들을 돌아 지나고 있다.

3. 이곳저곳을 들르다: + весь, всю, всё, все(대격)

о-(об-, обо-)가 붙은 운동동사들은 때로 여기 저기 많은 곳들을 돌아다닌다는 뜻으로도 사용됩니다. 이때 온 데를 다 돌아다녔다는 뜻으로 쓰이기 때문에 종종 весь, всю, всё, все와 같이 쓰입니다.

- Мне надо купить словарь, я обошёл все книжные магазины, но словаря нигде не было.
  나는 사전을 사야 한다. 나는 모든 서점을 다 돌아다녔지만, 사전이 어디에도 없었다.
- Дети играли с котёнком в парке. Потом котёнок куда-то убежал. Дети обежали весь парк и нашли его. /, но не нашли его.
  아이들은 공원에서 새끼 고양이와 놀았다. 그후 새끼 고양이가 어딘가로 달아나 버렸다. 아이들은 온 공원을 다 뛰어 돌아다녀 고양이를 찾았다/~지만 고양이를 찾지 못했다.
- Брат любит путешествовать, он **объехал / объездил** всю Европу и Азию.
  오빠는 여행을 좋아한다. 그는 온 유럽과 아시아를 다 돌아다녔다.

앞서 잠시 언급한 바와 같이 '온 데를 돌아다니다'라는 의미로 사용될 때는 완료상 объехать / объездить를 모두 사용할 수 있고, 두 동사간의 의미 차이는 없습니다.

연습문제 3 접두사 **o(об-, обо-)**가 붙은 동사 중 적절한 것을 골라 빈칸에 알맞은 형태로 넣으세요.

① В саду мы увидели большое старое дерево. Мы _____ вокруг него и хорошо осмотрели.

② Наша семья любит путешествовать. На своей машине мы _____ _____ всю Корею.

③ Мне надо купить пальто. Я _____ все магазины в нашем районе, но не нашла хорошего пальто.

④ Вот на дороге лежит собака. Мы осторожно _____ её.

⑤ Туристы сначала _____ вокруг маленького озера, потом отдохнули на берегу.

⑥ Пожарный вертолёт каждый день _____ вокруг леса.

⑦ На дороге яма. Мы на машине _____ её.

단어 пожарный 화재의 | вертолёт 헬리콥터 | яма 구멍

MEMO

제20과 접두사 до-와 вз-, 접두사가 붙은 운동동사의 전이적 의미

A 접두사 до-

- доходить – дойти
- доезжать – доехать
- добегать – добежать
- долетать – долететь
- доплывать – доплыть
- доносить – донести (почти не говорят)
- доводить – довести (почти не говорят)
- довозить – довезти

접두사 до-가 붙은 운동동사들의 가장 기본적인 의미는 '~까지 도달'입니다. 이러한 기본적인 의미를 바탕으로 다양한 활용이 가능합니다. 아래의 예문들을 통해 до-가 붙은 운동동사들의 활용을 살펴 봅시다.

1. ~ 까지: ДО ЧЕГО?

до-가 붙은 운동동사들은 '~까지 가다'의 뜻을 전하고, 역시 '~까지'의 뜻을 지니는 생격 지배 전치사 до와 결합합니다.

- Скажите, пожалуйста, как дойти до аптеки?
  말씀 좀 묻겠습니다. 약국까지 어떻게 가나요?
- Извините, как доехать до вокзала?
  실례지만, 역까지 어떻게 가나요?

운동동사에 접두사 до-가 붙은 동사들의 범주에 들어가지는 않지만, '어디까지 도착하다'의 뜻으로 아래의 동사도 자주 사용합니다.

- Извините, как **добраться** до вокзала?
  실례지만 역까지 어떻게 가나요?

2. ~까지 ~ 동안: ДО ЧЕГО? ЗА СКОЛЬКО?

어떤 지점까지 얼마 동안 갈 수 있는지를 표현할 때도 접두사 до-가 붙은 동사들과 장소를 표현하는 전치사 до와 시간을 표현하는 전치사 за를 사용합니다.

- Мы доехали до Пусана за 4 часа.
  우리는 부산까지 4시간 안에(동안) 도착했다.
- От Сеула до Пусана мы доехали за 4 часа.
  서울에서 부산까지 우리는 4시간 안에(동안) 도착했다.
- От дома до школы я обычно дохожу за 5 минут.
  집에서 학교까지 나는 보통 5분이면 도착한다.
- Таксист довёз нас до аэропорта за 30 минут.
  택시 운전사는 우리를 공항까지 30분에 데리고 갔다.

그런데 우리가 알고 있는 것처럼 до-가 붙은 동사들 외에도 정태동사의 과거형을 사용하여 어디까지 얼마의 시간이 걸려 갔는지를 표현할 수도 있습니다.

- Вчера папа ехал в свою фирму 2 часа, потому что на дороге была большая пробка.
  어제 아빠는 회사까지 2시간 동안 달렸다. 왜냐하면 길에 교통 체증이 심했기 때문이다.
- Мы летели до Москвы 9 часов.
  우리는 모스크바까지 9시간 동안 비행했어요.

그렇다면 이 두 표현 사이에는 어떤 차이가 있는 것일까요?

일차적으로 문법 활용에 차이가 있습니다. 불완료상인 정태동사는 'как долго'라는 표현(2 часа, весь день 등)과 결합할 수 있습니다. 반면 до-라는 접두사가 붙은 완료상 동사들은 'за какое время' 와만 결합할 수 있습니다.

- Вчера папа доехал до своей фирмы за 2 часа, потому что на дороге была большая пробка.
  어제 아빠는 자기 회사까지 2시간이 걸려 도착했다. 길에 교통체증이 심했기 때문이다.
- Мы долетели до Москвы за 9 часов.
  우리는 모스크바까지 9시간 동안 날아갔다.

연습문제 1 주어진 예를 보고 운동동사에 접두사가 **до-**가 붙은 동사들을 사용하여 문장을 완성해 보세요.

> **예시**
> Дети, школа, 15 минут
> → Дети дошли до школы за 15 минут.
> Автобус, Сувон, Сеул, 40 минут
> → Автобус от Сувона до Сеула доехал / дошёл за 40 минут.

❶ Спортсмен, финиш, 3 минуты

→ _____.

❷ Пловец, финиш, 5 минут

→ _____.

❸ Таксист, пассажир, аэропорт, 30 минут

→ _____.

❹ Брат на велосипеде, парк, 10 минут

→ _____.

❺ Самолёт, Москва, Петербург, час

→ _____.

❻ Пароход, Америка, 2 дня

→ _____.

❼ Обычно, сестра, на автобусе, университет, 20 минут

→ _____.

연습문제 2 주어진 예에 따라 문장을 완성해 보세요.

> **예시**
> Сергей, дом – 7:00, школа – 7:20.
> Сергей вышел из дома в семь часов, а пришёл в школу в семь(часов) двадцать(минут). Он дошёл (от дома) до школы за двадцать минут.

❶ Нина, библиотека – 2:00, парк – 2:10.

→ _____ .

❷ Поезд, Владивосток – 6:00 вечера, Хабаровск- 6:30 утра.

→ _____ .

❸ Самолёт, Москва 12:00, Киев – 16:00.

→ _____ .

❹ Брат на машине, фирма – 8:00, дом- 8:40.

→ _____ .

❺ Пароход, Пусан 11:00, остров Чеджу – 13:00.

→ _____ .

연습문제 3 그간 익힌 동사 중 적합한 동사를 택하여 빈칸에 알맞은 형태로 넣으세요.

❶ Месяц назад к нам _____ моя двоюродная сестра, она гостила у нас 5 дней.

❷ Вчера к нам в Сеул _____ двоюродный брат из Ульсана, он будет гостить у нас до воскресенья. Он _____ к нам часто, но редко _____ к дяде и тёте в Пусан.

❸ Сейчас мы в театре. Мы _____ на концерт классической музыки.

❹ - Маша дома?
   - Нет, она _____ на выставку.

❺ - Маша дома?
  - Нет, она _____ .

❻ Дети открыли дверь и _____ на улицу. Потом они _____ в парк. Они каждый день _____ в парк, который находится недалеко от дома.

❼ - Могу я поговорить с директором?
  - Позвоните через полчаса, директор _____ .

❽ По дороге в библиотеку мы _____ в магазин, чтобы купить мороженое.

❾ В комнате жарко, бабушка _____ на балкон подышать свежим воздухом.

❿ Мальчик _____ из дома и быстро _____ в школу. Он _____ в школу 10 минут. / Он _____ до школы за 10 минут. Когда он _____ к школе, он увидел учительницу. Он _____ к учительнице и сказал: «Здравствуйте!»

⓫ Наташа и Саша ссорятся. Я _____ в сторону, чтобы не слушать их ссору.

⓬ Самолёт _____ до Москвы за 10 часов.

⓭ Маша, пожалуйста, _____ эти документы секретарю.

⓮ В этой аудитории много стульев, _____ , пожалуйста, их в аудиторию 306.

Б 접두사 ВЗ- (ВС-, ВОС-, ВЗО-)

- взлетать – взлететь, взлёт (о самолёте, о птицах)
- всплывать – всплыть (о рыбе, человеке, подводной лодке)
- восходить – взойти, восход (о солнце, о луне)

접두사 вз-(вс-, вос-, взо-)가 붙은 동사들은 '위로 오른다'는 의미를 지닙니다. 아래의 예들을 읽어보세요.

- **Уважаемые пассажиры! Наш самолёт готовится взлететь (Наш самолёт готовится к взлёту.) Застегните, пожалуйста, ремни безопасности.**
  존경하는 승객 여러분! 우리 비행기는 이륙 준비를 하고 있습니다. 안전 벨트를 매주시기 바랍니다.
- **Птица взлетела высоко в небо.** 새가 하늘 높이 날아올랐다.
- **Сначала птица ходила по земле, потом взлетела и села на ветку дерева.**
  먼저 새가 땅을 다니다가 이어서 날아 올라 나무가지에 앉았다.
- **Подводная лодка всплыла на поверхность воды.** 잠수함이 물 표면으로 떠올랐다.

해가 뜨고 진다고 할 때도 접두사 вз-가 붙은 동사들이 사용됩니다.

- **Летом обычно солнце восходит (встаёт) рано. Солнце уже взошло(встало). Мы любуемся восходом солнца.**
  여름에는 해가 일찍 뜬다. 해가 벌써 떠올랐다. 우리는 일출을 즐긴다.

그럼 해가 진다고 할 때는 어떤 표현을 사용할까요? 아래의 예문은 위의 예문과 정반대의 의미를 지닙니다.

- **Зимой солнце садится рано. Солнце уже село, на улице темно. Мы любуемся закатом солнца.**
  겨울에는 해가 늦게 진다. 해가 이미 졌고 밖은 어둡다. 우리는 일몰을 즐긴다.

연습문제 4 문장을 마무리해보세요.

❶ Когда водолаз осмотрел дно парохода, _____

❷ Когда взошло солнце, _____

❸ Когда самолёт взлетел, _____

❹ Птица сломала крыло, поэтому _____

❺ Рано утром мы стояли на горе и любовались _____

B 접두사가 붙은 운동동사들의 전이적 의미

운동동사가 그랬던 것처럼, 이제까지 살핀 접두사가 붙은 동사들도 전이적인 의미를 지닐 때가 있습니다. 그 중 몇 가지 쓰임을 알아 봅시다.

входить	• (여행사에서) - Тур стоит 800 долларов. 여행비용은 800불입니다. - А что входит в стоимость? 비용에 무엇이 들어가나요?
войти	• Узкие брюки вошли в моду 2 года назад. (= стали модными) 통이 좁은 바지가 2년 전에 유행이 되었다.
выходить	• Окна моей комнаты выходят на море. 내 방 창은 바다를 향해 나있다. • Эта проблема не выходит из моей головы. (= Я всегда думаю об этой проблеме.) 이 문제는 내 머릿속을 떠나지 않는다. • Газета «Вечерняя Москва» выходит каждый день. Журнал «Корея» выходит ежемесячно. 〈베체르냐아 모스크바〉 신문은 매일 발간된다. 〈코레야〉 잡지는 매달 발간된다.
выйти	• Такие брюки давно вышли из моды. (= стали немодными) 그런 바지는 이미 오래 전에 유행이 지났다. • Когда отец услышал эту новость, он вышел из себя. (= очень сердиться, злиться) 아버지가 이 소식을 들었을 때 그는 제정신이 아니셨다. • Роман Толстого «Война и мир» вышел (в свет) в 1868 году. 톨스토이의 소설 〈전쟁과 평화〉는 1868년에 나왔다. • Недавно вышел на экраны новый фильм режиссёра Сергея Соловьёва. 최근에 세르게이 솔로비요프 감독의 새 영화가 나왔다.
вылететь	• - Почему ты не поздравил бабушку с днём рождения? 너는 왜 할머니 생신을 축하해드리지 않았니? - Ой, совсем вылетело из головы. (= забыл) 아이고, 완전히 머릿 속에서 사라졌었어.

прийти	• Пришло лето. (март, суббота, мой день рождения, праздник) 여름/3월/토요일/내 생일/축일이 왔다.
пройти	• Прошло лето. (январь, суббота, мой день рождения, Новый год) 여름/1월/토요일/내 생일/새해가 지났다. • Прошёл год. (5 лет, месяц, несколько дней, час) 1년/5년/한 달/며칠/한 시간이 지났다. • Кажется, что мы недавно окончили школу, но уже прошло 5 лет, как быстро летит время! 우리가 얼마 전에 고등학교를 졸업한 것 같은데 벌써 5년이 흘렀구나. 시간이 얼마나 빨리 흐르는지.
переводить-перевести	• Студенты перевели текст. 학생들이 텍스트를 번역했다. • Отец зашёл в банк и перевёл сыну 300 долларов. (= послать) 아버지는 은행에 들러서 아들에게 300불을 송금했다.
проводить-провести	• Как вы обычно проводите время? 당신은 보통 어떻게 시간을 보내시나요? • Мы хорошо провели каникулы. 우리는 방학을 잘 보냈다. • Студенты хорошо провели фестиваль русской культуры. 학생들은 러시아문화 축제를 진행했다. • Наш тренер по баскетболу заболел, поэтому вместо него сегодня тренировку провёл другой тренер. 우리 농구 트레이너가 병이 나서 그 대신 오늘 다른 트레이너가 훈련을 진행했다.
перенести	• В прошлом месяце дедушка перенёс инфаркт. (= У дедушки был инфаркт.) 지난 달에 할아버지는 심근경색을 겪으셨다. • Наша бабушка перенесла много горя. 우리 할머니는 많은 슬픔을 겪으셨다. • Сегодня среда. Профессор занят, поэтому не сможет сегодня провести занятие, он перенёс его на пятницу. 오늘은 수요일이다. 교수님은 바쁘시다. 그래서 오늘 수업을 하실 수 없고, 수업을 금요일로 옮기셨다.

подходить – подойти	• Эти брюки хорошие, но размер мне не подошёл / Эти брюки мне не подошли. 이 바지는 좋지만, 사이즈가 맞지 않는다/이 바지는 나에게 맞지 않는다. • Этот зелёный галстук не подходит к синему костюму. Эта блузка идеально подходит к этой юбке. 이 녹색 넥타이는 푸른 정장에 맞지 않는다. 이 블라우스는 이 치마에 이상적으로 딱 맞는다. • Тебе не подходит имя Света, потому что ты брюнетка. 네가 갈색 머리라서 스베타라는 이름이 너에게 어울리지 않아. • Эта квартира мне не подходит, потому что она очень тёмная. / Эта квартира меня не устраивает. 이 아파트는 너무 어두워서 내가 맞지 않아./이 아파트는 내 조건을 만족시키지 못해. • Эти молодые люди идеально подходят друг другу, я думаю, они будут счастливы. 이 젊은이들은 서로에게 이상적으로 딱 맞는다. 그들은 행복할 것이다. • Я думаю, что тебе подойдёт профессия учителя. (= Профессия учителя как раз для тебя.) 내 생각에 너에게는 교사라는 직업이 어울릴 거야. • Я думаю, что тебе не подойдёт профессия учителя. (= Профессия учителя не для тебя.) 내 생각에 너에게는 교사라는 직업은 안 어울릴 거야.
подвозить – подвезти	• Максим, я опаздываю в театр. Подвези меня, пожалуйста, до театра. 막심, 나는 극장에 늦겠어. 나 좀 극장까지 태워줘. • Маша, ты домой? Тебя подвезти? 너 집에 가니? 데려다 줄까? • - Маша, ты сегодня вернулась домой раньше. Ты ехала на такси? 마샤, 너 오늘 집에 일찍 왔네. 택시 탔니? - Нет, меня Антон подвёз. 아니, 안톤이 데려다 줬어.

연습문제 5 전이적 의미로 사용되는 접두사가 붙은 운동동사 중 적절한 것을 골라 빈칸에 알맞은 형태로 넣으세요.

❶ - Привет, Сергей! Давно не виделись!
   - Да, после окончания университета ни разу не встречались. Сколько лет _____?
   - Уже 15 лет.

❷ Мне не нравится вид из окна, потому что окна моей комнаты _____ во двор.

❸ Каждый месяц я _____ деньги младшей сестре, которая учится в университете.

❹ Новый фильм этого режиссёра ещё не _____ (на экраны), я читал в журнале, что он _____ в следующем месяце.

❺ Как быстро _____ каникулы, а я совсем не отдохнул!

❻ - Уже _____ зима, сегодня 15 декабря, а я до сих пор не купила зимнее пальто.
   - Вот, смотри, очень хорошее пальто.
   - Это? Но такая модель уже _____ из моды.

❼ Я хорошо подготовился к тесту, но, когда начался экзамен, вдруг всё _____ из головы.

16-20과 종합문제

※ 빈칸에 들어갈 적절한 답을 고르세요. (1-13)

(1-2)

1. • Студенты открыли дверь и _____ в аудиторию.

2. • В комнате душно, мы _____ на улицу подышать свежим воздухом.

   a) вошли   b) пришли
   c) вышли   d) подошли

3. • На прошлой неделе к нам _____ родственники из деревни, они _____ фрукты из своего сада. Родственники уже вернулись в свою деревню.

   a) приехали, привезли   b) приехали, привозили
   c) приезжали, привозили   d) приезжали, привезли

4. • Здравствуй, Нина! Не стой около двери, _____ в комнату.

   a) переходи   b) приходи
   c) проходи   d) подходи

(5-6)

5. • Сергей больше не живёт в этом доме, он _____

6. • По дороге в аэропорт Виктор _____ в офис за документами.

   a) заехал   b) переехал
   c) отъехал   d) проехал

(7-8)

7. • Маша, _____, пожалуйста, этот доклад в деканат, там скоро начнётся собрание.

8. • Учительница сказала Саше: «Завтра обязательно _____ на урок словарь»

a) унеси　　　　　　　　　　b) отнеси
c) внеси　　　　　　　　　　 d) принеси

9. • Джон _____ почти всю Россию

a) объехал　　　　　　　　　b) заехал
c) переехал　　　　　　　　 d) доехал

10. • Машина _____ к дому, и из неё _____ старшая сестра.

a) приехала, вошла　　　　　b) въехала, ушла
c) подъехала, вышла　　　　d) заехала, пришла

11. • Спортсмен _____ 400 метров за 45 секунд.

a) побежал　　　　　　　　 b) пробежал
c) добежал　　　　　　　　 d) прибежал

12. • Сын интересуется математикой, поэтому родители хотят _____ его из обычной школы в математическую.

a) переехать　　　　　　　　b) перейти
c) перевезти　　　　　　　　d) перевести

13.
- Пловец устал и с трудом _____ до финиша.

a) уплыл b) доплыл
c) заплыл d) подплыл

※ 빈칸에 들어가기에 적절하지 않은 답을 고르세요. (14-15)

14.
- Директора нет, он _____

a) ушёл b) вышел
c) пошёл

15.
- Наш самолёт _____ из Пекина в 12 часов.

a) влетел b) улетел
c) вылетел d) прилетел

부록

- 별표1
- 별표2
- 연습문제 정답

[별표1] 접두사가 붙은 운동동사의 불완료상과 완료상 짝

불완료상	완료상
входить	войти
выходить	выйти
приходить	прийти
уходить	уйти
заходить	зайти
подходить	подойти
отходить	отойти
проходить	пройти
доходить	дойти
восходить	взойти

Настоящее время

В-
ВЫ-
ПРИ-   хожу́, хо́дишь, хо́дят
У-
ЗА-
ПОД-
ОТ-
ПРО
ДО-
ВОС-

Прошедшее время

В-
ВЫ-
ПРИ-   ходи́л, ходи́ла, ходи́ли
У-
ЗА-
ПОД-
ОТ-
ПРО
ДО-
ВОС-

Прошедшее время

ВО-
ПРИ-
У-
ЗА-   шёл, шла, шли
ПОДО-
ОТО-
ПРО
ДО-
ВЗО

Будущее время буду будешь + инфинитив будут…	**Будущее время** во- у- за- йду́, йдёшь, йду́т подо- ото- про до- взо- !вы́йду, вы́йдешь, вы́йдут !приду́, придёшь, приду́т
въезжать выезжать приезжать уезжать заезжать подъезжать отъезжать проезжать доезжать	въехать выехать приехать уехать заехать подъехать отъехать проехать доехать
Настолщсс время въ-, вы-, при-, у-, за-, подъ-, отъ-, про-, до- езжа́ю, езжа́ешь, езжа́ют	
Прошедшее время въ-, вы-, при-, у-, за-, подъ-, отъ-, про-, до- езжа́л, езжа́ла, езжа́ли	**Прошедшее время** въ-, при-, у-, за-, подъ-, отъ-, про-, до- е́хал, е́хала, е́хали !вы́ехал, вы́ехала, вы́ехали
Будущее время буду будешь + инфинитив будут…	**Будущее время** въ-, при-, у-, за-, подъ-, отъ-, про-, до- е́ду, е́дешь, е́дут ! вы́еду, вы́едешь, вы́едут
НСВ вбегать	**СВ** вбежать

выбегать	выбежать
прибегать	прибежать
убегать	убежать
забегать	забежать
подбегать	подбежать
отбегать	отбежать
пробегать	пробежать
добегать	добежать
Настоящее время в-, вы-, при-, у-, за-, под-, от-, про-, до-, бе́гаю, бе́гаешь, бе́гают	
Прошедшее время в-, вы-, при-, у-, за-, под-, от-, про-, до- бе́гал, бе́гала, бе́гали	**Прошедшее время** в-, при-, у-, за-, под-, от-, про-, до- бежа́л, бежа́ла, бежа́ли ! вы́бежал, вы́бежала, вы́бежали
Будущее время буду будешь + инфинитив будут…	**Будущее время** в-, при-, у-, за-, под-, от-, про-, до- бегу́, бежи́шь, бегу́т ! вы́бегу, вы́бежишь, вы́бегут
НСВ	**СВ**
влетать	влететь
вылетать	вылететь
прилетать	прилететь
улетать	улететь
залетать	залететь
подлетать	полететь
отлетать	отлететь
пролетать	пролететь
долетать	долететь
взлетать	взлететь
Настоящее время в-, вы-, при-, у-, за-, под-, от-, про-, до-, вз- лета́ю, лета́ешь, лета́ют	

Прошедшее время в-, вы-, при-, у-, за-, под-, от-, про-, до- летáл, летáла, летáли	**Прошедшее время** в-, при-, у-, за-, под-, от-, про-, до-, вз- летéл, летéла, летéли ! вы́летел, вы́летела, вы́летели
Будущее время буду будешь + инфинитив будут…	**Будущее время** в-, при-, у-, за-, под-, от-, про-, до-, вз- лечу́, лети́шь, летя́т ! вы́лечу, вы́летишь, вы́летят
НСВ вплывать выплывать приплывать уплывать заплывать подплывать отплывать проплывать доплывать всплывать	**СВ** внести вынести принести унести занести поднести отнести пронести донести взлететь
Настоящее время в-, вы-, при-, у-, за-, под-, от-, про-, до-, вс- плывáю, плывáешь, плавáют	
Прошедшее время в-, вы-, при-, у-, за-, под-, от-, про-, до-, вс- плывáл, плывáла, плывáли	**Прошедшее время** в-, при-, у-, за-, под-, от-, про-, до-, вс- плыл, плылá, плы́ли ! вы́плыл, вы́плыла, вы́плыли
Будущее время буду будешь + инфинитив будут…	**Будущее время** в-, при-, у-, за-, под-, от-, про-, до-, вс- плыву́, плывёшь, плыву́т ! вы́плыву, вы́плывешь, вы́плывут

НСВ	СВ
вноси́ть	внести́
выноси́ть	вы́нести
приноси́ть	принести́
уноси́ть	унести́
заноси́ть	занести́
подноси́ть	поднести́
относи́ть	отнести́
проноси́ть	пронести́
доноси́ть	донести́

Настоящее время

в-, вы-, при-, у-, за-, под-, от-, про-, до-
ношу́, но́сишь, но́сят

Прошедшее время	**Прошедшее время**
в-, вы-, при-, у-, за-, под-, от-, про-, до-	в-, при-, у-, за-, под-, от-, про-, до-
носи́л, носи́ла, носи́ли	нёс, несла́, несли́
	! вы́нес, вы́несла, вы́несли

Будущее время	**Будущее время**
буду	в-, при-, у-, за-, под-, от-, про-, до-
будешь + инфинитив	несу́, несёшь, несу́т
будут	! вы́несу, вы́несешь, вы́несут

НСВ	СВ
вводи́ть	ввести́
выводи́ть	вы́вести
приводи́ть	привести́
уводи́ть	увести́
заводи́ть	завести́
подводи́ть	подвести́
отводи́ть	отвести́
проводи́ть	провести́
доводи́ть	довести́

Настоящее время в-, вы-, при-, у-, за-, под-, от-, про-, до- вожу́, во́дишь, во́дят	
Прошедшее время в-, вы-, при-, у-, за-, под-, от-, про-, до- води́л, води́ла, води́ли	**Прошедшее время** в-, при-, у-, за-, под-, от-, про-, до- вёл, вела́, вели́ ! вы́вел, вы́вела, вы́вели
Будущее время буду будешь + инфинитив будут	**Будущее время** в-, при-, у-, за-, под-, от-, про-, до- веду́, ведёшь, веду́т ! вы́веду, вы́ведешь, вы́ведут
НСВ ввозить вывозить привозить увозить завозить подвозить отвозить провозить довозить	**СВ** ввезти вывезти привести увезти завезти подвезти отвезти провезти довезти
Настоящее время в-, вы-, при-, у-, за-, под-, от-, про-, до- вожу́, во́зишь, во́зят	
Прошедшее время в-, вы-, при-, у-, за-, под-, от-, про-, до- вози́л, вози́ла, вози́ли	**Прошедшее время** в-, при-, у-, за-, под-, от-, про-, до- вёз, везла́, везли́ ! вы́вез, вы́везла, вы́везли
Будущее время буду будешь + инфинитив будут	**Будущее время** в-, при-, у-, за-, под-, от-, про-, до- везу́, везёшь, везу́т ! вы́везу, вы́везешь, вы́везут

[별표2] 접두사가 붙은 운동동사의 활용

접두사	활용	예
B- (BO-)	**1. движение внутрь:** (куда?) в, на + 대격 (к кому?) к + 여격 (의미: кабинет или комната человека) **2. движение вверх:** на + 대격	• Он открыл дверь и вошёл в школу. • Он постучал в дверь и вошёл к врачу. = Он постучал в дверь и вошёл в кабинет врача. • Он вошёл на гору / на 5 этаж.
ВЫ-	**1. движение изнутри** А)(откуда?) из, с + 생격 (от кого?) от + 생격 (из кабинета или комнаты человека) Б)(куда?)в, на + 대격	• Он вышел из школы. • Он вышел от врача. = Он вышел из кабинета врача. • Он вышел на улицу / в коридор / на балкон
ПРИ –	**1. 오다/2. 도착하다** А)(куда?) в, на + 대격 (к кому?) к + 여격 (의미: дом человека или место работы человека) Б)(откуда?) из, с + 생격 (от кого?) от + 생격 (из дома человека или с его места работы)	• Мила пришла в магазин. • Оля пришла / приехала к подруге. = Оля пришла / приехала в дом подруги. • Оля пришла / приехала к врачу. = Оля пришла / приехала в поликлинику в кабинет врача. • Она пришла из школы в 2 часа. • Оля пришла / приехала от подруги. = Оля пришла / приехала из дома подруги.

ПРИ –		• Оля пришла / приехала от врача. = Оля пришла / приехала из поликлиники.
ЗА-	**1. = ПРИ (НО быть короткое время, 들리다)** (куда?) в, на + 대격 (к кому?) к + 여격 (의미: в дом, в комнату, в кабинет человека)	• Она зашла в магазин за хлебом. • Она зашла к подруге на минуту. = Она зашла в дом подруги на минуту. • Она зашла к врачу за рецептом. = Она зашла в кабинет врача за рецептом
	2. движение за объект (за что?) за + 대격	• Луна зашла за облако. 달이 구름 뒤로 숨었다.
	3. (куда?) – далеко, в незнакомое место, незнакомый район, куда-то	• Мы гуляли в лесу и зашли далеко-далеко.
У-	**1. 떠나다 / 2. 출발하다** А)(откуда?) из, с + 생격 (от кого?) от + 생격 (из дома или места работы человека)	• Он ушёл из дома в 7 часов. • Он ушёл от врача в 2 часа. • Мы уехали от бабушки поздно.
	Б)(куда?) в, на + 대격 (к кому?) к + 여격 (дом человека или место работы человека)	• Он ушёл на работу в 8 часов. • Он ушёл к врачу в 10 часов. • Мамы нет, она уехала к бабушке.
ПОД	**приблизиться к объекту или человеку** (다가가다) (к чему?) к + 여격	• Он подошёл к столу / к школе.

ПОД	(к кому?) к + 여격	• Он подошёл к бабушке.
		  = Он находится около бабушки.
		• НЕ ПУТАЙТЕ!
		  Он пришёл / приехал к бабушке
		  (= Он находится в доме бабушки)

ОТ	удалиться:
	а) от объекта
	  (от куда?) от + 생격
	
	б) от человека (от кого?) от + 생격
	
	в) (куда?) в сторону, (по)дальше
		• Он отошёл от стола /
		  от памятника
		
		• Он отошёл от мамы.
		
		• Здесь опасно, отойди подальше /
		  в сторону

ДО-	1. достичь цели движения
	  (до чего?) до + 생격
	
	2. **достичь цели движения за (какое время?)**
	  до + 생격, за + 대격
		• Как доехать до вокзала?
		
		• Он дошёл до парка за 10 минут.

ПЕРЕ-	1. пересечь дорогу
	  (через что? / что?) (через) + 대격
	
	2. = поменять:
	  а) место жительства / дом /
	    квартиру
	
	  б) место учёбы, работы
		• Он перешёл (через) дорогу.
		
		а)
		• Мы переехали в Сеул.
		• Мы переехали из Пусана.
		• Мы переехали из Пусана в Сеул.
		
		б)
		• Папа перешёл из фирмы
		  «Союз» в фирму «Восток».
		• Родители перевели сына в другой
		  детский сад.

ПЕРЕ-	в) класс / курс (куда?) в,на + 대격 / (откуда?) из, с + 생격 (куда?) в,на + 대격 / (откуда?) из, с + 생격	в) • Брат перешёл во второй класс / на второй курс.
ПРО-	1. = движение МИМО объекта, ПО объекту, ЧЕРЕЗ объект, СКВОЗЬ объект, НАД объектом, ПОД объектом мимо + 생격 по + 여격 через + 대격 сквозь + 대격 над + 조격 под + 조격 2. расстояние	• Мы прошли мимо леса. • Мы прошли по парку / по улице. • Мы прошли через площадь / парк. • Поезд прошёл / проехал сквозь туннель. • Самолёт пролетел над городом. • Лодка проплыла под мостом. • Спортсмен пробежал 100 метров за 10 секунд.
О-(ОБ- ОБО-)	1. движение ВОКРУГ объекта: вокруг + 생격 2. движение справа или слева от объекта, который мешает (방해하다) + 대격 3. быть во во многих местах (+весь, всю, всё, все)	• Туристы обошли вокруг памятника. • Дети обошли лужу. • Брат объездил весь мир / всю страну
ВЗ- ВС- ВОС- ВЗО-	Движение вверх	• Наш самолёт взлетел в 12 часов. • Подводная лодка всплыла на поверхность воды. • Летом солнце восходит рано. • Полная луна взошла.

연습문제 정답

제 1과

연습문제 1

❶ брать

В библиотеке студенты обычно берут словари. Раньше Миша тоже всегда брала словарь в библиотеке, но теперь не берёт, потому что недавно он купил хороший словарь.

❷ заниматься

Этот мальчик каждый день много занимается. Когда брат учился в школе, он мало занимался, а теперь он учится в университете и занимается 6 часов в день.

❸ покупать

Эти девушки часто покупают новую одежду. Когда Маша была студенткой, она редко покупала новые вещи, потому что у неё было мало денег. Но сейчас она работает в большой хорошей фирме и регулярно покупает новую одежду и обувь.

❹ думать

Раньше я (всегда) думал, что русский язык трудный, но теперь я думаю, что он не очень трудный.

❺ дружить

Я дружу с Наташей 5 лет. А раньше я 2 года дружил со Светой.

❻ готовиться к экзамену

현재 Сегодня я весь день готовлюсь к экзамену. / Обычно я старательно готовлюсь к экзаменам.

과거 Когда брат учился в школе, он мало готовился к экзаменам, поэтому всегда получал невысокие оценки.

❼ помогать

현재 Мы всегда помогаем старым бабушке и дедушке.

과거 В субботу я весь день помогала маме готовить праздничный ужин.

연습문제 2

делать – сделать

❶ Ты всё сделал? Нет? Тогда я помогу тебе.

❷ Дети всё утро делали домашнее задание.

❸ Они сделали все упражнения.

❹ А Маша делала домашнее задание всю прошлую субботу, и всё сделала очень хорошо.

пить – выпить

❺ Вчера студенты сдали экзамены, поэтому весь вечер и всю ночь пили пиво.

❻ На прошлой неделе Антон заболел, он пил лекарство всю неделю.

❼ Когда он выпил всё лекарство, он почувствовал себя хорошо.

❽ Брат выпил весь сок, который был в холодильнике.

❾ - А где вода?
   - Мы всю воду выпили.

연습문제 3

играть – сыграть

❶ Мальчики всегда играют в футбол.

❷ Раньше я часто играл(а) в бадминтон, но теперь редко играю.

❸ Мы уже сыграли в теннис.

❹ - Что ты делал в воскресенье?
   - Я играл в баскетбол.

❺ Когда дети играли, папа читал газету.

❻ Сегодня Маша весь день играет на пианино(сейчас она тоже продолжает играть)

❼ Сегодня Маша весь день играла на пианино(сейчас она не играет).

❽ Когда дети играли в футбол, Ваня упал.

❾ Когда дети сыграли в футбол, они пошли домой.

готовить – приготовить

❿ Наташа каждый день готовит ужин.

⓫ Когда Света готовила домашнее задание, пришёл папа с работы. / Когда Света приготовила домашнее задание, пришёл папа с работы.

⓬ Раньше сестра всегда готовила обед, но сейчас обычно мама готовит.

⓭ Как долго вы вчера готовили обед?

⑭ - Мила, почему ты не готовишь пельмени?
- Я уже приготовила.

⑮ - Что ты сделала сегодня?
- Приготовила шашлык.

⑯ Очень вкусный борщ! Кто приготовил его?

⑰ Когда Маша погуляла в парке, она приготовила обед.

⑱ Когда мама готовила обед, она слушала радио.

⑲ Когда Оля приготовила домашнее задание, она легла спать.

⑳ - Ты всё приготовила?
- Нет, я не приготовила суп.

начинать – начать

㉑ Обычно преподаватель начинает лекцию в 9 часов, но вчера он начал в 9:30.

㉒ Папа уже начал работу.

㉓ Раньше мы всегда начинали урок в 10:00.

㉔ Когда учитель поздоровался, он начал урок.

㉕ - Что ты сделал вчера?
- Я начал читать новый роман.

연습문제 4

покупать – купить

❶ Я люблю покупать новую одежду.

❷ Когда мы купили овощи, мы пошли домой.

❸ Я никогда не покупаю молоко, потому что не люблю его.

❹ Вчера мама забыла купить кофе, поэтому мы пьём чай.

❺ Я потеряла свой телефон, мне нужно купить новый телефон, завтра я обязательно куплю его.

❻ Папа не хочет покупать новую машину.

❼ Друзья советуют мне купить новый ноутбук.

помогать – помочь

❽ Ты должен всегда помогать младшему брату.

❾ Оля редко помогает сестре.

❿ Когда я помогал брату делать домашнее задание, мама готовила обед.

⑪ Дети не любят помогать дедушке и бабушке.

⑫ Завтра я весь день буду помогать маме, потому что вечером к нам придут гости.

⑬ Сначала Маша сделала домашнее задание, потом помогла маме.

⑭ Извини, сейчас у меня нет времени, я помогу тебе завтра.

⑮ Я не советую тебе помогать младшему брату, он должен всегда всё делать сам.

⑯ В детстве брат всегда помогал мне, но теперь редко помогает.

посылать – послать

⑰ Мне надо послать открытку подруге.

⑱ Родители забыли послать мне деньги, поэтому у меня нет денег.

⑲ Вчера Наташа послала 3 письма в Россию своим подругам.

⑳ Когда Вадим написал письмо, он послал его по Интернету.

㉑ Я люблю посылать открытки не по Интернету, а по почте.

㉒ Перед Рождеством мы обычно посылаем открытки родственникам и друзьям.

㉓ Раньше наши родители всегда посылали письма по почте, но теперь они посылают письма по Интернету.

㉔ Я хочу послать русскому другу книги на корейском языке.

제 2 과

연습문제 1

❶ Мама приготовила ужин за полчаса.

❷ Ребёнок съел завтрак за 5 минут.

❸ Поэт написал стихи за несколько дней.

❹ Он решил эту проблему за год.

❺ Мы сделали проект за лето.

연습문제 정답

연습문제 2

❶ Я делал два часа / весь вечер.
❷ Я выучил за два часа / за вечер.
❸ Её построили за три месяца.
❹ Я отвечал двадцать минут.
❺ Я забыл(а) грамматику за два года.

연습문제 3

делать – сделать

❶ - Ты сделал всё домашнее задание?
   - Нет, ещё не сделал, но я кончу делать через полчаса.
❷ Вчера Вера делала домашнее задание 2 часа, а Сергей сделал за час.
❸ Мы делали новый проект весь август и, наконец, вчера сделали его.
❹ - Тебе помог старший брат или ты сам всё сделал?
   - Я всегда всё делаю сам.

ссориться – поссориться

❺ Братья часто ссорятся, вчера они опять поссорились из-за пустяка.
❻ Дети, не надо ссориться!
❼ Когда Маша и Лара ссорились, они обе заплакали. / Когда Маша и Лара поссорились, они обе заплакали.
❽ Дети дружно играли, но вдруг поссорились.
❾ Вчера муж и жена весь вечер ссорились.

понимать – понять

❿ - Ты уже хорошо понял этот текс?
   - Нет, я несколько раз прочитал его, но так и не понял, потому что в тексте очень сложная грамматика.
⓫ Я очень хочу всегда понимать тебя, но это трудно.
⓬ Младший брат ещё не понимает.(현재) физику, он начнёт изучать физику в 6 классе.
⓭ Мой русский друг быстро говорит по-русски, но я научился понимать его.

терять – потерять

⓮ Сегодня в метро Ира потеряла кошелёк.
⓯ Дети часто теряют свои вещи.
⓰ Когда Антон потерял свою кредитную карточку, он сразу заблокировал её.
⓱ Почему ты всегда теряешь много времени?

제 3 과

연습문제 1

❶ 해석
보통 나는 인터넷 정보를 이용한다.
내가 논문을 쓸 때, 나는 인터넷 정보를 이용했다.
너는 네가 가지고 있는 모든 정보를 이용해야 한다.
러시아인들이 거의 그렇게 말하지 않기 때문에 'усердно'라는 단어를 사용해서는 안된다.

이중상동사의 상과 시제
Обычно я использую (불완료상 현재) информацию из Интернета.
Когда я писал доклад, я использовал (불완료상 과거) информацию из Интернета.
Тебе надо использовать (완료상 원형) всю информацию, которая у тебя есть.
Не надо использовать (불완료상 원형) слово «усердно», потому что русские люди почти не говорят его.

❷ 해석
의사들은 수년 동안 암의 문제를 연구하고 있다.
학자들이 이 문제를 연구할 때 그들은 다른 문제도 연구하기 시작했다.
경찰은 재난의 모든 원인을 조사해야 한다.

이중상 동사의 상과 시제
Врачи много лет исследуют (불완료상 현재) проблему рака.
Когда учёные исследовали (완료상 과거) эту проблему, они начали исследовать (불완료상 원형) другую проблему.
Полиция должна исследовать (완료상 원형) все причины катастрофы.

❸ 해석
할아버지를 진찰하고 나서 의사는 긴급하게 수술이 필요하다고 말했다.
경찰은 범죄 장소를 조사했다.
경찰은 3시간 동안 범죄 장소를 조사했다.
우리 병원은 매년 만명의 환자를 진료한다.
내일 의사는 이 환자를 진찰할 것이다.

이중상 동사의 상과 시제
Когда врач обследовал (완료상 과거) дедушку, он сказал, что срочно нужна операция.
Полиция обследовала (완료상 과거) место преступления. Полиция 3 часа обследовала (불완료상 과거) место преступления. Наша больница каждый год обследует (불완료상 현재) десять тысяч пациентов. Завтра врач обследует (완료상 미래) этого пациента.

연습문제 2

❶ а) Нет, не говорил. Я не хочу говорим им, потому что они будут волноваться.
   б) Нет, не сказал. (Не смог сказать), потому что сейчас родители отдыхают на Чеджу.

❷ а) Нет, они не встречались. Они думают, что декан не поможет им.
   б) Нет, не встретились (не смогли встретиться), потому что на этой неделе декан очень занят.

❸ а) Нет, не готовила, она хочет приготовить другое блюдо.
   б) Нет, не приготовила (не смогла приготовить), потому что она плохо себя чувствует.

❹ а) Нет, не поступал, он хочет стать юристом.
   б) Нет, не поступил (не смог поступить), потому что получил «2» по химии.

❺ а) Нет, не покупала. У меня прекрасный смартфон, мне не нужен новый.
   б) Нет, не купила (не смогла купить), сейчас у меня нет денег.

연습문제 3

❶ - Я не буду встречаться с ней, мы два месяца не общаемся.
   - Я не встречусь (не смогу встретиться) с ней из-за эпидемии коронавируса.

❷ - Я не буду отдыхать на Чёрном море, потому что летом там всегда много людей, лучше давай поедем на Байкал.
   - Мы не отдохнём (не сможем отдохнуть) в санатории на Чёрном море, потому что там уже нет свободных мест.

❸ - Я не буду заказывать пиццу в «Пицца-лэнд», потому что там плохо готовят пиццу.
   - Я не закажу (не смогу заказать) там пиццу, потому что сейчас это кафе закрыто на ремонт.

❹ - Я не буду писать доклад. Профессор сказал, что вместо доклада можно подготовить презентацию.
   - Я не напишу доклад без помощи брата, мой брат специалист по экономике, он всегда помогает мне писать доклады.

제 4 과

연습문제 1

❶

взять	возьми(те)	брать	бери(те)
класть	клади(те)	положить	положи(те)
не волноваться	не волнуйся / не волнуйтесь	не ссориться	не ссорься / не ссорьтесь
забыть	забудь(те)	договориться	договорись / договоритесь

❷

поступить	поступи(те)	просить	проси(те)
заказать	закажи(те)	встретиться	встреться / встретьтесь
подготовиться	подготовься / подготовьтесь	показать	покажи(те)
приходить	приходи(те)	не грустить	не грусти(те)

연습문제 정답

③

пить	пей(те)	поехать	поезжай(те)
чистить	чисти(те)	помнить	помни(те)
вставать	вставай(те)	давать	давай(те)

연습문제 2

открывать – открыть

❶ Открой(те), пожалуйста, окно.

❷ Не открывай(те) окно, здесь холодно.

❸ Дети, откройте учебники на тридцать седьмой странице.

❹ Открывай окно чаще, тебе нужен свежий воздух.

писать – написать

❺ Саша, пиши мне письма чаще.

❻ Пожалуйста, напиши(те) свой адрес.

❼ Ребята, домашнее задание всегда пишите только чёрной или синей ручкой, никогда не пишите красной ручкой.

연습문제 3

❶ **заказывать – заказать**
Я очень люблю пиццу, закажи(те), пожалуйста, пиццу. Не заказывай(те) пиццу, у меня диета.

❷ **приходить – прийти**
Аня, в субботу приходи в гости.

❸ **брать – взять**
Никогда не бери(те) мой телефон! Сегодня будет дождь, возьми зонт. В столовой всегда бери(те) суп.

❹ **готовиться – подготовиться**
Студенты, готовьтесь к экзамену весь семестр. Не готовьтесь к фестивалю, в этом году не будет фестиваля.

❺ **раздеваться – раздеться**
Пожалуйста, раздевайтесь и проходите в комнату.

❻ **чистить – почистить**
Маша, почисти, пожалуйста, яблоки. Дети, каждый день чистите зубы. Дети, чистите зубы в течение 5 минут, не спешите

❼ **запоминать – запомнить**
Ребята, дома запомните новые слова.

연습문제 4

❶ Это озеро очень глубокое, плавай осторожно, смотри, не утони!

❷ Купи, пожалуйста, фрукты. Вот деньги, смотри, не потеряй их.

❸ Сегодня очень холодно, смотри, не простудись / заболей! Надень тёплое пальто.

❹ Вот новая машина. Играй осторожно, не сломай!

❺ Завтра у Нины день рождения, не забудь поздравить!

❻ Эта картина очень тяжёлая, несите осторожно, смотрите, не уроните.

연습문제 5

❶ (есть – съесть) Не ешь этот салат, он острый.

❷ (забывать – забыть) Вечером позвони мне, не забудь!

❸ (спрашивать – спросить) Не спрашивай меня об этом, я ничего не скажу.

❹ (разбивать – разбить) Эта посуда очень дорогая, смотри, не разбей!

❺ (болеть – заболеть) Ты ешь много мороженого. Не заболей!

❻ (раздеваться – раздеться) В аудитории холодно, не раздевайтесь!

❼ (ссориться – поссориться) Дети, не ссорьтесь!

❽ (приходить – прийти) Я заболела, не приходи(те) сегодня ко мне.

연습문제 6

Не теряй! – Не потеряй!

❶ Это очень важный документ, не потеряй(те)!

❷ Делай всё быстро, никогда не теряй время.

❸ Положи деньги в карман, смотри, не потеряй!

Не упади! – Не падай!

④ Врач: Как нога? Не болит? Всё хорошо. Ты здоров! Больше не падай!

⑤ Ходи по лестнице не спеша, никогда не падай!

⑥ Здесь очень скользко! Не упади!

Не забывай! – Не забудь!

⑦ Учитель: Таня, завтра урок начнётся не в 9 часов, а в 8:30. Не забудь!

⑧ (на вокзале) Бабушка: «До свидания, Серёжа, будь здоров, хорошо учись и никогда не забывай свою бабушку! Пиши и звони мне почаще!»

⑨ - Сегодня ты не купила кофе?
 - Да, не купила, потому что забыла.
 - Пожалуйста, завтра не забудь купить.

연습문제 7

знакомиться – познакомиться

① Я всегда знакомлюсь с новыми студентами.

② Пожалуйста, никогда не знакомься / знакомьтесь с молодыми людьми на улице!

③ Я не хочу знакомиться с этим молодым человеком, он некрасивый.

④ Вам надо познакомиться с новым сотрудником.

⑤ Когда я отдыхала на море, я познакомилась с известным певцом.

⑥ Нет, я не познакомилась с этим артистом, потому что, к сожалению, он весь вечер разговаривал с другой девушкой и не смотрел на меня.

⑦ Нет, я не знакомилась с этим молодым человеком, потому что он мне не нравится.

ломать – сломать

⑧ Когда мальчик играл с роботом, он сломал его. / Мальчик играл с роботом и вдруг сломал его.

⑨ Почему ты всегда ломаешь игрушки? Больше никогда не ломай!

⑩ Вот новая кукла, играй осторожно, не сломай!

⑪ Мой компьютер не работает, потому что брат сломал его.

спрашивать – спросить

⑫ Я не спрашивал(а) Вадима о новом фильме, потому что мне неинтересно.

⑬ Пожалуйста, спроси(те) завтра Вику, когда у неё будет время.

⑭ Пожалуйста, никогда не спрашивай(те) меня о Диме.

⑮ Я хотела спросить Андрея о ссоре с Ниной, но так и не спросила.

⑯ Когда я спросила Веру о делах, и она ответила: «У меня всё хорошо».

⑰ Я не спросила Анну об уроке, потому что весь день звонила, но не дозвонилась до неё (не дозвонилась ей).

слушать – послушать

⑱ Я вчера послушал / слушал оперу «Евгений Онегин».

⑲ Когда Максим слушал / послушал оперу, он заснул (уснул).

⑳ Вчера я послушал эти диалоги за полчаса.

㉑ Когда мы послушали оперу, мы пошли в кафе.

㉒ Обязательно (императив) послушай эту новую песню, думаю, она тебе понравится.

㉓ Не (императив) слушай этот концерт, думаю, он тебе не понравится.

㉔ Нет, я не послушал(а) оперу в Большом театре, потому что не смог купить билет.

опаздывать – опоздать

㉕ Этот мальчик постоянно опаздывает, поэтому учительница сказала ему: «Больше не опаздывай!»

㉖ Сегодня Вадим проспал и опоздал на работу.

㉗ Раньше я часто опаздывал(а) на лекции, но теперь никогда не опаздываю.

㉘ Быстрее завтракай и иди в школу. Скоро начнётся урок! Смотри, не опоздай!

㉙ Всегда, когда дети опаздывают, учитель ругает их.

연습문제 정답

㉚ Учитель говорит детям: «Вы не должны опаздывать на уроки».

㉛ Если я сегодня опять опоздаю на работу, директор снова сделает мне замечание.

제 5과

연습문제 1

❶ Недавно отец бросил курить / пить

❷ Дети, перестаньте шуметь / разговаривать на уроке / ссориться

❸ Вчера мне не удалось хорошо написать тест / встретиться с друзьями

❹ 8 часов. Пора завтракать / ужинать / идти в школу

❺ - Ребята, вы всё сделали?
  - Нет, нам осталось перевести диалог / вымыть посуду.

❻ Соня, хватит спать / играть в компьютерные игры

❼ Саша долго живёт в Корее, но не привык есть кимчи.

❽ Завтра Рождество, а я не успел купить подарки родителям

❾ Родители запретили мне дружить с Антоном / ехать в Россию.

❿ В детстве я хорошо каталась на коньках / играла в теннис, но потом разучилась кататься / играть

연습문제 2

покупать – купить

❶ Нет, я не смогу купить сегодня фрукты, потому что я весь день буду занята.

❷ Саша пошёл на рынок за фруктами?! Но, я думаю, что он может не купить фрукты на рынке, потому что он плохо говорит по-корейски. / Но, я думаю, что он не сможет купить фрукты, потому что он плохо говорит по-корейски.

❸ Вера, ты можешь не покупать сегодня фрукты, потому что у нас есть бананы и яблоки.

рисовать – нарисовать

❹ Мой брат прекрасно рисует, а я не могу рисовать.

❺ Дети не смогли нарисовать самолёт.

❻ Я не могу всегда рисовать вместо тебя. Рисуй сам!

❼ Маленькие дети не могут рисовать так долго, они уже устали.

연습문제 3

дарить – подарить

❶ Родители собираются подарить мне новый ноутбук.

❷ Не стоит дарить детям дорогие игрушки.

❸ Дима мечтает подарить любимой девушке миллион роз.

❹ Мы с Машей договорились не дарить друг другу дорогие вещи.

❺ Он решил подарить жене французские духи.

❻ Сын спросил родителей: «Вы можете подарить мне новый смартфон?» Мама ответила: «Сейчас у нас мало денег, поэтому мы не можем подарить тебе дорогую вещь».

❼ Жена не просила мужа дарить украшения, но муж планирует подарить жене красивое кольцо.

❽ Нельзя дарить любимым девушкам жёлтые цветы, потому что жёлтый цвет– символ разлуки.

❾ Жена сказала мужу: «Почему ты перестал дарить мне цветы? Раньше дарил почти каждый день».

фотографировать – сфотографировать

❿ Гид порекомендовал туристам сфотографировать эту старую церковь.

⓫ Антон, я прошу не фотографировать меня, сегодня я плохо выгляжу.

⓬ Папа предложил мне сфотографировать бабушку и дедушку.

⓭ Какие плохие фотографии! Тебе стоит фотографировать чаще, тогда ты научишься хорошо фотографировать

⑭ В Кремле я уже почти всё сфотографировал, осталось сфотографировать Успенский собор.

⑮ Здесь нет ничего красивого, можешь не фотографировать.

ставить – поставить

⑯ Ты собираешься поставить цветы на окно? Нельзя ставить их на окно, там очень жарко!

⑰ Необходимо всегда ставить молоко в холодильник.

⑱ Бабушка попросила Нину поставить посуду на стол.

⑲ Я просила тебя не ставить сок в холодильник, я не хочу пить холодный сок, потому что у меня болит горло.

⑳ На письменном столе нет свободного места, пришлось поставить компьютер на журнальный столик.

заказывать – заказать

㉑ В субботу мы поедем на море. Нам следует заказать гостиницу как можно быстрее.

㉒ Я думаю заказать недорогой номер, потому что у нас мало денег.

㉓ Жена предложила мужу заказать гостиницу «Плаза», но муж не согласился заказывать эту гостиницу, потому что она дорогая. / Муж отказался заказывать эту гостиницу, потому что она дорогая.

㉔ В корейском ресторане иностранцам не стоит заказывать очень острые блюда.

㉕ Какое блюдо вы рекомендуете заказать?

㉖ В ресторане жена предложила мужу заказать шашлык.

연습문제 4

① Ты обязан всегда говорить правду.

② Мама не согласна переезжать из Сеула в Инчон.

③ Ты согласна встретиться завтра не около университета, а около парка?

④ Ты не обязан рассказывать друзьям о своих проблемах.

⑤ Я готова посоветоваться с родителями об этой проблеме, но они сейчас путешествуют по Европе.

⑥ Очень рада познакомиться с вами!

1 – 5과 종합문제

① a)　② b)
③ d)　④ c)
⑤ b)　⑥ a)
⑦ b)　⑧ b)
⑨ a)　⑩ b)
⑪ a)　⑫ b)
⑬ b)　⑭ a)
⑮ a)

제 6과

연습문제 1

① Я брал у друга телефон.

② В детстве Дима начинал играть на гитаре.

③ Профессор давал студенту новый словарь. / Студент брал словарь у профессора.

④ 2 года назад этот мужчина бросал пить.

연습문제 2

давать – дать

① - Где твой ноутбук? Я не вижу его?
　- Я дал его Антону.

② - Где был твой ноутбук? Сейчас он стоит на столе, а вчера его не было?
　- Я давал его Антону.

приходить – прийти

③ Здравствуйте, бабушка и дедушка! Мы рады, что вы пришли к нам в гости!

④ Ваня, уже 12 часов. Почему ты пришёл домой так поздно? Где ты был?

연습문제 정답

⑤ - Чей это зонт?
- Сегодня Наташа приходила к нам, она забыла свой зонт.

брать – взять

⑥ - Чей это учебник?
- Это учебник Коли. Я взял его у Коли 3 дня назад.

⑦ - Ты сказал, что у тебя нет машины? Но вчера я видела тебя на машине.
- Это была не моя машина, я брал её у отца, потому что отец весь день был дома.

⑧ - Ты купил эту гитару?
- Нет, я взял её у Сергея. После фестиваля я верну её Сергею.

제 7 과

연습문제 1

делать – 타동사
встретиться – 자동사
поехать – 자동사
ответить – 자동사
нравиться – 자동사
встречать – 타동사
решить – 타동사
дать – 타동사
мечтать – 자동사
отдыхать – 자동사

연습문제 2

изменить / измениться

① Сначала брат хотел поступить в университет, но потом его планы изменились, он начал работать в маленькой фирме.

② Мы не узнали этого популярного певца, потому что он изменил свой имидж. У него изменилась причёска, стиль одежды тоже изменился.

③ Саша простудился и у него изменился голос.

④ Зачем ты изменил(а) причёску? Новая причёска тебе совсем не идёт!

⑤ Утром было тепло и солнечно, но вечером погода изменилась, стало холодно и начался дождь.

одевать – одеть / одеваться – одеться

⑥ Мила всегда медленно одевается.

⑦ Младший брат оделся и пошёл в школу.

⑧ Маленький мальчик не умеет одеваться, обычно мама одевает его.

ломать – сломать / ломаться – сломаться

⑨ Кто сломал мой карандаш?

⑩ Это плохой телефон, он часто ломается.

⑪ Девочки играли с куклой и сломали её.

⑫ Девочки играли с куклой, и она сломалась.

⑬ Никогда не ломай игрушки!

⑭ - Ты приехал на автобусе? А где твоя машина?
- Она сломалась.

**закрывать – закрыть /
закрываться – закрыться**

⑮ Обычно банк закрывается в 5 часов.

⑯ Школьники закрыли учебники, и начали отвечать на вопросы учителя.

⑰ Очень холодно! Антон, закрой, пожалуйста, окно.

⑱ - Кто закрыл дверь?
- Никто. Она сама закрылась, ведь на улице сильный ветер.

⑲ - Как ты думаешь, музей ещё работает или уже закрылся?
- Он обычно закрывается в 6 часов, а сейчас 6:15, конечно, музей уже закрылся.

연습문제 3

① Стакан упал со стола на пол и разбился.

② Наш холодильник сломался, надо вызвать мастера.

③ - Ты не знаешь, когда обычно открывается книжный магазин?
- Он начинает работать в 9 часов.

④ Вчера была крупная авария, брат сломал руку и ногу.

⑤ Женя встал утром, умылся холодной водой, позавтракал, оделся в светлый костюм и пошёл на работу.

⑥ Мы с трудом поднялись на высокую гору.

⑦ - В комнате холодно! Кто открыл окно?
- Никто. Оно открылось из-за ветра.

연습문제 4

① Ваня разбил красивую вазу. Мама очень огорчилась. / обиделась на него.

② - Завтра экзамен! Я плохо подготовился к нему! Наверное, я получу «2»!
- Не волнуйся, ты хорошо сдашь экзамен. Ты всегда так говоришь, но получаешь не «2», а «5».

③ Никогда не надо огорчать / волновать родителей!

④ Папа купил игрушки, и дети очень обрадовались.

⑤ - Как ты испугал меня! У меня сердце в пятки ушло!
- Извини, я не думал, что ты так сильно испугаешься.

⑥ Маша сказала, что скоро выйдет замуж за Юрия. Эта новость удивила нас всех, потому что мы не знали, что Маша и Юрий дружат. Из-за этой новости Виктор очень огорчился / расстроился, потому что он тайно влюблён в Машу.

연습문제 5

Ругать / ругаться

① Почему ты всегда ругаешь младшего брата? Он ещё совсем маленький, не ругай его, пожалуйста, а лучше помогай ему.

② Дети, почему вы всегда ругаетесь? Вы братья, поэтому должны жить дружно, больше не ругайтесь, пожалуйста!

③ Мама, не ругай меня, пожалуйста, я больше не буду так делать.

Подружить / подружиться

④ - Наташа, я вижу, вы с Леной очень подружились.
- Да, занятия фитнесом подружили нас. Мы вместе занимаемся фитнесом почти каждый день.

⑤ Мы с Сон Ми подружились в Москве. Мы вместе ездили в Москву на стажировку в прошлом году.

познакомить / познакомиться

⑥ - Откуда ты знаешь Зою?
- Сергей познакомил нас.

⑦ - Откуда ты знаешь Вадима?
- Мы познакомились в спортклубе, мы вместе занимаемся футболом.

⑧ На экскурсии туристы познакомились с историей Сеула.

연습문제 6

① Ольга всегда улыбается / смеётся, потому что она очень весёлый человек.

② - Ты всё купил?
- Нет, мне осталось только купить яблоки.

③ В котором часу ты обычно ложишься спать?

④ Мы вошли в кабинет профессора, поздоровались с ним и спросили, где будет экзамен?

⑤ - Тебе удалось летом отдохнуть во Франции?
- Нет, не получилось, всё лето готовился к экзамену по английскому языку.

⑥ - Мне кажется, что ты стал хуже учиться, что случилось?
- Ничего не случилось, просто у меня появилась работа, и теперь у меня совсем нет времени.

제 8 과

연습문제 1

① помогающий, помогающая, помогающее, помогающие

② приглашающий, - ая, - ее, - ие

③ танцующий, - ая, - ее, - ие

④ берущий, - ая, - ее, - ие

⑤ улыбающийся, - аяся, - ееся, - иеся

⑥ занимающийся, аяся, - ееся, - иеся

⑦ спрашивающий, - ая, - ее, - ие

⑧ говорящий, - ая, - ее, - ие

⑨ поющий, - ая, - ее, - ие

연습문제 정답

⑩ пьющий, - ая, - ее, - ие
⑪ едущий, - ая, - ее, - ие
⑫ идущий, - ая, - ее, - ие
⑬ смотрящий, - ая, - ее, - ие
⑭ волнующийся, аяся, - ееся, - иеся

연습문제 2

① Я часто спрашиваю о грамматике профессора, который работает в нашем университете.

② Мы познакомились со студентами, которые изучают корейский язык.

③ Я давно не встречал Анну, которая живёт в нашем доме.

④ Вчера мы ходили в ресторан, который находится в центре города.

연습문제 3

① Студент, спрашивающий о Ларисе, учится с ней на одном курсе.

② В газете написали о профессоре, работающем в нашем университете.

③ Детям, играющим в парке, нравится спорт.

④ Мы познакомились с молодым человеком, играющим на пианино.

⑤ Я позвонил другу, любящему путешествовать.

연습문제 4

① попросивший, попросившая, попросившее, попросившие

② предлагавший, - ая, -ее, -ие

③ умывавшийся, - ая, -ее, -ие

④ испугавшийся, - аяся, -еeся, -иеся

⑤ пришедший, - ая, -ее, -ие

⑥ принёсший, - ая, -ее, -ие

⑦ смогший, - ая, -ее, -ие

⑧ выпивший, - ая, -ее, -ие

⑨ одевавшийся, -аяся, -ееся, -иеся

⑩ понравившийся, - аяся, -ееся, -иеся

연습문제 5

① Мне нравится молодая актриса, которая сыграла главную роль в известном фильме.

② Мы говорим о баскетбольной команде, которая заняла первое место.

③ Я познакомилась с молодым человеком, который окончил МГУ и сразу нашёл работу в известной компании.

④ Я встретил Олега, который учился на нашем факультете и бросил университет 2 года назад.

연습문제 6

① Студенты, живущие в этом общежитии, учатся на первом курсе.

② Иностранцам, осмотревшим Кремль, понравилась эта экскурсия.

③ Я встретилась с подругой по школе, решившей поступить в наш университет.

④ Иван Иванович, болеющий уже 2 года, мало ходит.

⑤ Мы познакомились с корейцами, приехавшими из Сеула и хорошо говорящими по-русски.

⑥ Ты помнишь Наташу, работающую в отделе маркетинга и вышедшую замуж за француза?

제 9 과

연습문제 1

동사원형	능동형동사 현재형 (불완료상)	능동형동사 과거형 (불완료 / 완료상)
петь	поющий	певший
знакомиться	знакомящийся	знакомившийся
встретиться	X	встретившийся
встречать	встречающий	встречавший
советовать	советующий	советовавший
войти	X	вошедший
помочь	X	помогший

연습문제 정답

연습문제 2

1. В газете мы прочитали о поэте, написавшем много красивых стихов.
2. Всем студентам, планирующим поехать в Москву, надо сдать экзамены.
3. X
4. Максим пришёл в гости к другу, играющему на нескольких музыкальных инструментах и интересующемуся джазовой музыкой.

연습문제 3

1. Мы болеем за нашу команду, которая играет с командой университета Корё.
2. Мы отдыхали на озере, которое находится недалеко от города.
3. Для дедушки, который почувствовал себя плохо, мы вызвали врача, который работает в ближайшей поликлинике.

연습문제 4

1. b)
2. d)
3. a)
4. b)

연습문제 5

1. проводимый, проводимая, проводимое, проводимые
2. посылаемый, -ая, -ое, -ые
3. сообщаемый, -ая, -ое, -ые
4. показываемый, -ая, -ое, -ые
5. организуемый, -ая, -ое, -ые
6. передаваемый, -ая, -ое, -ые
7. обсуждаемый, -ая, -ое, -ые
8. даримый, -ая, -ое, -ые

연습문제 6

1. Мне нравятся предметы, изучаемые нами в университете.
2. Мы с интересом читаем новости, сообщаемые газетами.
3. В газете написали о выставке, организуемой молодыми художниками.
4. Я познакомился с контрактом, предлагаемым мне фирмой «Сибирь».
5. Мы говорим о фильме, показываемом в кинотеатре «Восток».

연습문제 7

1. Мы пригласили гостей на фестиваль, который проводят студенты первого курса раз в 2 года.
2. Мы пригласили гостей на фестиваль, который проводят раз в 2 года.
3. Мы собираемся поехать на экскурсию, которую организует туристическая фирма «Золотой луч».
4. Мы собираемся поехать на экскурсию, которую организуют на следующей неделе.

연습문제 8

А)

1. нарисованный, нарисованная, нарисованное, нарисованные
2. написанный, -ая, -ое, -ые
3. показанный, -ая, -ое, -ые
4. подаренный, -ая, -ое, -ые
5. изученный, -ая, -ое, -ые
6. сделанный, -ая, -ое, -ые
7. построенный, -ая, -ое, -ые
8. созданный, -ая, -ое, -ые
9. проверенный, -ая, -ое, -ые
10. проданный, -ая, -ое, -ые
11. организованный, -ая, -ое, -ые
12. понятый, -ая, -ое, -ые

Б)

13. накопленный, -ая, -ое, -ые
14. освобождённый, -ая, -ое, -ые
15. поставленный, -ая, -ое, -ые
16. исправленный, -ая, -ое, -ые
17. подготовленный, -ая, -ое, -ые
18. встреченный, -ая, -ое, -ые

연습문제 정답

연습문제 9

1. Все обсуждают успешную операцию, которую сделал молодой врач.
2. Я повесил на стену картину, которую подарили друзья.
3. Преподаватель повторил слово, которое не поняли студенты.
4. Саша пришёл в гости с тортом, который он купил в «Пари-багете».
5. Все говорят о фильме, который показали вчера на лекции.
6. Гид познакомил туристов с произведениями искусства, которые создали в прошлом веке.
7. Гости, которых пригласили на фестиваль, с удовольствием посмотрели концерт, который подготовили студенты первого курса.

연습문제 10

1. b)
2. b)
3. c)
4. c)

연습문제 11

1. Закажите билеты на концерт, идущий в концертном зале «Олимп».
2. Одежда, продаваемая в этом магазине, очень дорогая.
3. Мы говорим о романе, прочитанном нами вчера.
4. Вот красивые цветы, которые я подарю девушке, любимой мной давно.
5. Этот журналист, встреченный нами на фотовыставке, показал нам свои фотографии и рассказал о поездке в маленькую страну, находящуюся на юге Европы.
6. На лекции мы говорили о русском писателе Михаиле Булгакове, написавшем роман «Мастер и Маргарита», взятый мной в библиотеке 3 дня назад и уже прочитанный.

연습문제 12

1. Эта книга написана молодым поэтом.
2. Эта книга была написана Достоевским в 1878 году.
3. Новый профессор приглашён нами на концерт.
4. В газете написана статья о нашем университете.
5. X
6. X
7. X
8. Кинотеатр был построен в 1980 году.
9. Урок начат учителем в 9 часов.
10. X
11. Вчера в ресторане была вкусно приготовлена рыба.
12. Завтра магазин будет закрыт в 8 часов.

제 10 과

연습문제 1

1. готовя
2. рисуя
3. занимаясь
4. знакомясь
5. начиная
6. здороваясь
7. приглашая
8. поступая
9. встречаясь
10. улыбаясь
11. идя
12. сдавая

연습문제 2

1. Бегая, дети смеются.
2. Идя на экзамен, Виктор очень волновался.
3. X
4. Слушая Виктора, профессор улыбался.
5. Готовясь к экзамену, мы будем каждый день заниматься в библиотеке.

연습문제 3

1. купив
2. взяв
3. пойдя
4. войдя
5. умывшись
6. познакомившись
7. поздравив
8. встретившись
9. выйдя
10. унеся

연습문제 4

А)

1. Заболев, Наташа пошла в больницу.
2. Придя домой, папа пообедал.
3. X
4. Сделав домашнее задание, ты пойдёшь гулять.
5. X

Б)

1. b)
2. d)
3. a)

6 – 10과 종합문제

1. a)
2. b)
3. a)
4. d)
5. c)
6. c)
7. b)
8. a)
9. c)
10. d)
11. a)
12. d)
13. b)
14. a)
15. d)

제 11과

연습문제 1

1. Какая красивая птица, как быстро она летит.
2. Смотрите, большой кит плывёт.
3. Этот автобус идёт / едет очень медленно.
4. Пассажиры едут на автобусе в Сеул.
5. Вот идёт / бредёт наша бабушка, у неё очень болят ноги.
6. У нашего дедушки болят ноги, он еле идёт / бредёт.
7. Какая высокая гора! Мы с трудом лезем на неё.
8. Муха ползёт по столу.
9. Муха летит по воздуху.
10. Вот летит красивая бабочка, она хочет сесть на цветок.
11. Смотрите, на стене большой жук, он медленно ползёт / лезет вверх.
12. В бассейне спортсмены быстро плывут к финишу.
13. На стадионе спортсмены быстро бегут к финишу.
14. Мальчик лезет на дерево, он хочет сорвать красивое яблоко.

제 12과

연습문제 1

1. Такси везёт пассажира в аэропорт.
2. 1 сентября. Вот родители ведут маленького сына в школу. Они идут и весело разговаривают. Сын несёт портфель и цветы
3. Наша кошка заболела. Сестра везёт кошку в ветеринарную клинику на машине.
4. Папа везёт детей в Пусан к бабушке и дедушке. Они едут на поезде и смотрят в окно.
5. - Куда вы несёте эту картину?
   - На второй этаж.
   - Осторожно, смотрите, не уроните!
6. Экскурсовод ведёт туристов в Эрмитаж. Туристы устали, поэтому идут медленно.
7. Гид везёт туристов в Эрмитаж на экскурсионном автобусе.
8. Вот едет трамвай, он везёт пассажиров.
9. Сейчас я еду в Москву, я везу корейские сувениры своим друзьям.

연습문제 정답

⑩ Студент идёт в университет, он несёт сумку и ноутбук.

연습문제 2

① Студент идёт в библиотеку и несёт книгу.

② Водитель автобуса везёт пассажиров в аэропорт.

③ Я веду маленького брата в парк. Мы идём медленно.

④ Мама везёт маленького сына в парк. Сын спит в коляске.

⑤ Эти коробки очень тяжелые, студенты с трудом тащат / несут их.

⑥ Гид ведёт туристов в Кремль. Они идут и разговаривают о Москве.

⑦ Гид везёт туристов в Кремль. Они едут на автобусе и разговаривают о Москве.

⑧ Сестра ведёт маленькую собаку домой. Собака очень медленно идёт.

⑨ Сестра везёт нашу собаку на поезде в деревню.

⑩ Дети идут на стадион, они несут мячи.

⑪ Грузчики тащат / несут на сцену большой рояль.

연습문제 3

идти / ходить

① - Привет, Олег, куда ты идёшь?
- В институт.
- Ты всегда ходишь пешком?
- Да, мне нравится ходить пешком.

② - Этот ребёнок совсем маленький, но уже хорошо ходит.
- Да, он начал ходить 2 недели назад.

③ - Ваша дочь учится в школе?
- Нет, она ходит в детский сад.

④ - Где ты был вчера?
- Я ходил на студенческое собрание.

⑤ (императив) Вера, иди сюда скорее!

⑥ (императив) Если у тебя болят ноги, не ходи сегодня на стадион.

ехать / ездить

⑦ - Как вы провели лето?
- Мы ездили в деревню к бабушке и дедушке. А вы?
- Каждый год мы ездить на Байкал.

⑧ (в автобусе)
- Куда ты едешь?
- Я еду в бассейн.
- Как часто ты ездишь в бассейн?
- Два раза в неделю.

⑨ Не езди в субботу на море, лучше поезжай на Сораксан. (императив)

бежать / бегать

⑩ - Куда ты спешишь?
- Я бегу в институт, через 5 минут начинается лекция.
- Тогда беги быстрее, удачи! (императив)

⑪ - Как долго ты обычно утром бегаешь по стадиону?
- 30 минут.
- А я не люблю бегать.

лететь / летать

⑫ - Смотри, вон с севера на юг летит большой самолёт. Наверное, он летит на Чеджу.
- Здесь часто летают разные самолёты.

плыть / плавать

⑬ - В аквариуме плавают разные рыбы.
- Куда плывёт этот пароход?

⑭ Мама: Дети, не плавайте долго, в озере вода холодная.

нести / носить

⑮ - Куда ты несёшь эти книги?
- В кабинет профессора.

⑯ Нашей бабушке нельзя носить тяжести.

вести / водить

⑰ - Кто обычно водит детей в парк?
- Мама.

⑱ Вот гид ведёт туристов в Эрмитаж. Гид водит туристов в Эрмитаж каждый день.

⑲ Сейчас гид водит туристов по Эрмитажу, туристы уже посмотрели картины на первом и втором этаже. Вчера гид 2 часа водил туристов по Эрмитажу.

везти / возить

⑳ Сейчас таксист везёт пассажира в аэропорт.

㉑ Папа работает на автобусе, обычно он возит пассажиров из Сеула в Пусан и обратно.

제 13 과

연습문제 1

ходить

❶ Я часто хожу в театр. Раньше я ходил в театр каждую субботу.

❷ - Что ты делал вчера?
 - Я ходил в музей.
 - Как часто ты ходишь в музей?
 - Я хожу очень редко.

❸ - Где была сестра в пятницу?
 - Она ходила в библиотеку.
 - А ты часто ходишь в библиотеку?
 - Когда я учился в школе, часто ходил, но теперь редко хожу.

ездить

❹ - Как часто вы ездите на море?
 - Мы ездим два раза в месяц, а раньше мы ездили каждую неделю.

❺ - Почему ты не был на уроке?
 - Я ездил в российское посольство.
 - На прошлой неделе я тоже ездил в посольство.

연습문제 2

❶ **ехать / ездить**
В прошлом году я ездил на Байкал на поезде. Когда я ехал на Байкал на поезде, я всё время смотрел в окно.

❷ **лететь / летать**
Месяц назад мы летали в Москву. Когда мы летели из Москвы в Сеул, я всю дорогу спал.

❸ **идти / ходить**
Вчера, когда Маша шла домой, ей позвонил Олег и пригласил вечером в кино. В прошлую субботу Маша и Олег ходили на стадион, там они смотрели бейсбольный матч.

❹ **лететь / летать, плыть / плавать**
Недавно мой брат летал во Францию на самолёте. Летом мы были на острове Чеджу. Из Пусана на Чеджу мы летели на самолёте, а обратно плыли на пароходе. Когда мы плыли на пароходе, мы увидели большого кита.

연습문제 3

бежать / бегать

❶ Я люблю бегать, поэтому бегаю около дома каждое утро.

❷ Мама увидела красивую бабочку на цветке и крикнула детям: «Бегите сюда, посмотрите, какая красивая бабочка».

❸ Сестра каждое утро 30 минут бегает по парку.

нести / носить

❹ Вот Миша несёт тяжелый портфель.

❺ Он всегда носит в школу много книг и тетрадей.

❻ Друзья говорят ему: «Не носи так много книг!»

водить / вести

❼ Володя не любит водить в детский сад младшего брата, обычно мама водит его.

❽ Смотри, вот мама ведёт младшего брата в детский сад.

❾ Раньше Юля водила младшего брата в детский сад, но сейчас Юля учится в университете, у неё мало времени, теперь мама водит его.

везти / возить

❿ Вот большой автобус везёт туристов на экскурсию в Эрмитаж.

⓫ А вчера он возил туристов в Казанский собор.

⓬ Водителю нравится возить туристов по городу, он часто возит туристов по городу.

연습문제 정답

лететь / летать

⑬ В прошлом году мы **летали** в Петербург. Когда мы **летели** из Петербурга в Сеул, в самолёте мы познакомились с русским профессором.

⑭ Мой брат не любит **летать** на самолёте.

⑮ Маленький птенец уже хорошо **летает**.

⑯ У нашей бабушки часто болит сердце, ей нельзя **летать** на самолёте.

⑰ Вчера мы 2 часа **летели** на самолёте из Краснодара в Москву.

идти / ходить

⑱ Почему ты всегда так медленно **ходишь**? И сейчас ты тоже **идёшь** еле-еле. Из-за тебя мы опоздаем на лекцию, пожалуйста, **иди** быстрее!

⑲ - Где ты был вчера? Я весь вечер звонил тебе, но ты не отвечал.
- Я **ходил** в бассейн. Я **хожу** в бассейн 3 раза в неделю.

⑳ Посмотри, как хорошо **ходит** эта маленькая девочка.

㉑ - Ваш сын **ходит** в школу?
- Нет, он учится в университете.

㉒ Когда мы **шли** на стадион, мы говорили о футболе. Раньше мы часто **ходили** на стадион, но теперь редко **ходим**.

ехать / ездить

㉓ - Как ты отдыхал летом?
- Я **ездил** на Байкал.

㉔ Мне не нравится **ездить** на метро, а раньше я любил **ездить** на метро.

㉕ Вчера мы были в театре. Туда шли пешком, а обратно **ехали** на такси.

㉖ Не **езди** учиться в Томск, там очень холодно, лучше **поезжай** в Москву. (императив)

❸ Посмотри, какой красивый пароход! Я думаю, что он **плывёт** в Японию.

❹ У Василия Петровича болят ноги, ему нельзя **ходить**. Обычно он много **ходит** пешком, потому что любит **ходить** пешком.

❺ - Вчера вы **ходили** в музей пешком или **ездили** на автобусе?
- Туда мы **шли** пешком, а обратно **ехали** на автобусе.

❻ Муха села на стол и начала **ползать** по нему.

❼ Мой брат сказал, что научит меня **плавать**. Сейчас мы **едем** на троллейбусе в бассейн.

❽ - Ты хорошо **плаваешь / водишь машину**?
- Нет, я не умею **плавать / водить машину**.

❾ Мама **везёт** маленькую дочь на коляске. Мама **идёт** пешком, а дочь **едет** на коляске.

❿ Вот мама **ведёт** за руку сына. Они **идут** в парк.

⓫ Этот молодой человек **идёт** на день рождения к подруге. Он **несёт** подарок.

⓬ В прошлом году мы **ездили** на юг. Туда мы **летели** на самолёте, обратно **ехали** на поезде. Когда мы **ехали** на поезде, у меня болела голова. Я не люблю **ездить** на поезде, мне нравится **летать** на самолёте.

⓭ Привет, Соня, давно не виделись. Как дела? Твоя дочь **ходит** в детский сад или учится в школе?

⓮ Этот ребёнок маленький, но уже хорошо **ходит**. Смотрите, вот он идёт с мамой в парк.

⓯ Вот мама **несёт** маленького ребёнка из парка домой на руках, потому что он устал и хочет спать.

⓰ Раньше мы часто **ходили** в сауну, а теперь редко **ходили**. Вчера, когда мы **шли** в сауну, мы встретили Свету.

연습문제 4

❶ Вот с востока на запад **летит** большой самолёт.

❷ Я не люблю **ездить** на поезде, поэтому обычно **летаю** на самолёте.

제 14 과

연습문제 1

бежать – побежать / бегать

① Дети смеются и бегают по парку.

② - Где Лена?
   - Она побежала в школу, через 5 минут начнётся урок.

③ Когда спортсмен бежал к финишу, он упал.

④ Мой брат всегда быстро бегает, а я не умею быстро бегать.

⑤ Женя купил сигареты и побежал на остановку автобуса.

лететь – полететь / летать

⑥ - Профессор сейчас в Сеуле?
   - Нет, он полетел в Петербург.

⑦ Смотрите, по небу летают разные птицы.

⑧ Смотрите, вот большая птица летит в лес.

⑨ Когда Сергей летел на самолёте, он познакомился с симпатичной девушкой.

⑩ Завтра утром мы полетим на остров Чеджу.

⑪ Летом мы были в Пусане. Туда ехали на поезде, обратно летели на самолёте. На поезде в Пусан мы ехали 4 часа, а обратно на самолёте мы летели только 45 минут.

нести – понести / носить

⑫ Бабушка купила на рынке много овощей и фруктов, вот она несёт тяжёлую сумку домой. Ей нельзя носить тяжёлые вещи. Максим увидел бабушку, взял у неё сумку и понёс эту сумку домой.

⑬ Вот мама несёт маленького ребёнка в парк.

⑭ Женя всегда носит в университет русско-корейский словарь.

вести – повести, водить

⑮ Учительница часто водит школьников в парк.

⑯ Урок кончился, и учительница повела школьников в парк.

⑰ Завтра учительница поведёт школьников в театр.

⑱ Девочка каждый день водит свою собаку в парк.

⑲ Сейчас вечер, а сегодня утром девочка водила собаку в парк.

⑳ - Где ты была утром?
   - Я водила собаку в парк.

везти – повезти, возить

㉑ Сейчас утро. Папа везёт сына в школу на машине.

㉒ Завтра утром папа повезёт сына в школу на машине.

㉓ Мы пообедали, и папа повёз нас в музей на машине.

㉔ - Что папа делал вчера?
   - Он возил нас в музей на машине.

연습문제 2

① В прошлом году мы ездили на Байкал. Туда мы ехали на поезде, обратно летели на самолёте. Когда мы ехали на Байкал, я читал рассказы Антона Чехова, а когда летели с Байкала, я просто спал в самолёте.

② - Где ты был вчера вечером?
   - Я ходил в студенческий клуб на собрание. Когда я шёл пешком в клуб, я увидел Антона, который ехал в клуб на машине. Антон остановил машину, я сел (в машину), и мы вместе поехали в клуб. / Антон остановил машину, я сел (в машину), и Антон повёз меня в клуб. Мы ехали до клуба минут 20. Собрание шло 2 часа. После собрания я ехал домой на автобусе минут 20.

③ - Мама дома?
   - Нет, она повела младшего брата к врачу, потому что у него сильный кашель. Они позавтракали и пошли пешком в больницу. Наташа, сходи, пожалуйста, в ближайший магазин за овощами, когда мама вернётся из больницы, она приготовит обед.

④ - Где папа?
   - Он повёз детей в Пусан к бабушке и дедушке.
   - На чём они поехали?
   - Папа повёз их на своей машине.
   - Правда? Но сейчас на улице идёт снег, поэтому на дороге большая пробка, наверное,

연습문제 정답

они будут долго стоять в пробке. Я думаю, что завтра тоже будет идти снег.

❺ Ты уже вернулся из Сеула? На чём ты ездил: на автобусе или на машине? Как долго ты ехал до Сеула?

❻ - Арина, ты уже вернулась с рынка? Как быстро ты съездила на рынок!
- Да, я быстро купила всё необходимое, а кроме того, на дороге не было пробок.

❼ Дима очень хорошо водит машину, он ездит на машине 8 лет. Он научился водить машину, когда ему было 19 лет.

제 15 과

연습문제 1

входить – войти

❶ Преподаватель всегда входит в аудиторию ровно в 9 часов.

❷ Я открыл дверь и вошёл в квартиру.

❸ Я вошла в университет, поднялась на 2 этаж, там в кабинете 209 находится деканат.

❹ Сейчас бабушка с трудом входит на 3 этаж.

❺ Профессор постучал в дверь, декан сказал: «Входите!», и профессор вошёл в кабинет. Декан сказал: «Проходите, садитесь» и спросил: «Хотите кофе?»

❻ Идёт экзамен. На двери объявление: «Не входите! / Не входить!»

❼ Я никогда не вхожу в кабинет директора без стука.

въезжать – въехать

❽ Машина въехала во двор и остановилась.

❾ Обычно мы на горных велосипедах въезжаем на эту гору.

влетать – влететь

❿ Птица влетела в открытое окно и начала летать по комнате.

⓫ В России зимой очень холодно, поэтому птицы часто влетают в открытые окна.

⓬ Дети играли в футбол, мяч влетел в окно, и оно разбилось.

вносить – внести

⓭ Папа внёс вешалку в комнату и поставил её около двери.

⓮ Мужчины с трудом внесли тяжёлый холодильник на 2 этаж.

연습문제 2

Идти – пойти / ходить – сходить

❶ - Какой фильм идёт сейчас в кинотеатре «Москва»?
- «Город N».
- Говорят, это интересный фильм. Я хочу пойти завтра на этот фильм. А ты пойдёшь со мной?
- Нет, я вчера ходил в кино и уже посмотрел этот фильм.
- Ты ходил в кино один?
- Нет, когда я шёл в кинотеатр, я встретил Машу. Я пригласил её в кино, и мы вместе пошли в кинотеатр. Фильм шёл 2 часа. Когда он кончился, я предложил Маше пойти в кафе. В кафе мы минут 20 пили кофе и разговаривали. Потом мы пошли домой.

❷ Сначала Сергей позвонил профессору, потом он пошёл в кабинет профессора. После разговора с профессором Сергей решил пойти / сходить в библиотеку и взять нужную книгу.

❸ - Как хорошо ходит этот маленький мальчик? Когда он начал ходить?
- Две недели назад. Ему нравится ходить. Он хочет ходить весь день. Но я волнуюсь, я думаю, что ему нельзя ходить так долго.

❹ (Сейчас младший брат Вани находится в детском саду. Детский сад находится недалеко от дома.) Мама: Ваня, сходи, пожалуйста, в детский сад за младшим братом.

Ехать – поехать / ездить

❺ - Как ты провёл каникулы?
- Я ездил в деревню к бабушке, потому что я езжу в деревню каждые каникулы. Потом я хотел поехать на остров Чеджу, отдохнуть там два-три дня, но не получилось. А ты?

- Я ездил в Пусан. Я был там неделю. А когда вернулся из Пусана, сразу поехал в Китай. Там сейчас работает мой старший брат. Я гостил у брата месяц.
- А-а, понятно. На каникулах ты ездил в Пусан и в Китай. Я тоже собираюсь поехать в Китай на следующих летних каникулах.

❻ Когда лекция кончилась, студенты поехали на выставку. Когда они ехали с выставки домой, они разговаривали о картинах и художниках.

❼ Вчера Софья ехала в университет на автобусе очень долго. Когда она ехала в университет, в автобусе она учила новые слова.

❽ Когда брат ехал / ездил по городу на своей новой машине, он увидел Свету.

연습문제 3

нести – понести, носить

❶ - Где Маша?
- Она понесла книги в библиотеку.

❷ Ты каждый день носишь в университет этот словарь? Но он такой тяжёлый!

❸ Раньше папа носил усы и бороду, но теперь не носит.

❹ - Куда ты сейчас несёшь эти документы?
- Я несу их в посольство, мне надо оформить визу.

❺ Какое красивое платье? Почему ты не носишь его?

❻ Маленький сын ещё не ходит, вчера мама носила его в поликлинику на руках.

❼ Женя, ты высокая, поэтому тебе надо носить туфли на низком каблуке.

❽ Максим купил цветы и понёс их домой, он хочет подарить их маме. Когда он нёс цветы домой, он встретил друга, который спросил его: «Кому ты несёшь эти прекрасные розы?»

вести – повести, водить

❾ Мама одела ребёнка и повела его в зоопарк.

❿ - Где ты была вчера вечером?
- Я водила иностранных студентов в театр.

⓫ Сейчас мы едем в Сеул, мама ведёт машину. Вчера папа много пил, поэтому ему нельзя водить машину.

⓬ Мой брат научился водить машину 5 лет назад. Он очень хорошо водит машину.

⓭ Когда мама и маленькая дочь посмотрели детский фильм, мама повела дочь в парк.

⓮ Сейчас дипломаты Японии и Китая ведут переговоры о международном сотрудничестве.

⓯ Почему ты не ведёшь дневник?

везти – повезти, возить

⓰ Папа встретил сына около школы и повёз его домой. Когда отец вёз сына из школы домой, мальчик рассказывал об уроках.

⓱ В прошлом году брат работал шофёром, он каждый день возил овощи и фрукты из деревни на городской рынок.

⓲ Юрий поступил в Сеульский университет?! Ему везёт / повезло!

⓳ - Где мама?
- Она повезла бабушку на рынок на своей машине.

⓴ - Мама, где ты была? Я жду тебя 2 часа.
- Я возила бабушку на рынок.

연습문제 4

входить – войти

❶ Водитель открыл дверь автобуса, и пассажиры вошли в автобус.

❷ Когда учитель вошёл в класс, он поздоровался с детьми.

❸ Обычно когда школьники опаздывают, они входят в класс и говорят: «Извините за опоздание. Можно сесть на место?»

❹ Когда девушки входили на гору, они часто останавливались и отдыхали. Когда девушки вошли / входили на вершину горы, они увидели большое озеро.

❺ Когда женщина с маленьким ребёнком вошла в трамвай, сидящий молодой человек встал и предложил ей сесть.

연습문제 정답

⑥ Идёт операция, в операционную запрещается **входить**.

⑦ У дедушки болят ноги, сейчас он медленно **входит** на 2 этаж.

⑧ Туристы **вошли** в лес и увидели много красивых цветов.

⑨ В воскресенье мы с детьми отдыхали на озере. Наши дети не умеют плавать. Обычно они **входят** в воду по пояс и просто играют в воде.

⑩ Когда студенты **вошли** к декану, они поздоровались и спросили, когда у декана будет свободное время.

въезжать – въехать

⑪ Обычно брат на горном велосипеде легко **въезжает** на небольшую гору, которая находится недалеко от нашего дома.

⑫ Машина **въехала** во двор и остановилась.

вносить – внести

⑬ - Какой тяжёлый чемодан! Как ты **внёс** его на шестой этаж? И почему ты не поднялся на лифте?
 - Потому что лифт сломался.

⑭ Мама **ввела** маленького сына в квартиру, разула и раздела его.

11 – 15과 종합문제

① b)   ② a)
③ a)   ④ b)
⑤ a)   ⑥ a)
⑦ b)   ⑧ c)
⑨ d)   ⑩ b)
⑪ c)   ⑫ b)
⑬ c)   ⑭ d)
⑮ a)

제 16 과

연습문제 1

① Обычно папа **выходит** из дома в 7 часов, но сегодня он **вышел** в 7:30.

② Футбольный матч закончился. Мы **вышли** со стадиона и поехали домой.

③ Вчера мы ездили отдыхать на озеро. Утром в 7 часов мы **вышли** из дома, сели в машину и поехали за город. Через 20 минут мы **выехали** из города и сразу увидели большой лес.

④ Начала играть музыка, и на сцену **вышел** известный певец.

⑤ Самолёт **вылетел** из Сеула в 12 часов, и через 9 часов он прилетел в Москву.

⑥ Когда автобус остановился, пассажиры **вышли** из него.

⑦ После завтрака воспитательница детского сада **вывела** детей на детскую площадку, там они гуляли 2 часа.

⑧ В этой аудитории идёт ремонт, поэтому студенты **вынесли** все столы и стулья в коридор и поставили их около стены.

⑨ Каждый день машины **вывозят** мусор из нашего университета.

연습문제 2

① После экзамена мы обычно **ходим** в кафе.

② Мы **вышли** из университета и **пошли** в кафе.

③ Около кафе мы встретили Анну, мы поздоровались, открыли дверь и вместе **вошли** в кафе.

④ Мы поужинали, **вышли** из кафе и пошли домой.

⑤ Мой младший брат **ходит** в школу, а я учусь в университете.

⑥ Обычно я **езжу** в университет на автобусе. Мне нравится **ездить** на автобусе, но я не люблю **ездить** на трамвае.

⑦ Обычно я **выхожу** из дома в 7 часов, но сегодня я **вышел** в 7:30 и быстро **пошёл** на остановку автобуса.

⑧ Когда я **вошёл** в автобус, я сразу увидел Андрея. Мы **ехали** на автобусе и разговаривали о новом романе. Мы **ехали** на автобусе минут 15.

⑨ Вот наша остановка. Мы **вышли** из автобуса и **пошли** в университет.

⑩ Мы опоздали. Урок уже начался. Мы постучали в дверь. Преподаватель сказал: «**Входите**!». Мы **вошли** в аудиторию, извинились за опоздание и сели на свои места.

⑪ - Что ты делал вчера после лекций?
 - Я **ходил** на стадион, играл в футбол.

⑫ Вчера я **ходил** в театр на новый спектакль.

⑬ В театр я **шла** пешком, потому что была хорошая, тёплая погода. А когда спектакль кончился, и я **вышла** из театра, на улице **шёл** дождь. Тогда я села в такси и **поехала** домой. Машина остановилась около моего дома. Я **вышла** из такси, **вошла** в дом, потом на лифте **поднялась** на 8 этаж. Как только я **вошла** в квартиру, мой брат спросил: «Как спектакль? Понравился?»

연습문제 3

❶ Сегодня Максим опоздал, потому что **вышел** из дома поздно, в 8:45.

❷ Обычно я встаю в 7 часов, умываюсь, завтракаю, одеваюсь и **выхожу** из дома в 8 часов.

❸ - Сколько месяцев вашему сыну?
 - 10 месяцев.
 - Правда? Он хорошо **ходит**.
 - Да, он научился **ходить** на прошлой неделе.

❹ Когда я **шёл** в театр, я думала о своих проблемах.

❺ Когда я **вошёл** в кабинет декана, я поздоровался с деканом.

❻ Вадим открыл дверь и **вошёл** в библиотеку.

❼ Вадим открыл дверь и **вышел** из библиотеки.

❽ Вадим открыл дверь и **вышел** на улицу.

❾ У бабушки болят ноги, поэтому она редко **ходит**. Завтра мы с бабушкой **поедем** в поликлинику на машине.

⑩ Вчера Нина **ходила** в библиотеку. Она **вышла** из дома в 10 часов, а вернулась домой в 3 часа. Она занималась в библиотеке 5 часов.

⑪ В 12 часов Павел **вышел** из библиотеки и **пошёл** в кафе.

⑫ Урок кончился, дети **вышли** в коридор.

⑬ Учительница **вошла** в класс и начала урок.

⑭ - Где ты был летом?
 - Я **ездил** в Петербург?
 - На поезде?
 - Туда я **ехал** на поезде, а обратно **летел** на самолёте.

⑮ - Где Наташа?
 - Она **поехала** в Сеул.

⑯ Папа никогда не курит в комнате, обычно он **выходит** на балкон.

⑰ Максим **вышел** из университета и **пошёл** на остановку автобуса.

⑱ В дверь постучали. Я сказала: «**Входите**!»

⑲ В дверь позвонили. Я открыла дверь, и в квартиру **вошёл** Сергей.

연습문제 4

❶ Они в Пусане.

❷ Нет, сейчас она не в аптеке.

❸ Да, они в университете.

❹ Да, дети в гостиной.

❺ Нет, он не в моём доме.

❻ Да, Марина и бабушка сейчас в поликлинике.

❼ Брат сейчас во Франции.

❽ Пароход сейчас на в Пусане.

연습문제 5

❶ В наш город **приехал** известный российский певец. Сегодня вечером мы пойдём на концерт.

❷ Летом в Сеул **приезжал** российский балет, который был в Корее 2 недели.

❸ В университет Кёнхи **приехали** студенты из Москвы. Они будут учиться 3 месяца.

연습문제 정답

④ Смотрите, вот самолёт, который прилетел из Китая.

⑤ Ко мне из Америки приезжал друг, он был здесь неделю.

⑥ Ко мне из Японии приехала подруга, она будет здесь неделю.

⑦ Смотри, какой большой пароход, он приплыл / пришёл из Японии.

⑧ В наш сад прилетели красивые птицы. Вот они сидят на дереве.

⑨ В наш сад прилетали птицы. Птиц нет, но траве лежат красивые перья.

⑩ Сегодня профессор принёс на лекцию картины русских художников. Сейчас он показывает нам эти картины.

⑪ Сейчас вечер. Сегодня утром на лекцию профессор приносил картины русских художников.

연습문제 6

А)

① В субботу у нас были родственники из Ульсана.

② В прошлом месяце в Сеуле был русский балет.

③ В нашей библиотеке были школьники.

④ У нас в Сувоне были известные корейские певцы.

Б)

① В воскресенье мы были в деревне у бабушки и дедушки.

② Вчера дети были в парке.

③ Володя болел, поэтому 2 дня не был в детском саду.

④ В прошлом году наши студенты были в Москве на стажировке.

연습문제 7

① Максим вчера ходил на стадион.

② Вчера к нам приходил Иван.

③ Наша семья летом ездила в Лондон.

④ Летом в наш город приезжали английские артисты.

⑤ Наши студенты весной ездили в Москву.

⑥ В наш университет летом приезжали русские студенты.

⑦ К кому ходили / ездили ваши дети в прошлую субботу?

⑧ Людмила приходила к вам вчера вечером?

⑨ Вы вчера ходили в Большой театр?

⑩ Наши спортсмены ездили на Олимпийские игры в прошлом году.

⑪ В Корею на Олимпиаду в 2018 году приезжали спортсмены из разных стран.

연습문제 8

① В субботу к нам приезжают / приедут друзья из Инчона.

② На следующей неделе в наш город приезжают / приедут артисты из Москвы.

③ Завтра ко мне в гости приходит / придёт мой друг, который живёт недалеко от моего дома.

④ Конечно, мы обязательно встретим завтра Аню в аэропорту. А когда прилетает / прилетит самолёт?

⑤ Во сколько завтра приходит, приплывает / придёт, пароход из Токио?

연습문제 9

① Завтра к нам приедут бабушка и дедушка из деревни, они привезут подарки.

② На следующей неделе в Сеул приедут артисты из Китая.

③ Завтра к нам придёт Максим, он приведёт своего нового друга. / Завтра к нам приедет Максим, он привезёт своего нового друга.

④ - Завтра брат прилетит из Москвы. Нам надо встретить его в аэропорту.
   - А брат привезёт русские сувениры?
   - Конечно.
   - Во сколько прилетит самолёт?
   - В 12 часов.

❺ - Профессор, у вас есть роман Толстого «Воскресенье»?
 - Да, есть.
 - Дайте мне, пожалуйста.
 - Сейчас эта книга не в университете, а дома. Завтра обязательно принесу и дам.

연습문제 10

❶ Летом к нам приедут друзья из Пусана.

❷ Летом мы поедем к друзьям в Пусан.

❸ Завтра мы пойдём / поедем на выставку.

❹ В субботу в нашу группу придёт новый студент.

❺ Бабушка живёт в Ульсане. Завтра у неё день рождения. Мы поедем к ней и повезём подарки.

❻ Завтра у младшего брата день рождения. Дядя и тётя с острова Чёджу завтра приедут к нам и привезут подарки.

❼ Моя собака заболела. Завтра я поведу / понесу её в ветеринарную клинику, которая находится недалеко от дома.

❽ Я врач, работаю в ветеринарной клинике. Завтра в нашу клинику придёт моя подруга, она принесёт свою собаку, которая заболела. / Завтра в нашу клинику придёт моя подруга, она приведёт свою собаку, которая заболела. / Завтра в нашу клинику приедет моя подруга, она привезёт свою собаку, которая заболела.

제 17 과

연습문제 1

❶ Обычно брат уходит из дома в 8 часов, но сегодня ушёл в 8:30.

❷ - Где профессор Ан? Он в университете?
 - Нет, он уехал в Москву.

❸ Вчера профессор Квон уехал в Китай, поэтому завтра у нас не будет лекции по экономике.

❹ (в аэропорту)
 - Скажите, рейс 726 уже улетел?
 - Нет, он улетит через 15 минут, но посадка на самолёт уже закончилась.

❺ Дети очень шумели в гостиной, мешали папе смотреть футбол по телевизору, поэтому мама увела их в детскую комнату.

❻ Мама хочет, чтобы дети хорошо отдохнули летом, поэтому завтра она увезёт их в деревню к бабушке и дедушке, где они проведут всё лето.

❼ Кто поставил грязный стакан на окно? Максим? Унеси, пожалуйста, стакан на кухню.

❽ Когда мама уходила на рынок, она сказала детям: «Не скучайте, я скоро вернусь».

❾ Когда мама ушла на работу, я увидел, что она забыла очки.

❿ Когда бабушка уезжала в деревню, мы сказали ей: «Счастливого пути!»

⓫ Когда мы приехали на вокзал, поезд «Москва-Петербург» уже ушёл / уехал.

⓬ Когда друг уходил в армию, Маша дала ему несколько книг.

⓭ Когда друг ушёл в армию, Маша ждала его 2 года.

연습문제 2

❶ Обычно самолёт улетает / вылетает из Сеула в 12 часов, а прилетает в Москву в 2 часа.

❷ Мы приехали в аэропорт встречать дедушку и бабушку, которые 2 недели путешествовали по Европе. Их самолёт прилетит / прилетает через 30 минут.

❸ После разговора с деканом, студенты вышли в коридор и пошли в аудиторию 201. Когда они вошли / пришли в аудиторию, они сели на свои места.

❹ Здесь очень жарко, давай выйдем на улицу, там прохладный ветерок.

❺ В прошлую субботу к нам приехала бабушка, она будет гостить у нас до следующей пятницы. Бабушка привезла вкусные яблоки из своего сада.

❻ Я хочу поехать в Россию изучать русский язык, но не знаю, в какой город.

❼ Вчера к нам на лекцию приходил известный писатель, он рассказал нам о своей работе.

연습문제 정답

⑧ Не ходи завтра на рынок, я уже купила овощи и фрукты.

⑨ В этой аудитории сейчас идёт экзамен. Запрещается входить в эту аудиторию.

⑩ Приходи(те), пожалуйста, завтра к нам в гости в 3 часа.

⑪ Когда я шёл / ехал на лекцию, мне позвонил Сергей.

⑫ Когда лекция кончилась, мы вышли из аудитории и пошли в столовую.

⑬ Когда я вошёл / пришёл в читальный зал, я сразу увидел Нину.

⑭ - Где Наташа?
- Её нет в Корее, она поехала / уехала в Россию.

⑮ - Миша, где ты был весь вечер?
- Я ходил в теннисный клуб.

⑯ Поезд «Сувон – Сеул» обычно уходит, уезжает / выходит, выезжает из Сувона в 4:45, а приходит / приезжает в Сеул в 5:15.

⑰ Вчера к нам приходил двоюродный брат Иван, он приводил к нам свою будущую жену Марину. Мы хорошо провели вечер. (Иван и Мария ушли в 10 часов).

⑱ Вчера мы ходили к двоюродной сестре, мы водили к ней нашу новую собаку. / Вчера мы ездили к двоюродной сестре, мы возили к ней нашу новую собаку. (Мы вернулись домой сегодня утром.)

⑲ Завтра я пойду в новую фирму, которая находится около моего дома, я понесу свои документы.

⑳ В следующую пятницу в наш университет приедет из Сеула новый преподаватель, он привезёт свои документы. / В следующую пятницу в наш университет приезжает из Сеула новый преподаватель, он привезёт свои документы.

㉑ -Можно директора?
- Его нет, он вышел, перезвоните через 10 минут.

㉒ - Можно директора?
- Его нет, он пошёл / ушёл в лабораторию.

㉓ - Можно директора?
- Его нет, он ушёл, сегодня не вернётся.

연습문제 3

❶ К нам пришли гости, они поздравляют папу с днём рождения.

❷ В кабинет профессора зашёл ассистент, чтобы спросить, когда будет лекция. Сейчас он в кабинете профессора.

❸ Вчера ко мне приходила Света, мы весь вечер смотрели новый фильм.

❹ Вчера ко мне заходила Света на две минуты, чтобы взять у меня словарь, потому что она потеряла свой словарь.

❺ Мы зашли в магазин, купили фрукты, вышли из магазина и пошли домой. 6. Каждое утро папа заходит в ближайший магазинчик за свежей газетой.

❼ Когда Дима пришёл домой, он пообедал, и начал играть в компьютерные игры.

연습문제 4

❶ Наша семья ездила на остров Чеджу на неделю / на 3 дня.

❷ Дети ходили в парк на час / на полчаса.

❸ Друг вчера приходил ко мне на весь вечер. / Друг вчера заходил ко мне на 5 минут.

❹ Бабушка и дедушка приезжали к нам на месяц.

❺ Мы ездили в Пусан к дяде и тёте на две недели.

연습문제 5

❶ Вадим вышел из дома в 7 часов и пошёл на остановку автобуса. По дороге он зашёл в маленький магазин за сигаретами. На остановке он ждал автобус 2-3 минуты. Когда автобус подъехал (подошёл) к остановке, Вадим вошёл / зашёл в него и сел. Он ехал на автобусе и думал о своей работе. Автобус остановился. Вадим вышел из него и пошёл в свою фирму.

❷ Обычно отец уходит из дома на работу в 8 часов, но сегодня ушёл в 7:30. Он любит ездить на работу метро, но иногда ездит на машине.

❸ Вчера ко мне приходил / приезжал друг, мы весь вечер разговаривали.

❹ Ко мне пришла / приехала Наташа, сейчас мы вместе смотрим новый фильм.

❺ В дверь постучали. Я сказал: «Входите!», и в комнату вошёл Андрей, он сказал: «Я зашёл только на минуту, я хочу взять у тебя учебник физики».

연습문제 6

идти – пойти, ходить – сходить

❶ Я часто хожу на выставки. Вчера я тоже ходил на интересную выставку. Когда я шёл на выставку, я встретил Сергея. Я спросил: «Где твой брат Дима?» Он сказал: «Сегодня Дима пошёл на стадион».

❷ У Антона и Веры есть маленький сын Юра. Ему 10 месяцев, но он хорошо ходит. Вот Антон, Вера и Юра идут в парк. Юра ещё не ходит в детский сад. Когда ему будет 3 года, он пойдёт / будет ходить в детский сад.

❸ Саша сказал: «Мне надо пойти в библиотеку» (=быть в библиотеке долго, заниматься в библиотеке) / «Мне надо сходить в библиотеку» (=быть в библиотеке недолго, только взять книгу). Когда он шёл в библиотеку, на улице он встретил профессора.

❹ Ваня, сходи, пожалуйста, в магазин и купи сок.

ехать – поехать, ездить

❺ Я не люблю ездить на трамвае.

❻ Через месяц мы поедем в Америку, а два месяца назад мы ездили в Канаду.

❼ - Где наш новый преподаватель?
- Он поехал в Москву.

❽ Когда я ехал в Пусан на поезде, я читал роман Толстого.

❾ Папа сел в машину и поехал в деревню к бабушке. Когда он ехал, он пел песню.

❿ Мама заболела и утром поехала в поликлинику.

нести – понести, носить

⓫ Вот Наташа несёт большой словарь.

⓬ Маме нельзя носить тяжёлые вещи.

⓭ Каждый день брат носит тяжёлый портфель.

⓮ Когда мама несла тяжёлую сумку, она часто останавливалась и отдыхала.

⓯ Брат взял чемодан и понёс его на вокзал.

제 18 과

연습문제 1

❶ На столе лежит игрушка. Ребёнок подошёл к столу, взял игрушку и отошёл от стола.

❷ Мама купила молоко, она подошла к холодильнику, поставила молоко (в холодильник) и отошла от холодильника.

❸ Туристы подошли к памятнику, осмотрели его и пошли в музей.

❹ Максим подошёл к компьютеру и включил его.

❺ Папа развёл костёр, дети подошли к костру очень близко, поэтому папа сказал им: «Отойдите от костра!»

❻ Мы разговаривали об экзаменах, вдруг у Маши зазвонил телефон. Она отошла в сторону и начала разговаривать по телефону.

❼ Туристы подошли к картине, и гид начал рассказывать об этой картине.

❽ Около театра мы увидели афишу. Мы подошли к ней ближе и прочитали о новом спектакле.

연습문제 2

❶ Максим подошёл к двери, открыл её и вошёл в библиотеку.

❷ Обычно папа заканчивает работу в 7 часов и приходит домой в 8 часов, но сегодня он пришёл пораньше, в 7 часов.

❸ Когда папа пришёл домой, я спросил его: «Как дела?»

❹ Когда Света вошла в наш дом, я сказала ей: «Проходи, сейчас будем пить чай».

❺ По дороге домой я обычно захожу в небольшое кофе, чтобы выпить чашку чая.

연습문제 정답

⑥ Мы часто **ездим** на море. На следующей неделе будет хорошая погода, поэтому мы опять **поедем** на море.

⑦ Сегодня Наташа проспала, поэтому **вышла** из дома в 8:30, она быстро **пошла** / **побежала** на остановку автобуса. Через 2 минуты к остановке **подошёл** / **подъехал** автобус. Наташа **вошла** / **зашла** в него и села на свободное место.

⑧ Урок кончился, все студенты **вышли** в коридор.

⑨ Урок кончился, студенты **пошли** в столовую.

⑩ - Алло! Можно декана?
 - Его нет, он **вышел**, позвоните минут через 10.

⑪ - Алло! Можно декана?
 - Его нет, он **ушёл**, позвоните завтра.

⑫ Вот Женя **зашла** ко мне в общежитие на минуту, чтобы вернуть книгу, которую взяла неделю назад.

⑬ Студент спит на уроке. Когда преподаватель **подошёл** к нему, он открыл глаза и сказал: «Извините!»

⑭ Мы с Ниной стояли около библиотеки и разговаривали. Вдруг к нам **подошла** Лариса. Она сказала, что ей надо срочно поговорить с Ниной по важному делу. Я **отошёл (отошла)** в сторону.

⑮ Какой милый ребёнок! Он так хорошо **ходит**! Мама сказала ему: «**Иди** сюда!» Когда он **подошёл** к маме, она дала ему конфету.

⑯ Ребёнок мешает маме готовить обед, мама сказала ему: «**Отойди** от меня!»

⑰ Сейчас Юре 6 лет, и он **ходит** в детский сад, но через год ему будет 7 лет, и он **пойдёт** / **будет ходить** в школу.

⑱ Виктор **вышел** / **ушёл** из дома в 8 часов, а **пришёл** в университет в 8:30. Он **шёл** пешком 30 минут.

⑲ Вчера вечером Максим **приводил** / **привозил** ко мне своего друга, мы вместе пили чай и разговаривали.

⑳ Завтра папа **приедет** / **приезжает** из Америки, он **привезёт** подарки. Дети с нетерпением ждут папу.

㉑ Бабушка уже **пришла** с рынка домой, она **принесла** овощи и фрукты, которые положила в холодильник.

㉒ Твой смартфон сломался, **отнеси** его в сервисный центр.

연습문제 3

① Папу не устраивает зарплата, поэтому он хочет **перейти** в другую фирму.

② Вадим окончил третий курс и **перешёл** на четвёртый.

③ Раньше мы жили в Москве, а сейчас – в Петербурге. Мы **переехали** из Москвы в Петербург 3 года назад.

④ Моей дочери не нравится эта школа. В следующем году я **переведу** её в другую школу.

⑤ Павел подошёл к дороге, немного подождал, и, когда загорелся зелёный свет, он **перешёл** дорогу.

⑥ Родители обычно говорят детям: «Нельзя **перебегать** дорогу, надо всегда спокойно **переходить** через неё».

⑦ Эта река очень широкая, невозможно **переплыть** её.

연습문제 4

Вчера было воскресенье, я **ходил** в музей. Я **вышел** из дома в 11 часов. Музей находится недалеко от моего дома, поэтому я решил **пойти** пешком. По дороге я **зашёл** к своему другу Саше, потому что я хотел пригласить его в музей. Сначала я **подошёл** к его дому, потом **вошёл** в дом. Саша живёт на 9 этаже. Я вызвал лифт. Когда пришёл лифт, его двери открылись, я **вошёл** в лифт и **поднялся** на 9 этаж. Я **вышел** из лифта, **подошёл** к квартире 905 и позвонил в дверь. Лена, сестра Саши, открыла дверь, я **вошёл** в квартиру и спросил: «Саша дома?» Лена ответила, что его нет, он **пошёл** / **ушёл** на стадион.

제 19 과

연습문제 1

① Большой пароход прошёл мимо маленькой деревни(мимо города, мимо леса...).

② Дети прошли / пробежали по парку(по улице, по площади...).

③ Самолёт пролетел над городом(над лесом, над озером...).

④ Лодка проплыла под мостом.

⑤ Туристы прошли сквозь заросли(сквозь густой лес).

⑥ Автобус прошёл / проехал мимо парка(мимо памятника, мимо красивой церкви...).

⑦ Гид провёл туристов по музею(по площади...).

⑧ Гид провёл туристов через парк(через площадь).

연습문제 2

① Я живу в Москве. Раньше я работал в компании «Свет», но в прошлом году перешёл в компанию «Звезда». В прошлую среду в нашу компанию приезжали в командировку бизнесмены из Кореи, они были в Москве 3 дня. А на следующей неделе мы поедем в Корею.

② Вчера мы с Максимом ездили на пикник. Я вышел из дома в 6 часов. Моя машина всегда стоит во дворе. Я подошёл к машине, открыл дверцу и сел (в машину). По дороге мне надо было заехать к Максиму. Когда я подъехал к его дому, я сразу увидел Максима. Он стоял около своего дома и ждал меня. Максим сел в машину и мы поехали. Сначала мы проехали мимо леса, потом по большому мосту. Мы ехали минут 30-40, потом остановились около небольшого озера. Мы вышли из машины и подошли к воде. Мы хорошо отдохнули на озере, в 6 часов вечера мы сели в машину и поехали обратно.

③ Наш самолёт вылетел из Инчона в 7 часов и полетел в Японию. Сначала он пролетел над Кореей, потом – над Восточным морем.

Когда я летел на самолёте, я всю дорогу спал. Самолёт прилетел в Токио в 9 часов. Он пролетел за 2 часа 800 километров. Когда пассажиры выходили из самолёта, стюардессы говорили им: «Мы будем рады видеть вас в следующий раз». Когда все пассажиры вышли, дверь самолёта закрылась.

연습문제 3

① В саду мы увидели большое старое дерево. Мы обошли вокруг него и хорошо осмотрели.

② Наша семья любит путешествовать. На своей машине мы объехали / объездили всю Корею.

③ Мне надо купить пальто. Я обошла все магазины в нашем районе, но не нашла хорошего пальто.

④ Вот на дороге лежит собака. Мы осторожно обошли её.

⑤ Туристы сначала обошли вокруг маленького озера, потом отдохнули на берегу.

⑥ Пожарный вертолёт каждый день облетает вокруг леса.

⑦ На дороге яма. Мы на машине объехали её.

제 20 과

연습문제 1

① Спортсмен добежал до финиша за 3 минуты.

② Пловец доплыл до финиша за 5 минут.

③ Таксист довёз пассажира до аэропорта за 30 минут.

④ Брат на велосипеде доехал до парка за 10 минут.

⑤ Самолёт от Москвы до Петербурга долетел за час.

⑥ Пароход доплыл / дошёл до Америки за 2 дня.

⑦ Обычно сестра на автобусе доезжает до университета за 20 минут.

연습문제 정답

연습문제 2

① Нина вышла из библиотеки в два часа, а пришла в парк в два(часа) десять(минут). Она дошла (от библиотеки) до парка за десять минут.

② Поезд вышел / выехал из Владивостока в шесть часов вечера, а пришёл / приехал в Хабаровск в шесть (часов) тридцать (минут) утра. Он дошёл / доехал (от Владивостока) до Хабаровска за двенадцать часов тридцать минут.

③ Самолёт вылетел из Москвы в двенадцать часов, а прилетел в Киев в четыре часа. Он долетел (от Москвы) до Киева за четыре часа.

④ Брат на машине выехал из фирмы в восемь часов, а приехал домой в восемь (часов) сорок (минут). Он доехал (от фирмы) до дома за сорок минут.

⑤ Пароход вышел из Пусан в одиннадцать часов, а пришёл / приплыл на остров Чеджу в час. Он дошёл / доплыл (от Пусана) до Чеджу за два часа.

연습문제 3

① Месяц назад к нам приезжала моя двоюродная сестра, она гостила у нас 5 дней.

② Вчера к нам в Сеул приехал двоюродный брат из Ульсана, он будет гостить у нас до воскресенья. Он приезжает к нам часто, но редко ездит к тёте и дяде в Пусан.

③ Сейчас мы в театре. Мы пришли на концерт классической музыки.

④ - Маша дома?
 - Нет, она пошла / ушла на выставку.

⑤ - Маша дома?
 - Нет, она ушла.

⑥ Дети открыли дверь и вышли на улицу. Потом они пошли в парк. Они каждый день ходят в парк, который находится недалеко от дома, который находится недалеко от дома.

⑦ - Могу я поговорить с директором?
 - Позвоните через полчаса, директор вышел.

⑧ По дороге в библиотеку мы зашли в магазин, чтобы купить мороженое.

⑨ В комнате жарко, бабушка вышла на балкон подышать свежим воздухом.

⑩ Мальчик вышел из дома и быстро пошёл / побежал в школу. Он шёл / бежал в школу 10 минут. / Он дошёл / добежал до школы за 10 минут. Когда он подошёл к школе, он увидел учительницу. Он подошёл к учительнице и сказал: «Здравствуйте!»

⑪ Наташа и Саша ссорятся. Я отошёл в сторону, чтобы не слушать их ссору.

⑫ Самолёт долетел до Москвы за 10 часов.

⑬ Маша, пожалуйста, отнеси эти документы секретарю.

⑭ В этой аудитории много стульев, отнесите, пожалуйста, их в аудиторию 306.

연습문제 4

① Когда водолаз осмотрел дно парохода, он всплыл на поверхность воды.

② Когда взошло солнце, стало светло.

③ Когда самолёт взлетел, стюардессы предложили пассажирам напитки. / я увидел внизу красивый парк.

④ Птица сломала крыло, поэтому она не может взлететь.

⑤ Рано утром мы стояли на горе и любовались восходом солнца.

연습문제 5

① - Привет, Сергей! Давно не виделись!
 - Да, после окончания университета ни разу не встречались. Сколько лет прошло?
 - Уже 15 лет.

② Мне не нравится вид из окна, потому что окна моей комнаты выходят во двор.

③ Каждый месяц я перевожу деньги младшей сестре, которая учится в университете.

④ Новый фильм этого режиссёра ещё не вышел (на экраны), я читал в журнале, что он выйдет в следующем месяце.

⑤ Как быстро прошли каникулы, а я совсем не отдохнул!

❻ - Уже пришла зима, сегодня 15 декабря, а я до сих пор не купила зимнее пальто.
   - Вот, смотри, очень хорошее пальто.
   - Это? Но такая модель уже вышла из моды.

❼ Я хорошо подготовился к тесту, но, когда начался экзамен, вдруг всё вылетело из головы.

16 - 20과 종합문제

❶ a)   ❷ c)
❸ d)   ❹ c)
❺ b)   ❻ a)
❼ b)   ❽ d)
❾ a)   ❿ c)
⓫ b)   ⓬ d)
⓭ b)   ⓮ c)
⓯ a)

실속 100%
러시아어 중급 문법 ❷

초판인쇄	2022년 2월 7일
초판발행	2022년 2월 21일
저자	안지영, G.A. Budnikova
책임 편집	김아영, 권이준, 양승주
펴낸이	엄태상
표지 디자인	공소라
내지 디자인	김지연
조판	이서영
콘텐츠 제작	김선웅, 김현이, 유일환
마케팅	이승욱, 왕성석, 노원준, 조인선, 조성민
경영기획	마정인, 조성근, 최성훈, 정다운, 김다미, 오희연
물류	정종진, 윤덕현, 양희은, 신승진
펴낸곳	랭기지플러스
주소	서울시 종로구 자하문로 300 시사빌딩
주문 및 교재 문의	1588-1582
팩스	0502-989-9592
홈페이지	www.sisabooks.com
이메일	book_etc@sisadream.com
등록일자	2000년 8월 17일
등록번호	제1-2718호

ISBN 979-11-6734-027-6 14790
      979-11-6734-025-2 (SET)

* 이 책의 내용을 사전 허가없이 전재하거나 복제할 경우 법적인 제재를 받게 됨을 알려 드립니다.
* 잘못된 책은 구입하신 서점에서 교환해 드립니다.
* 정가는 표지에 표시되어 있습니다.